マンション法制の現代的課題

公法私法の領域横断的研究

篠原永明・吉原知志=編著

日本評論社

はしがき

Ⅰ　本書の趣旨

　マンション法制は、これまで区分所有法を中心に主として民事法の観点から議論が積み重ねられてきた。もちろん、公法の観点からの分析が全くなされてこなかったというわけではないが、従来の研究は、都市開発・まちづくり（阿部泰隆『国土開発と環境保全』〔日本評論社、1989年〕、同『まちづくりと法』〔信山社、2017年〕）や、不適正管理不動産への対応（近時のものとして、北村喜宣「縮小社会における地域空間管理法制と自治体」上智法学論集64巻1＝2号〔2020年〕33頁以下、平良小百合「憲法上の財産権保障と土地法制」市民と法139号〔2023年〕60頁以下）といった、大きなテーマの一部としてマンション法制を採り上げるにとどまり、マンション法制を総合的に扱う研究はほとんどなかったように思われる。しかし、高経年マンションの増加が見込まれる中で、今日では、適正化法や円滑化法において、マンションの管理の適正化や再生の円滑化に向けた行政的手法の整備も進んでいる。また、現在、区分所有法の20数年ぶりの大改正が予定されており、それを踏まえて適正化法や円滑化法も改正されることになろう。このような状況に鑑みると、マンション法制については、私法だけでなく公法の観点も踏まえた分野横断的かつ総合的な分析が求められているといえよう。

　筆者らは、科学研究費基盤研究(C)「マンション法制の制度設計に関する公法私法の領域横断的研究」（課題番号：21K01157、研究代表者：篠原永明）の助成を受け、「マンション法制研究会」を組織し、以上の課題に取り組んできた。院生・助教時代からつながりのあった篠原永明・吉原知志・堀澤明生の3名で共同研究をスタートし、佐藤元・長谷川洋・北見宏介の各氏にもメンバーに加わって頂き、憲法学・民法学・行政法学の研究者と実務家とで議論を重ねてきた。

　共同研究の遂行にあたっては、特に以下の2つの論点を重点的に扱った。第一に、マンションの建替えや区分所有関係の解消といった、いわゆる「マ

ンションの出口」における民事的手法と行政的手法の適切な組合せの構想である。現行の建替え決議制度（区分所有法62条）やマンション敷地売却制度（円滑化法108条）は、区分所有者の団体の自律的決定に期待した制度設計となっているが、区分所有者の高齢化や非居住化等のため、建替え等に係る合意形成が困難になっているという問題が今日指摘されている。所在不明者の決議の母数からの除外や財産管理人の選任といった、合意形成上の問題に対処するための民事的手法の整備も重要であるが、それでも合意形成が進まずマンションが一定以上の外部不経済を生じさせるに至った場合等に備え、行政の能動的関与によりマンションの修繕や除却を行わせる仕組みについても検討しておく必要がある。

第二に、「マンションの出口」で問題を生じさせないための、マンションの管理の適正化である。マンションが生じさせる外部不経済を行政代執行等によって除去するとなれば、多大なコストがかかることになるのであり、外部不経済の発生を防止するためのマンション管理の適正化は、私法だけでなく公法にとっても大きな関心事とならざるをえない。ここでも、マンションの管理についてどこまでを区分所有者の団体の自律的決定に委ね、どこから、どのように行政が関与すべきかという民事的手法と行政的手法の適切な組合せが問題となってくる。

本書は、以上の共同研究の成果をまとめ、マンション法制を捉える一定の視点を設定するとともに、マンション法制を発展させていく方向性を示したものである。

Ⅱ　本書の構成

本書は、第1部「マンション法制を捉える視点」で総論的な観点提示、第2部「マンションの出口の諸論点」で上記第一の論点、第3部「マンションの管理の諸論点」で上記第二の論点を扱う。各部、各論文の位置付けを簡単に説明する。

第1部「マンション法制を捉える視点」は、現状のマンション法制の体系的な分析と評価を行い、本書の観点を提示している。篠原永明「マンション

法制の制度設計の捉え方」(第1章：篠原1-1) は、マンションの制度形成を法学的に扱う枠組み構築に取り組む。まず憲法学上の財産権保障論の文脈を再構成し、制度形成を分析する枠組みとして考慮事項論の立場から、マンション法制に関わる諸種の利益を、立法者が制度形成の際に考慮すべき事項（考慮事項）に位置付けて整理を行っている。そして、適正に利害調整を行う権限の配分を行う視点から各種制度の分析を試みている。吉原知志「マンション法制の都市法的把握と課題」(第2章：吉原1-2) は、本部第1章に示される利害調整と権限配分の検討を行う範囲を明確にする視点から、マンション法制の議論のあり方の再構成を図っている。従来の議論がマンション内の区分所有者間の利害調整のみに着目していたのに対し、マンションの所在する都市という地域的範囲で捉え、都市法の文脈から考察する視点を明らかにしている。

　第2部「マンションの出口の諸論点」は、「マンションの出口」の場面で中核的な役割を果たす建替え・敷地売却を中心に、各制度に含まれる個別論点を民事法・行政法の観点から具体的に検討している。篠原永明「『マンションの出口』の現状と課題」(第1章：篠原2-1) は、一方で建替え・敷地売却制度の現状に対し「マンションの出口」という視点から評価を行うとともに、他方で現行法制が「マンションの出口」に向けた行政機関の能動的な関与の仕組みを用意していないことを明らかにし、空家法などを参照しながら検討課題の明確化を試みている。篠原永明「団地型マンションの建替え」(第2章：篠原2-2) は、第1部第1章で示された考慮事項の整理を踏まえ、団地の再生制度に関わる諸問題の分析を行っている。本論文は一面において、マンション法制に関して憲法判断がされたリーディングケースである最一小判平成21・4・23判時2045号116頁を各論的視点から考察する側面も有する。吉原知志「建替え・敷地売却制度と派生的権利（借家権）の調整」(第3章：吉原2-3) は、現在の区分所有法改正審議での議論を起点としつつ、建替え・敷地売却を進める上で法的な不安定要因とされてきた借家権の処遇について、事業法の仕組みに立ち入って検討を行っている。堀澤明生「行政訴訟法から見たマンション建替え事業の安定性」(第4章：堀澤2-4) は、民事法上の意思決定手段である区分所有者の決議と行政行為とが組み合わされた事

業法の仕組みを対象に、私人の争訟の機会の現れ方について、行政法学の基礎的な考え方に照らした論点の整理と考察を行っている。堀澤明生「マンションに対する行政介入はどうして、いつ、どのように可能か」（第5章：堀澤2-5）は、本部第1章で検討課題として提示された行政機関の能動的な関与のきっかけ（トリガー）のあり方を主題に、行政法学において近時の有力な論者が提示する枠組みを手がかりに、空家法など関連法制の考察を通じて課題の明確化を行っている。長谷川洋「マンション再生の円滑化に向けた事業制度のあり方に関する試論」（第6章：長谷川2-6）は、改正区分所有法に導入される2段階の建替え・解消決議と接続させる円滑化法上の事業制度のあり方について、実務的な見地から論点を整理して制度提案を行うとともに、その先の政策課題として、管理不全マンション、危険・有害マンションへの行政介入、都市計画との連携、建物除却の費用確保の各制度にまで視野を広げて具体的な構想を示している。

　なお、上記の長谷川2-6論文は、「マンションの出口」の具体的な制度設計を目指す本書の研究課題の核心に迫る内容であり、そこに提示される論点の広範な射程からも、総論的な観点提示を行う第1部に配置する章立て案を本書編集過程で検討した。この案は、常に先を見据えた制度提案を示してこられた長谷川氏の既刊論文、学会報告が本共同研究メンバーに与えてきた先導的・指針的な意義も踏まえてのものである。しかし、本論文自体は極めてストレートに制度の具体的提案を行うものであり、また、本書掲載の各論文も必ずしも本論文と「総論・各論」の関係に立つわけではないことから、最終的に第2部第6章への配置とさせて頂いた。

　第3部「マンションの管理の諸論点」は、「マンションの出口」に向けたマンション内外の法律関係に関する分析を行っている。マンション管理を対象とした従来の書籍は、スポットで生じる管理トラブルへの対処法に焦点を当てたものばかりだったと思われる。これに対し、本書の特色は、「マンションの出口」というある種のゴールを見据えて管理体制のあり方そのものを考える点にある。吉原知志「管理組合の位置付けと課題」（第1章：吉原3-1）は、従来の私法学で論じられてきた管理組合の論点を検討し、不適正管理状況への対処に向けた私法上の新たな法律構成の提示を試みている。

篠原永明「マンション管理の適正化と行政の関与」（第2章：篠原3-2）は、現行制度では行政の管理への関与が抑制的な程度に留められていることを適正化法の分析を通じて示し、行政関与を強化するに際しての課題提示と、その1つの方向性として近時の不適正管理不動産法制を参照した財産管理人制度の活用の可能性を示している。佐藤元「マンションの取壊積立金と管理組合の目的」（第3章：佐藤3-3）は、「マンションの出口」に管理組合はどのように関わるか、という従来欠けていた基礎的な研究の不足を埋めることを目的として、建替え制度の導入された1983年区分所有法改正時の審議を丁寧に整理し分析・評価を行うことを通じて、管理組合の目的に関する法解釈学的な視点と法制上の視点との関わり方を明らかにしている。本論文で明らかにされた取壊しと管理組合の権限の関係の理解は、今後「マンションの出口」に団体法的な決議の仕組みを用い続ける限り、議論の出発点として位置付けられるものと思われる。北見宏介「マンション管理をめぐる自治体の対応」（第4章：北見3-4）は、従来の行政法学の議論の文脈でマンションに関わる法的諸問題がどのように見られてきたかを確認した上で、適正化法の分析と評価、自治体による条例対応の状況把握を行い、自治体行政の視点からマンションを扱う際に必要とされる課題を明らかにしている。

　本書では研究者と実務家が連携して具体的な制度の分析・構想を行っているが、以上の解説から窺えるとおり、必ずしも研究者が理論のみを扱い、実務家が実務課題のみを扱う分担とはなっていない。マンション法制を理論と実務の両面から分析し、学術的にも相当の射程をもった実務解決の方法提示を行うという姿勢の限りで、本書執筆者の取り組み方に違いはない。このような理論と実務の間の垣根のなさも本書の特色である。

＊　　＊　　＊

　本書がなるまでには、多くの方々のお世話になった。まず、「マンション法制研究会」で意見交換等をさせて頂いた、平良小百合（一橋大学）、伊藤栄寿（法政大学）、鎌野邦樹（元・早稲田大学）、田代滉貴（岡山大学）、吉原祥子（東京財団政策研究所）、そして、合同研究会を開催させて頂いた科学研究費基盤研究(A)「行政契約と行政計画を主軸とした当事者自治的公法秩序に関す

る比較法的研究」（課題番号：20H00055、研究代表者：亘理格）のメンバーの各氏にお礼を申し上げたい。

　また、法律時報で連載された「ミクロ憲法学の可能性」の企画にお誘い頂き、篠原・吉原でマンション法を素材に報告させて頂いたことは、本研究の一つの契機になっている（法律時報93巻3号・4号、片桐直人ほか編『ミクロ憲法学の可能性』〔日本評論社、2023年〕第4章）。齊藤広子氏（横浜市立大学）を中心とする「マンション再生研究会」での議論、「区分所有法制の改正に関する中間試案」について検討を行った日本マンション学会の「マンション法制度検討委員会」での議論からも、多くのご教示を頂いた。

　更に、日本マンション学会からは、本書の一部をなす論文（吉原1-2、篠原2-1、堀澤2-4）について共同研究というかたちでマンション学76号（2024年）に公表の場を頂いただけでなく、同論文につき2024年度共同研究業績賞を賜った。本研究に注目して頂く機会を与えて下さった、同学会学術委員会委員長（当時）の野口大作氏（名城大学）、選考委員の各氏にもお礼申し上げる。

　最後になるが、本書の刊行に至るまで、日本評論社の上村真勝編集長と田島一樹氏には大変お世話になった。論文集の編集は筆者らにとって初めての経験であり、両氏の支えなくしては本書の完成はありえなかったであろう。心からお礼申し上げる。

　本書が自ら設定した課題をどの程度達成できているかは読者の方々の判断に委ねるほかないが、編者としては多くの方々に本書が読まれることを願っている。幸いにして、上記の科研費に続き、科学研究費基盤研究(C)「マンション法の制度構想――公法私法の機能分配の観点から」（課題番号：24K04550、研究代表者：篠原永明）が採択されたので、区分所有法の改正等を承けたヨリ具体的なマンション法制の制度設計については、本書への批判も踏まえつつ、「マンション法制研究会」で更に議論を深めていきたい。

篠原永明・吉原知志

目　次

はしがき　i

第 1 部　マンション法制を捉える視点

第 1 章　マンション法制の制度設計の捉え方
　　　　――憲法の観点から……………………………………篠原永明　2

 Ⅰ　はじめに
 Ⅱ　マンションにおける所有関係
 Ⅲ　憲法29条とマンション法制の制度設計
 Ⅳ　利害調整に係る権限配分
 Ⅴ　制度分析の具体例――建替え決議制度を素材にして

第 2 章　マンション法制の都市法的把握と課題…………吉原知志　24

 Ⅰ　はじめに
 Ⅱ　公法私法横断的観点からのマンション法制の位置付け
 Ⅲ　マンションに関わる利害調整の具体的な仕組み
 Ⅳ　おわりに

第 2 部　マンションの出口の諸論点

第 1 章　「マンションの出口」の現状と課題………………篠原永明　48

 Ⅰ　本章の問題関心
 Ⅱ　制度分析の視点
 Ⅲ　「マンションの出口」の現在 1 ――建替え決議制度
 Ⅳ　「マンションの出口」の現在 2 ――マンション敷地売却制度
 Ⅴ　「マンションの出口」の現在 3 ――行政機関の関与の仕組み
 Ⅵ　今後の検討課題

第 2 章　団地型マンションの建替え ………………… 篠原永明　73
　　Ⅰ　本章の目的
　　Ⅱ　団地内の建物の建替え承認決議
　　Ⅲ　団地内全建物の一括建替え決議
　　Ⅳ　敷地分割制度
　　Ⅴ　更なる課題

第 3 章　建替え・敷地売却制度と派生的権利（借家権）の調整
　　　………………………………………………………… 吉原知志　99
　　Ⅰ　はじめに
　　Ⅱ　改正の前提となる借家人の地位の認識について
　　Ⅲ　事業法における借家権の扱い
　　Ⅳ　改正審議の評価

第 4 章　行政訴訟法から見たマンション建替え事業の安定性
　　　………………………………………………………… 堀澤明生　132
　　Ⅰ　はじめに
　　Ⅱ　マンション建替えをめぐる紛争と行政法
　　Ⅲ　周辺住民の紛争タイミング
　　Ⅳ　行政処分や決議を安定させる議論はないか
　　Ⅴ　おわりに

第 5 章　マンションに対する行政介入は
　　　　　どうして、いつ、どのように可能か
　　　──マンションをめぐる公益の多層性 ………… 堀澤明生　153
　　Ⅰ　はじめに
　　Ⅱ　マンションはどうして行政法の関心事になるのか
　　Ⅲ　現行法におけるマンションへの行政介入の検討
　　Ⅳ　マンションへの介入の早期化を可能とする提案の検討
　　　　　──管理不全マンションへの指導・勧告
　　Ⅴ　おわりに──都市のゲームによるヨリ積極的な介入

第6章 マンションの再生の円滑化に向けた事業制度のあり方に関する試論 …………… 長谷川　洋　176

 Ⅰ　はじめに
 Ⅱ　区分所有法制の改正に関する要綱案における再生制度の概要
 Ⅲ　予定される区分所有法改正を踏まえた事業制度のあり方について
 Ⅳ　管理不全マンション及び危険・有害マンションに対する事業制度のあり方
 Ⅴ　都市計画と連携したマンション政策の必要性
 Ⅵ　解体費用の積立制度及び行政代執行費用の確保
 Ⅶ　おわりに

第3部　マンションの管理の諸論点

第1章　管理組合の位置付けと課題 ……………………… 吉原知志　208

 Ⅰ　はじめに
 Ⅱ　区分所有法の団体的構成
 Ⅲ　管理組合に関わる議論の課題と限界
 Ⅳ　管理の担い手の方向性
 Ⅴ　おわりに

第2章　マンション管理の適正化と行政の関与 ……… 篠原永明　226

 Ⅰ　はじめに
 Ⅱ　管理組合の自律的決定の限界と行政の関与の必要性
 Ⅲ　適正化法が定める関与の仕組み
 Ⅳ　現行制度の評価と課題
 Ⅴ　更なる課題——財産管理制度の活用

第3章　マンションの取壊積立金と管理組合の目的
………………………………………………………… 佐藤　元　242

 Ⅰ　はじめに
 Ⅱ　区分所有法64条のみなし合意の趣旨と管理組合の目的
 Ⅲ　おわりに——取壊しの準備のための取壊積立金

第4章　マンション管理をめぐる自治体の対応 ……… 北見宏介　275
  Ⅰ　はじめに
  Ⅱ　自治体にとってのマンション管理問題
  Ⅲ　自治体をめぐる法環境の変容
  Ⅳ　自治体による条例による対応
  Ⅴ　おわりに

【略語】
・建物の区分所有等に関する法律（昭和37年法律第69号）
 →　区分所有法
・被災区分所有建物の再建等に関する特別措置法（平成7年法律第43号）
 →　被災区分所有法
・マンションの管理の適正化の推進に関する法律（平成12年法律第149号）
 →　適正化法
・マンションの建替え等の円滑化に関する法律（平成14年法律第78号）
 →　円滑化法
・空家等対策の推進に関する特別措置法（平成26年法律第127号）
 →　空家法

第 1 部

マンション法制を捉える視点

第1章
マンション法制の制度設計の捉え方
―― 憲法の観点から

篠原永明

I　はじめに

　所有者不明土地や空き家など、所有者の関心が低下したため適正な管理がされなくなった不動産が生じさせる外部不経済や資源の非効率的利用が大きな社会問題となっており、それに対処すべく法制度の整備が進められている[1]。都市部を中心に重要な居住形態となっているマンションも[2]、そうした領域の一つである。2020年には、マンションの管理の適正化と再生の円滑化の推進を図るべく、適正化法および円滑化法の改正が行われた[3]。また、現在、区分所有法改正に向け、法制審議会区分所有法制部会の「区分所有法制の見直しに関する要綱案」（以下、「要綱案」）も公表されている[4]。

　これらマンションに関する法制度の制度設計が適切になされているか否かということについては、憲法――特に建物区分所有に関わる制度設計という点では憲法29条の財産権保障――も無関心ではいられない。マンション法制

---

[1]　例えば、空家法の制定（2014年）、所有者不明農地の利活用のための農業経営基盤強化促進法の改正（2018年）、林業経営の効率化と森林管理の適正化との一体的促進を図るための森林経営管理法の制定（2018年）、所有者不明土地の利用の円滑化等に関する特別措置法の制定（2018年）、適正な土地の利用・管理を推進するための土地基本法の改正（2020年）、所有者不明土地の発生予防や円滑な利用の促進を図った民法や不動産登記法等の改正（2021年）、空家法の改正（2023年）などである。

[2]　以下、「マンション」という場合には、「二以上の区分所有者が存する建物で人の居住の用に供する専有部分のあるもの」（円滑化法2条1項1号）をさす。

[3]　適正化法および円滑化法の2020年改正については、山本一馬「マンションの管理の適正化と再生の円滑化の推進を図る」時の法令2114号（2021年）4頁以下を参照。

[4]　法制審議会区分所有法制部会における議論については、法務省Webページ「法制審議会－区分所有法制部会」（https://www.moj.go.jp/shingi1/housei02_003007_00004）を参照（最終閲覧2024年5月24日）。

の制度設計に関する憲法上の要請を明らかにした上で、それらに照らして現行制度を分析し、問題があるとすればどのような改正を目指すべきか制度設計の選択肢を提示していくことが憲法論に求められる仕事というべきであろう。

　そこで本章では、マンション法制の制度分析を行っていくための準備作業として、特に憲法29条の財産権保障から導かれる制度設計に係る具体的要請を中心に、マンション法制の制度設計を規範的に捉える視点について整理することにしたい（Ⅲ・Ⅳ）。その上で、区分所有法62条の建替え決議制度を素材に、現行制度について分析するとともに、その改正の方向性についても簡単に検討することにしよう（Ⅴ）。

Ⅱ　マンションにおける所有関係

　検討に先立ち、区分所有法の定めるマンションの所有関係を、ここで簡単に整理しておこう[5]。物理的に不可分な1棟の建物は一個の不動産として所有権の客体となることが原則である（一物一権主義）。しかし、例外的に、建物の各部分が構造上区分されており、独立して建物の用途に供することができる場合には、その部分を独立の所有権（区分所有権）の客体とすることが認められている（区分所有法1条・2条1項）[6]。この区分所有権の対象になった建物の部分を「専有部分」という（同法2条3項）。区分所有権も所有権の一種なので、区分所有者は専有部分を自由に使用・収益・処分することができる。

　他方、「専有部分以外の建物の部分、専有部分に属しない建物の附属物及び第4条第2項の規定により共用部分とされた附属の建物」は「共用部分」と呼ばれ（同法2条4項）、区分所有者の共有に属する（同法11条）。共用部分の共有持分権は区分所有権と一体なので、権利関係を複雑化させないため、

5）以下の整理については、拙稿「マンション建替え決議制度と財産権保障」片桐直人ほか編『ミクロ憲法学の可能性』（日本評論社、2023年）96-97頁も参照。
6）佐久間毅『民法の基礎2物権〔第3版〕』（有斐閣、2023年）241頁、松岡久和『物権法』（成文堂、2017年）18-19頁・66-67頁、吉田徹編『一問一答 改正マンション法』（商事法務、2003年）4頁を参照。

共有持分権だけを分離して処分することはできないとされている（同法15条）。共用部分の分割請求も認められない（同法12条によれば共用部分の共有については同法13条から19条の定めるところによるが、分割請求権の定めはない）。また、「専有部分を所有するための建物の敷地に関する権利」を「敷地利用権」と呼ぶが（同法2条6項）、敷地利用権は、区分所有者全員の（準）共有となる。権利関係の複雑化を避けるため、敷地利用権も、原則として区分所有権と分離して処分することができないとされる（同法22条）。

以上のように、区分所有権は、「物理的に不可分な1棟の建物の一部を目的とするものであり、区分所有者が他の建物部分や敷地を他の区分所有者と共同利用することによってしか、効用を発揮することができない」ものである[7]。それゆえ、区分所有権は一般の所有権にはない「団体的拘束」を受けるものとされる。建替え決議制度も、この「団体的拘束」の一つとされている[8]。

Ⅲ　憲法29条とマンション法制の制度設計

1　検討の素材

それでは、続いて、マンション法制の制度設計に係る憲法29条の具体的要請について検討していこう。

ここで、区分所有権の使用・収益・処分の自由が憲法上の財産権の内容（原則）であり、建替え決議制度等、それを制約する区分所有法の規定は正当化を要する「例外」に当たるとして、その正当化という観点から建物区分所有に係る法制度の憲法29条適合性を審査すればよいのかといえば（原則－例外型の判断枠組み）、話はそう簡単ではない。財産権は、法律による具体化を必要とする権利である（憲法29条2項）。法律の定めなくしては、誰に財が帰属するのかも、どの範囲で他者を排除して財の使用・収益・処分ができる

---

[7]　佐久間・前掲注6）242頁。
[8]　佐久間・前掲注6）241-245頁・254-257頁の他、吉田編・前掲注6）4-5頁を参照。

のかも定まらない。確かに財の使用・収益・処分の自由の確保は、財産権に係る制度形成の際に国会が考慮しなければならない事項といえよう。しかし、国会が考慮しなければならない事項は他にも存在し得る。それらの調整の結果である法制度の一部、ないし制度形成の際の考慮事項の一つがなぜ憲法上の「原則」といえるのかは、説明を要する事柄である[9]。

　では、建物区分所有の領域では憲法29条のもとでどのような要請を観念し、どのような枠組みによって建物区分所有に係る法制度の憲法29条適合性を評価すべきであろうか。ここで参考になるのが、2002年の区分所有法改正で設けられた団地内全建物一括建替え決議の制度（区分所有法70条）の憲法29条適合性が問題となった、平成21年4月23日の最高裁判決[10]である（以下、「平成21年判決」）。平成21年判決は、証券取引法判決[11]を先例として引用しつつ、「規制の目的、必要性、内容、その規制によって制限される財産権の種類、性質及び制限の程度等を比較考量して判断すれば、区分所有法70条は、憲法29条に違反するものではない」と述べている[12]。そこで、以下では、証券取引法判決が示した憲法29条の財産権保障の理解を確認しつつ、平成21年判決を参考に、建物区分所有の領域での憲法29条の具体的要請について検討していこう[13]。

2　証券取引法判決が示した比較衡量の枠組み

　平成21年判決の、「規制の目的、必要性、内容、その規制によって制限される財産権の種類、性質及び制限の程度等を比較考量して判断すれば」という部分に対応するのは、証券取引法判決の次の部分である。

9）以上につき、拙稿・前掲注5）101-104頁を参照。また、初出時の拙稿（法律時報93巻3号〔2021年〕113-115頁）に対する批判として、伊藤栄寿「区分所有法の改正と財産権の保障」秋山靖浩編『新しい土地法』（日本評論社、2022年）21-23頁・25-28頁がある。『ミクロ憲法学の可能性』の拙稿では、この批判への応答も行っている。
10）最一小判平成21・4・23判例時報2045号116頁。
11）最大判平成14・2・13民集56巻2号331頁。
12）最一小判平成21・4・23判例時報2045号117頁を参照。
13）以下の内容については、拙稿「区分所有法70条の憲法29条適合性」甲南法学63巻1・2号（2022年）74-81頁も参照。

「財産権は、それ自体に内在する制約がある外、その性質上社会全体の利益を図るために立法府によって加えられる規制により制約を受けるものである。財産権の種類、性質等は多種多様であり、また、財産権に対する規制を必要とする社会的理由ないし目的も、社会公共の便宜の促進、経済的弱者の保護等の社会政策及び経済政策に基づくものから、社会生活における安全の保障や秩序の維持等を図るものまで多岐にわたるため、財産権に対する規制は、種々の態様のものがあり得る。このことからすれば、財産権に対する規制が憲法29条2項にいう公共の福祉に適合するものとして是認されるべきものであるかどうかは、規制の目的、必要性、内容、その規制によって制限される財産権の種類、性質及び制限の程度等を比較考量して判断すべきものである。」[14]

旧森林法186条を憲法29条2項に違反すると判断した森林法違憲判決にも同様の比較衡量の枠組みを示した部分があるが[15]、証券取引法判決の上記部分はそれを簡略化したものである。ここでは、森林法違憲判決と対比しつつ、この証券取引法判決が示した比較衡量の枠組みが持つ意義について検討していこう。

この点に関し、証券取引法判決と森林法違憲判決との違いとして[16]、まず、証券取引法判決では立法裁量の尊重に関して言及されていないことが挙げられる。しかし、そこから証券取引法判決は立法裁量の存在を前提としていないと結論付けること[17]はできないように思われる。財産権は法律による具体化を必要とする権利であると考えられるところ、その具体化に際しては、ひとまず立法裁量を出発点に置かざるを得ないであろう[18]。そして実際に、証券取引法判決も、旧証券取引法164条1項の憲法29条適合性を、「規制目的に正当」なものといえるか否か、当該規制目的を達成するために「規制手段

---

14) 最大判平成14・2・13民集56巻2号333-334頁。
15) 最大判昭和62・4・22民集41巻3号410-411頁。
16) 以下本文で論じるものの他、証券取引法判決と森林法違憲判決との比較については、小泉良幸「経済的自由権」毛利透ほか『法曹実務にとっての近代立憲主義』(判例時報社、2017年)183-185頁、巻美矢紀「消えた言葉のゆくえ」大林啓吾ほか編『憲法判例のエニグマ』(成文堂、2018年)77-78頁を参照。
17) こうした議論として、例えば、大石和彦「財産権制約をめぐる近時の最高裁判例における違憲審査基準について」慶應法学13号(2009年)137-139頁を参照。
18) 村山健太郎「財産権の制約」横大道聡編『憲法判例の射程〔第2版〕』(弘文堂、2020年)206頁、安西文雄ほか『憲法学読本〔第3版〕』(有斐閣、2018年)196頁〔巻美矢紀〕を参照。

が必要性又は合理性に欠けることが明らかである」（引用中圏点・筆者、以下同じ）といえるか否かという点から評価しており[19]、とりわけ規制手段の選択については――裁判所は立法者の判断の明らかな誤りを審査するという点で――広い立法裁量が認められることを前提にしていると解し得る[20]。

　以上のことからすれば、森林法違憲判決も証券取引法判決も、財産権は法律による具体化を必要とする権利であり、その具体化に際しては立法裁量が認められるということを出発点におき[21]、「財産権に対する規制が憲法29条2項にいう公共の福祉に適合するものとして是認されるべきものであるかどうか」を判断するとしているという点では共通しているといえよう。いずれにおいても、憲法29条の規範内容として、ひとまず、"国会は、財産権に関する法制度を「公共の福祉」適合的に整備しなければならない"という立法義務（客観法）が観念されていると考えられる。

3　「財産権の種類、性質」等を考慮した具体的な判断枠組みの設定

　第二に、証券取引法判決と森林法違憲判決との違いとして、証券取引法判決においては、問題になった法制度のうち何が憲法上の「財産権」に該当し、何が「財産権の制限」として正当化を要することになるのかという議論がなされていないという点が挙げられる。

　森林法違憲判決は、証券取引法判決と同様の比較衡量の枠組みを示した部分に続けて、民法256条の趣旨・目的について検討し、「当該共有物がその性質上分割することのできないものでない限り、分割請求権を共有者に否定することは、憲法上、財産権の制限に該当し、かかる制限を設ける立法は、憲法29条2項にいう公共の福祉に適合することを要するものと解すべき」と述べている[22]。その上で、森林法違憲判決は、旧森林法186条の立法目的が公共の福祉に合致しないことが明らかといえるか否か、そして、共有物分割請

---

[19]　最大判平成14・2・13民集56巻2号334-335頁を参照。
[20]　杉原則彦「判解」法曹会編『最高裁判所判例解説民事篇平成14年度（上）』（法曹会、2005年）193-194頁の他、村山・前掲注18）206頁などを参照。
[21]　もちろん、問題になる領域ごとに、どの程度の立法裁量が認められるのかは異なり得る。この点については、杉原・前掲注20）193頁も参照。
[22]　最大判昭和62・4・22民集41巻3号411-412頁を参照。

求権を否定することが「立法目的達成のための手段として合理性又は必要性に欠けることが明らか」といえるか否かという観点から、旧森林法186条の憲法29条2項適合性を審査し、同条は憲法29条2項に違反するという結論を導いている[23]。これは、民法256条1項の共有物分割請求権が認められることが憲法上の「原則」、そこから逸脱した制度設計は正当化を要する「例外」とする、原則－例外型の判断枠組みによって、旧森林法186条の憲法29条適合性を審査したものと考えられる[24]。

　以上をまとめると、森林法違憲判決は、ひとまず上記の立法義務（客観法）を観念した上で、そこから更に、民法の共同所有に関する規定の意義を踏まえ、具体的な判断枠組みとして原則－例外型の判断枠組みを導き、旧森林法186条の合憲性を審査しているといえる。上記の立法義務および比較衡量の枠組みは一般的・抽象的なものであり、個々の法制度の合憲性を審査するためには基準として曖昧である。そこで最高裁は、問題になる「財産権の種類、性質」等を踏まえ、より具体的な判断枠組みを設定したということであろう。

　以上に対し、証券取引法判決においては、何が憲法上の「財産権」に該当するかという議論はされておらず、具体的な判断枠組みも明示されているわけではない。この点は、平成21年判決の他、農地法4条1項・5条1項・92条の憲法29条適合性が問題となった平成14年4月5日の最高裁判決[25]など、証券取引法判決を先例として引用する最高裁の諸判決においても同様である[26]。しかし、これらの判決には、問題になった法律について立法目的と目的達成手段とに分節化して審査を行っているか否か[27]、また、分節化して行

---

[23] 最大判昭和62・4・22民集41巻3号413-417頁を参照。
[24] この憲法上の「原則」の基礎付けに関する説明としては、「ベースライン論」（長谷部恭男『憲法の理性〔増補新装版〕』〔東京大学出版会、2016年〕133-136頁を参照）や「法制度保障論」（石川健治「法制度の本質と比例原則の適用」LS憲法研究会編『プロセス演習 憲法〔第4版〕』〔信山社、2011年〕304-306頁を参照）などがある。また、憲法上の「原則」の基礎付けに関する議論の整理とそれに対する批判として、山本龍彦「イントロダクション」宍戸常寿ほか編『憲法学のゆくえ』（日本評論社、2016年）203-207頁、平良小百合『財産権の憲法的保障』（尚学社、2017年）33-44頁・45-46頁も参照。
[25] 最二小判平成14・4・5刑集56巻4号95頁。
[26] 消費者契約法の規定の憲法29条適合性が問題となった、最二小判平成18・11・27判例時報1958号61頁や最二小判平成23・7・15民集65巻5号2269頁なども参照。

うとしてどの程度の厳格さで審査を行っているかという点につき違いが見られることは[28]、既に指摘されているとおりである。証券取引法判決および同判決を先例として引用する諸判決も、問題になる「財産権の種類、性質」等を考慮し、それぞれ具体的な判断枠組みを導き、法律の合憲性を審査しているものと考えられよう[29]。

以上で検討してきたところからすれば、証券取引法判決が示した上述の比較衡量の枠組みは、財産権に関する法律の合憲性を審査する際の大枠に過ぎず、具体的な合憲性の判断枠組みは、問題になる「財産権の種類、性質」等を考慮して決定されると整理することができる。そうであるとすれば、金融商品取引や建物区分所有といった個々の領域において、憲法29条の具体的要請がどのように捉えられ、いかなる具体的な判断枠組みが設定されるべきか、問題になる「財産権の種類、性質」等に照らし、個別的な考察がなされなければならない、ということになろう。

4 建物区分所有の領域における具体的要請──平成21年判決の読解

それでは、建物区分所有の領域での憲法29条の具体的要請はどのように捉えられるべきであろうか。以下では、平成21年判決を参考に、建物区分所有の領域での具体的要請について検討していこう。

ここで注目すべきは、平成21年判決が、「区分所有権の性質」につき、「区分所有権は、1棟の建物の一部分を構成する専有部分を目的とする所有権であり、共用部分についての共有持分や敷地利用権を伴うものでもある」ため、「区分所有権の行使(区分所有権の行使に伴う共有持分や敷地利用権の行使を含む。

---

[27] 例えば、平成21年判決では目的・手段に分節化した審査は行われていないという指摘につき、渡辺康行ほか『憲法Ⅰ 基本権〔第2版〕』(日本評論社、2023年)370-371頁〔宍戸常寿〕、小泉・前掲注16)187-188頁を参照。

[28] 証券取引法判決および同判決を先例として引用する諸判決における立法目的と目的達成手段の審査の厳格さの比較については、巻・前掲注16)81-83頁、渡辺ほか・前掲注27)368-369頁〔宍戸常寿〕を参照。

[29] 証券取引法判決については、「証券取引法164条1項によって規制される財産権の種類、性質や、財産権に対する規制を目的とする社会的理由ないし目的等を考慮した結果、規制手段の選択について相当の立法裁量が認められるべき分野に属すると考えられた」ため、「結果的には規制目的二分論による場合の積極目的の規制についてと同様の違憲審査」が行われたとする、杉原・前掲注20)194頁も参照。更に、巻・前掲注16)81-83頁も参照。

以下同じ。）は、必然的に他の区分所有者の区分所有権の行使に影響を与える」ことになるので、「区分所有権の行使については、他の区分所有権の行使との調整が不可欠であり、区分所有者の集会の決議等による他の区分所有者の意思を反映した行使の制限は、区分所有権自体に内在するものであ」ると整理している点である[30]。

　平成21年判決は、こうした「区分所有権の性質」を踏まえ、まず、区分所有法62条1項につき、「大多数の区分所有者が建替えの意思を有していても一部の区分所有者が反対すれば建替えができないということになると、良好かつ安全な住環境の確保や敷地の有効活用の支障となるばかりか、一部の区分所有者の区分所有権の行使によって、大多数の区分所有者の区分所有権の合理的な行使が妨げられる」として、「十分な合理性を有するもの」と評価する。また、それに続けて、区分所有法70条1項についても、「団地全体として計画的に良好かつ安全な住環境を確保し、その敷地全体の効率的かつ一体的な利用を図ろうとするものである」とその趣旨を捉えた上で、区分所有法62条1項との比較において「なお合理性を失うものではない」と評価している[31]。いずれにおいても、「区分所有権の行使」――これは区分所有権の使用・収益・処分の自由と言い換えてもよいだろう――と「他の区分所有権の行使」――他の区分所有者の区分所有権・共用部分共有持分権・敷地利用権――との調整の合理性が問題にされているといえよう。

　ここでは、平成21年判決は、区分所有権という、問題になる「財産権の種類、性質」に着目し、建物区分所有の領域における憲法29条の要請として、"建物区分所有という制度を設けるのであれば、㋐ある専有部分の「区分所有権の行使」と㋑他の区分所有権・共用部分共有持分権・敷地利用権の行使との調整に係る適切な仕組みを設けておかなければならない"という要請を観念した上で、立法の際の考慮事項㋐㋑の調整が適切になされているか否かという観点から（考慮事項調整型の判断枠組み[32]）、区分所有法70条1項の――

---

[30] 最一小判平成21・4・23判例時報2045号117頁を参照。
[31] 最一小判平成21・4・23判例時報2045号117頁を参照。
[32] 考慮事項調整型の判断枠組みについては、拙著『秩序形成の基本権論』（成文堂、2021年）177-185頁を参照。

更には、その前提として同法62条 1 項の──憲法29条適合性を審査していたと考えられる[33]。

5　物権法の領域における憲法29条の規範内容

これをもう少し一般化すれば、物権法の領域における憲法29条の規範内容としては、"国会は、①財の使用・収益・処分の自由と②当該財の使用・収益・処分によって影響を受けることになる他者の財産的利益とを適切に調整し、合理的な法制度を整備しなければならない"という立法義務（客観法）が観念されているということができよう。財産権保障については、多様な利益や要請を調整し、財の帰属や財の使用・収益・処分の射程について定める法制度を整備することが出発点になる。そうであるとすれば、このように、

---

[33] 以上に対し、曽我部真裕「財産権」法学教室497号（2022年）66-67頁は、最高裁は違憲審査のために便宜上「いったん『財産権の制約のない状態』を想定し、個々の事件で問題となっている法律がそれを規制するものとしてその合憲性を審査している」という、「違憲審査方法の問題」としての「自由な財産権」論を前提に、平成21年判決の「審査方法」に関し原則－例外型を採用したものと説明している。曽我部によれば、「区分所有権が、『一棟の建物に構造上区分された数個の部分で独立して住居、店舗、事務所又は倉庫その他建物としての用途に供することができるものがあるときは、その各部分は、この法律の定めるところにより、それぞれ所有権の目的とすることができる。』（建物区分 1 条）、『「区分所有権」とは、前条に規定する建物の部分……を目的とする所有権をいう。』（同法 2 条 1 項）として創設された範囲内では全面的な使用・収益・処分をなしうることをひとまず前提とした上で、同法62条 1 項、70条 1 項の定める制度はそれを制限するものだという捉え方に基づくものだと考えることができる」。

　本文でも述べるように、①財の使用・収益・処分の自由を確保することが、制度形成の際の義務的考慮事項になることは疑いなかろう。ここで、当該問題領域で①に後退を迫る憲法上の要請が必ずしも明らかではないとすれば、違憲審査を行う裁判所としては、さしあたり"なぜ憲法上の要請である①の実現をその程度にとどめるのか"を問う他ない。その意味で、違憲審査のため、便宜上、「自由な財産権」論に基づき原則－例外型の判断枠組みが採用されるということは否定できない。しかし、仮にそうであったとしても、「自由な財産権」論に基づき原則－例外型の判断枠組みを採用したものと平成21年判決を説明することはできないように思われる。平成21年判決は、区分所有法62条 1 項や同法70条 1 項においては「区分所有権の行使」と「他の区分所有権の行使」との調整が問題になるとしている。これは、要するに、財の使用・収益・処分の自由の相互調整が問題になっているということである。区分所有法62条 1 項の建替え決議制度を例にとれば、建替えに反対する区分所有者の区分所有権の自由を保護することは、建替え決議に賛成する区分所有者の敷地利用権行使の不自由を意味し、逆に、後者の自由を保護することは、前者の不自由を意味することになる（一方の「自由な財産権」は他方の「不自由な財産権」をもたらすというトレードオフの関係にある）。ここでは、「自由な財産権」論に基づき憲法上の「原則」を基礎付けることはできない。また、このことは平成21年判決も想定済みのことと思われる。

憲法から制度形成の際の考慮事項を抽出し、それらを適切に調整し合理的な制度を形成するという立法義務を観念した上で、考慮事項の調整という観点から制度形成の統制を行う枠組みを発展させることは考えられてよい[34]。

　まず、①財の使用・収益・処分の自由と②当該財の使用・収益・処分によって影響を受けることになる他者の財産的利益を制度形成の際に考慮しなければならない事項（義務的考慮事項）として位置づけることについては、財産権保障の趣旨に照らし肯定的に捉えることができよう。一方で、個人の側からすれば、財の使用・収益・処分の自由が認められることは自律的に生活を形成するための前提条件である。他方で、社会全体の側からしても、個人に財を割り当て使用・収益・処分を自由に行わせることで、財の効用が積極的に発揮され社会全体の利益の増進にもつながるとともに、財の管理も適正化されることが期待できる[35]。こうした個人および社会全体の利益のため、各人に割り当てられる財の使用・収益・処分の自由の射程を定め、各人が財の効用を享受できるようにすることが、財産権保障の趣旨といえよう。ここでは、各人に財の効用を享受させることを考えるのであるから、国会には、ある財に着目したときに、①当該財の使用・収益・処分の自由を確保することと並び、②当該財の使用・収益・処分によって影響を受けることになる他者の財産的利益を確保することも考慮し、財産権に係る制度形成を行うことが求められていると考えることができる[36]。

---

34) 拙稿「現代社会における財産権保障」毛利透編『講座 立憲主義と憲法学第3巻 人権Ⅱ』（信山社、2022年）293-298頁の他、平良・前掲注24) 219-233頁も参照。
35) 以上の二つの観点については、渡辺ほか・前掲注27) 363-364頁［宍戸常寿］も参照。また、後者（社会全体の側）の観点については、原田大樹『公共紛争解決の基礎理論』（弘文堂、2021年）394頁も参照。
36) 以上の考慮事項①②の調整に係る制度形成の具体例としては、民法の相隣関係の規定（民法209条以下）や共同所有の規定（同法249条以下）が挙げられよう。また、上記の森林法違憲判決については、民法256条1項の共有物分割請求権を否定することが「憲法上、財産権の制限に該当」するということをどのように説明するかが一つの課題となっているところ（前掲注24) も参照）、考慮事項の調整という観点から森林法違憲判決を再構成することも可能であろう。民法256条1項の共有物分割請求権は、上記の考慮事項①②の調整に係る規定、すなわち憲法上の要請を具体化した規定であるのに対し、持分価額2分の1以下の共有者に共有物分割請求権を否定している旧森林法186条は「森林経営の安定を図る」という政策的理由で設けられた規定に過ぎないため、共有物分割請求権との関係で正当化が必要になると整理することが考えられる。

また、平成21年判決からは明らかではないが、以上の考慮事項①②に加え、いわゆる「財産権の内在的制約」とされるものを参考にすれば[37]、③問題になる財が性質上備える危険を防止することも[38]、制度形成の際の義務的考慮事項といってよいように思われる。危険を有する財を個人に割り当てる以上、その危険を考慮し、当該財の使用・収益・処分の自由に対し限界を定めておくことも、国会の責務というべきであろう[39]。

6　小　括

　以上、物権法の領域における憲法29条の規範内容としては、ひとまず、"国会は、①財の使用・収益・処分の自由の確保、②当該財の使用・収益・処分によって影響を受けることになる他者の財産的利益の確保、③当該財が性質上備える危険の防止という各考慮事項を適切に調整し、合理的な法制度を整備しなければならない"という立法義務を観念できる。考慮事項①②は、各人に割り当てられる財の使用・収益・処分の自由の射程を定め、各人が財の効用を享受できるようにするという、憲法29条1項・2項が「財産権」を保障する趣旨から導き出される義務的考慮事項だと整理できる。これに対し、考慮事項③は、憲法29条2項の「公共の福祉」から導き出される義務的考慮事項といえよう。

　そして、以上の規範内容を建物区分所有の領域に引き付けて改めて具体化し直せば、"国会は、建物区分所有という制度を設けるのであれば、㋐区分所有者の「区分所有権の行使」の確保、㋑それによって影響を受ける他の区分所有者の区分所有権・共用部分共有持分権・敷地利用権の確保、㋒区分所有建物という財が性質上備える危険の防止という各考慮事項を適切に調整し、合理的な法制度を整備しなければならない"という立法義務を観念することができよう。したがって、憲法29条に照らしマンション法の制度設計の合理性を評価する上では、まず、国会は考慮事項㋐㋑㋒を適切に調整して制度設

---

[37] 内在的制約の諸類型について、佐藤幸治編『憲法Ⅱ　基本的人権』（成文堂、1988年）305-306頁［髙橋正俊］を参照。
[38] 例えば、銃砲刀剣類等所持取締令2条の憲法29条適合性が問題となった、最大判昭和33・2・12刑集12巻2号209頁を参照。
[39] 以上の内容につき、拙稿・前掲注34）298-300頁も参照。

計を行ったといえるか否か、あるいは更に、社会状況の変化によって制度が考慮事項㋐㋑㋒の調整として不合理なものとなっていないか否かということが検討されなければならない。

Ⅳ　利害調整に係る権限配分

以上、平成21年判決を参考に、建物区分所有の領域における憲法29条の具体的な要請、特に、制度形成の際の義務的考慮事項について検討してきた。しかし、平成21年判決で問題になった建替え決議制度の変遷を踏まえると、マンション法制の制度設計に際しては、上記の各考慮事項が適切に調整されているか否かという実体的観点に加え、更に、建替え等に係る利害調整を誰に行わせることが適切かという権限配分の観点も重要なように思われる。以下、建替え決議制度の変遷について整理しつつ[40]、この点について敷衍していこう[41]。

1　1983年改正区分所有法の建替え決議制度

1962年の区分所有法制定時には建替え決議制度はなく、専有部分の区分所有権及び共用部分の共有持分権の対象を消滅させることになる建替えについては、民法の原則に従い（民法206条・251条）、区分所有者全員の合意が必要になるとされていた。建替え決議制度が導入されたのは、1983年の区分所有法改正による。「区分所有者の数の多いマンションでは、建替えについて全員の合意を得ることは、事実上不可能」であるところ、全員の合意を要するとすれば、「マンションは、物理的に崩壊するまで維持せざるを得ないことになってしま」い、「区分所有者の敷地利用権は、社会的、経済的に効用を失った建物のために、きわめて長期間にわたり拘束され、その有効利用が妨げられることになる」。それゆえ、「一定の状態に至ったときは区分所有関係を整理することができるような制度」が必要とされたのだという[42]。

---

40) 建替え決議制度の変遷については、佐久間・前掲注6) 255-257頁も参照。
41) 以下の内容については、拙稿・前掲注5) 97-100頁も参照。

この1983年改正区分所有法においては、「老朽、損傷、一部の滅失その他の事由により、建物の価額その他の事情に照らし、建物がその効用を維持し、又は回復するのに過分の費用を要するに至ったとき」には（以下、「『過分の費用』要件」）、区分所有者及び議決権の各5分の4以上の多数によって、建替え決議を行うことが可能とされた（同法62条1項）。「過分の費用」要件が設けられた趣旨については、「区分所有者全体の利益と個々の区分所有権の絶対性の両方に配慮しつつ、区分所有権相互間の適正な調整の方法として、建物を維持すること自体が客観的にみて不合理となった場合に限定して、……特別の多数決の下に、その建替えを実現することができる、という制度が採用された」と説明されている[43]。

立法担当者の説明によれば、1983年改正法の建替え決議制度においては、「現在の建物が建物としての効用を維持できる以上、より高層化して敷地の有効利用を図るという目的から、この建替えの決議をすることはでき」ない[44]。純粋な効用増を理由とした建替えについては、区分所有者全員の合意が必要になる[45]。そして、「過分の費用」要件の充足については裁判所で争うことが認められ、当該要件を満たさずになされた決議は無効とされる[46]。

要するに、1983年改正法の建替え決議制度は、建替えに係る区分所有者間の実体的な利害調整を区分所有者の団体かぎりの判断に任せず、裁判所を事後的に関与させる仕組みであったということができよう。ここでは、区分所有者間の利害調整について、区分所有者の団体に第一次的判断権が与えられている。しかし、建替えを巡り紛争が生じた場合には、区分所有者の団体に代わり、裁判所が「過分の費用」要件で表現された区分所有者間の利害調整

---

42) 法務省民事局参事官室編『新しいマンション法』（商事法務研究会、1983年）333-334頁を参照。
43) 法務省民事局参事官室編・前掲注42）333-334頁を参照。
44) 法務省民事局参事官室編・前掲注42）339頁を参照。
45) 1982年区分所有法改正要綱試案では、建替え決議の要件について、「建物の建替えをすればこれに要する費用に比較して著しくその効用を増すこととなるに至ったとき」という効用増要件も提案されていたが（法務省民事局参事官室「区分所有法改正要綱試案全文」金融法務事情998号〔1982年〕17-18頁）、1983年法律案要綱で不採用となっている。この点については、大野武「マンションの建替え要件をめぐる議論」マンション学43号（2012年）30-31頁、濱崎恭生『建物区分所有法の改正』（法曹会、1989年）384-386頁を参照。
46) 法務省民事局参事官室編・前掲注42）340頁を参照。

について判断することになり、その判断が区分所有者の団体の判断に最終的に優位することになる[47]。

2　2002年改正区分所有法の建替え決議制度

しかし、この「過分の費用」要件は、2002年の区分所有法改正で削除され、「区分所有者及び議決権の各5分の4以上の多数」という特別多数決のみで建替え決議を行うことが可能とされた（2002年改正区分所有法62条1項）。その結果、現在では、純粋な効用増を理由とした建替え決議も可能とされている[48]。

この2002年改正の趣旨については、立法担当者により、「費用の過分性の要件が区分所有者間の意思決定の基準として十分に機能しておらず、決議後においても要件を充たしていないことを理由として決議の効力が争われる可能性が残り、仮に訴訟が提起されるなどして紛争が長期化すれば、建替えの実施が遅れることになるなど、建替えの実施を阻害する要因になっているとの指摘」があり、「実際にも、これまでの建替えの実施例はわずかな数にとどまる一方、建替え決議の効力が争われて裁判に持ち込まれ、その解決までに長期間を要した事例も報告されてい」たことを踏まえ、「現行法の建替え決議の制度が有効に機能しているとは言えないことから、改正法では、費用の過分性の要件を廃止し、建替えをすべきか否かの判断を専ら区分所有者の自治に委ねることとして、建替え決議の要件の合理化を図った」と説明がされている[49]。

他方で、この2002年改正において、建替え決議の手続に関する詳細な規定が設けられたことも重要である（同法62条4項〜7項）。この点について、立法担当者は、「区分所有建物の建替えは、多額の費用負担を伴い、反対者にとっては区分所有建物の売却が強制される場合がある（法63条4項）など、きわめて重大な効果を生じさせるものであること」に鑑みると、「区分所有

---

[47] 法務省民事局参事官室編・前掲注42) 338-340頁も参照。
[48] 吉田編・前掲注6) 69頁を参照。
[49] 吉田徹ほか「建物の区分所有等に関する法律の一部改正法の概要（下）」金融法務事情1665号（2003年）34頁の他、吉田編・前掲注6) 62-63頁も参照。

者の自治が有効に機能し、合理的な判断がされることを担保するための措置」を講ずることが相当であるため、「建替え決議の要件の合理化と併せて、建替え決議の手続を整備し、区分所有者に対する手続保障を充実することにした」と述べている[50]。そして、「重大な手続違反」があった場合には、その建替え決議は無効になるとされる[51]。

2002年改正後の建替え決議制度においては、区分所有者間の実体的な利害調整は、手続規定の充実によるその合理性の確保を基礎として、区分所有者の団体に一元化されたということができよう。そして、建替え決議の定めは、「過分の費用」要件を満たしているか否かという「結果」を規律するものから、適切な手続を経て決議がなされたか否かという「プロセス」を規律するものに変化している。これに伴い、裁判所の役割も、区分所有者の団体に代わって実体的な利害調整を行うことから、区分所有者の団体が手続を遵守して決議を行ったのか、手続遵守を事後的に監視することへと変更されているといえよう[52]。

3　小　括

以上の建替え決議制度の変遷を見てみると、ここでは、建替えに係る具体的な利害調整を誰に行わせることが適切か――どこまで区分所有者の団体の自律的決定に委ねるか、区分所有者の団体の自律的決定に委ねられないとすれば誰を関与させることが適切か――という権限配分、そして、その裏側として、裁判所には何を審査させるべきかという権限配分が問題になっていたということができよう。

2002年改正前の建替え決議制度のように、「過分の費用」要件で表された区分所有者間の実体的な利害調整について裁判所に事後的に判断させることにしたところ建替え決議制度の機能不全を招いたとすれば、建替えに係る利害調整の権限配分に国会は失敗しているといわざるをえず、ひいては、憲法

---

50) 吉田ほか・前掲注49) 37頁の他、吉田編・前掲注6) 76-77頁も参照。
51) 吉田編・前掲注6) 82-83頁を参照。
52) 以上につき、飯島正ほか「区分所有法等の改正と今後のマンション管理」ジュリスト1249号（2003年) 9-11頁〔森田宏樹発言〕も参照。

29条の要請である考慮事項㋐㋑（㋒）の適切な調整がなされていないという評価にもつながってこよう。制度を適切に機能させるためには、考慮事項㋐㋑㋒の調整という観点に加え、以上のような権限配分的な観点からの分析も必要不可欠であろう。

V　制度分析の具体例──建替え決議制度を素材にして

それでは最後に、"考慮事項㋐㋑㋒の適切な調整"と"具体的な利害調整に係る権限配分"という観点から、現行の建替え決議制度について分析するとともに、現行制度に問題があるとすればどのように改正をしていくべきか、法制審議会区分所有法制部会が公表した「要綱案」を参考に[53]、その方向性についても簡単に検討しておこう。

ここで、ひとまず建替えに反対する区分所有者の区分所有権に着目すれば、上記の考慮事項㋐はより具体的には、㋐建替えに反対する区分所有者の区分所有権の保護と捉えることができよう。また、建替えの場合には既存の建物所有権は失われてしまうので、考慮事項㋑の他の区分所有者の利益としては、㋑建替えに賛成する区分所有者の敷地利用権の効用の確保が重要になってこよう。以下では、これを前提に検討を進める。

1　現行の建替え決議制度について

(1)　現行制度の評価

まずは、現行の建替え決議制度である。2002年区分所有法改正後の現行の建替え決議制度は、集会における「区分所有者及び議決権の各5分の4以上」の特別多数決という要件の下で、㋐建替えに反対する区分所有者の区分所有権の保護と、㋑建替えに賛成する区分所有者の敷地利用権の効用の確保という両考慮事項の調整を図ったものといえよう。

区分所有者は、そもそも「区分所有権の行使については、他の区分所有権

---

[53] 前掲注4）の法務省 Web ページに掲載された「区分所有法制の改正に関する中間試案」や「区分所有法制の改正に関する中間試案の補足説明」等を素材にした、法改正の様々な選択肢についてのヨリ詳細な検討は、第2部第1章（篠原2-1）を参照。

の行使との調整が不可欠」な関係に置かれているのであるから[54]、2002年改正後の建替え決議制度のように、その判断を当事者間の自治、すなわち区分所有者の団体の多数決に委ねることも、利害調整の主体としての適格性という意味で不適切とはいえない[55]。建替えに係る区分所有者間の利害調整は区分所有者の団体の判断に一元化した上で、建替え決議の合理性を確保するための手続規定を整備し、裁判所には区分所有者の団体が手続を遵守したか否かを審査させるという制度設計も、一つの選択肢となろう。

　その上で、考慮事項㋐㋑への重み付けという観点から制度設計の合理性を問うとすれば、まずは関連する諸制度との比較を行うことが肝要である。建替えの場合には既存の建物所有権を消滅させることになるため考慮事項㋐への相応の配慮が求められると考えられるところ、共用部分の変更の決議（区分所有法17条）や「建物の価格の2分の1」を超える部分が滅失した場合の復旧の決議（同法61条1項・5項）と比べても、建替え決議の決議要件は特に高く設定されている。そうであるとすれば、現行の建替え決議制度においては考慮事項㋐に相応の配慮がされており、この点でも、考慮事項㋐㋑の調整として不合理なものとはいえないように思われる[56]。

(2) 居住の利益への配慮

　関連して、現行の建替え決議制度に対する「居住の利益」の観点からの批判についても、ここで簡単に検討しておこう。その代表的論者である山野目章夫によれば、「人々が住まいして様々の生の営みが蓄積されている、ということを直視するならば、建物区分所有法制は、単なる財産的利益帰属の側

---

[54] 最一小判平成21・4・23判例時報2045号117頁を参照。
[55] 以上に対し、伊藤栄寿は、「区分所有者の団体では、素人である区分所有者が（多くの場合持ち回りで）運営を行っている。そのような団体において、『建替え』という建築的にも法律的にも高度に専門的な内容について、適切な提案が可能であるのか、また、区分所有者がその提案に適切な判断を下すことができるのか、という問題がある。」と述べる（伊藤・前掲注9）31頁を参照）。しかし、この問題への対処としては、建替えに係る区分所有者の団体の決定権限に客観的要件という形で実体的な制限を設けるというのも確かに一つの選択肢ではあるが、専門知識の不足を補うための組織的規律・手続的規律を整備するという選択肢も考えられる。現行の建替え決議制度を批判するために、いきなり憲法の財産権保障に飛びつく大上段の議論を展開するのではなく、まずは後者の選択肢について検討することが必要であろう。
[56] 以上については、拙稿・前掲注34）302-303頁、同・前掲注5）101-106頁も参照。

面からのみ観察されるものであってはならず、個人として尊重されるべき人々（憲法13条）が住まう場所に関する立法規律であるということに着眼して、その憲法的価値が評価されなければならない」。区分所有法62条は、「建替の客観的合理性の有無を問うことなく多数決により建替を決定することができるように読む余地のある規定である」。しかし、「そのような理解を前提とする運用は、たとえば建替が単に効用増を狙うものであって、区分所有者のなかに大きな不利益を被る者がいるなど区分所有者間の利害の衡平を著しく損なうものであるときにも建替決議をすることができる結果となり、およそ憲法適合性を確保し難い」[57]。山野目は、「私法上の一般原則として多数決建替えにおける客観的前提要件を全廃することは、相当でないといわなければならない」という[58]。

建替え決議との関係では、その場所に居住する権原として建替えに反対する区分所有者の区分所有権の保護が問題になっているため、ここでの居住の利益は、上記の考慮事項㋐㋑と並ぶ独立の考慮事項というより、考慮事項㋐の側への重み付けの根拠として位置づけ得るものであろう。しかし、居住の利益を根拠として考慮事項㋐の側にどの程度の重み付けがなされるかを考える際には、代替建築物へのアクセスが容易か否かといった住宅市場の分析や、居住の利益への配慮に関する他の法制度の検討も必要になろう。また、確かに既存の生活基盤を維持することの重要性は否定し難いものの、建替えに賛成する区分所有者のヨリ良い住環境を享受するという居住の利益も無視できない。居住の利益を援用したからといって、そこから直ちに、「過分の費用」要件のような客観的要件を設けなければ考慮事項㋐㋑の調整として適切とはいえないとできるほど、考慮事項㋐の側への重み付けがなされるわけではないだろう[59]。

2　建替え決議制度の改正について

それでは続いて、法制審議会区分所有法制部会が公表した「要綱案」を素

---

57)　以上につき、山野目章夫「判批」私法判例リマークス41号（2010年）32頁を参照。
58)　山野目章夫「マンションの建替えをめぐる法律改正の評価」ジュリスト1249号（2003年）46-47頁を参照。

材に、建替え決議制度の改正の方向性についても簡単に検討していこう。

(1) 決議要件の引下げ

まず、「要綱案」では、現行の「5分の4」という決議要件を原則として維持しつつ、円滑化法の「要除却認定」の制度（同法102条）を参考に、「要除却認定」の基準に対応する「客観的な緩和事由」が認められる場合に、建替え決議の要件を「4分の3」に引き下げることが提案されている（要綱案の第2-1-(1)）。とりわけ倒壊や外壁剥落など、㋒区分所有者（さらには周辺住民）の生命・身体に危険を及ぼし得る場合には、㋐建替えに反対する区分所有者の区分所有権の保護という要請に対し、㋑建替えに賛成する区分所有者の敷地利用権の効用を確保する必要性が相対的に高まると考えられる。特に「特定要除却認定」の基準（同法102条・106条）[60]に対応する客観的事由が

---

59) 以上につき、拙稿「吉原コメントへの再応答」片桐直人ほか編『ミクロ憲法学の可能性』（日本評論社、2023年）122-123頁を参照。更に、吉原知志「マンション法における民事法学の『こだわりどころ』の分析」片桐直人ほか編『ミクロ憲法学の可能性』（日本評論社、2023年）113頁も参照。なお、上記の拙稿の初出（法律時報93巻4号〔2021年〕117頁：拙稿・123頁）において、明渡し期限の許与（現在の区分所有法63条6項）を「建替えに反対した区分所有者の居住の利益への配慮と評価し得る仕組み」と評価したことに対しては、伊藤栄寿による「明渡し期限が許与されることは一般に居住の利益とはよばない」という批判がある（伊藤・前掲注9）26頁の脚注(75)を参照）。そこでは何も文献が引用されていないため推測するしかないが、借家法との関連で論じられた狭義の「居住権」や（例えば鈴木禄弥『居住権論〔新版〕』〔有斐閣、1981年〕2-3頁を参照）、民法の「配偶者居住権」にいうような（さしあたり前田陽一ほか『民法Ⅵ 親族・相続〔第7版〕』〔有斐閣、2024年〕363-365頁〔本山敦〕を参照）、当該建物に引き続き居住する利益という意味で「居住の利益」を捉えることが「一般」的ということであろう。もっとも、都市法・住宅法にまで視野を広げれば、居住権（居住の利益）はヨリ広く、住宅市場の整備・住居確保への配慮なども含め、すべての国民が有する「一定水準の住居に居住する権利」という意味で捉えられているようである。この点については、住宅法令研究会編『逐条解説 住生活基本法』（ぎょうせい、2006年）85頁、安本典夫『都市法概説〔第3版〕』（法律文化社、2017年）256頁を参照（但し、そこでも述べられているように、この意味での「居住権」については、「包括的な権利として基本法制に定めることについての国民的コンセンサスがあるとはいえない」ことから、住生活基本法には盛り込まれず、基本理念を掲げることで代えられている）。更には、広義の「居住権」については、既に鈴木・同2-3頁でも触れられている。この広義での「居住権」ないし「居住の利益」からすれば、「期限までに使用を継続しながら移転先を探」すことを可能にする明渡し期限の許与の仕組みを（稲本洋之助ほか『コンメンタール マンション区分所有法〔第3版〕』〔日本評論社、2015年〕437-438頁を参照）、「建替えに反対した区分所有者の居住の利益への配慮と評価し得る仕組み」と評価することも誤りではないだろう。

60) 特定要除却認定の基準については、山本・前掲注3）17-18頁を参照。

認められる場合に決議要件を引き下げることは、上記の考慮事項の調整という観点からしても肯定的に捉えられよう。但し、具体的な利害調整に係る権限配分という観点からは、この客観的事由の存否を誰に判断させるのか——裁判所か、行政機関か——という問題は残る[61]。

(2) 所在不明者がいる場合の合意形成

続いて、「要綱案」では、所在不明の区分所有者がいる場合の合意形成のあり方についても検討されている。所在不明者等、区分所有権の使用・収益・処分への関心が低下した区分所有者のために建替えに関する合意形成が進まず、マンションという財の効用が損なわれ得るという場合には、㋐当該区分所有者の区分所有権の保護という要請に対し、相対的に㋑建替えに賛成する区分所有者の敷地利用権の効用を確保する必要性が高まるといえる[62]。所在等不明区分所有者を集会の決議の母数から除外する仕組み（要綱案の第1-1-(1)を参照）や、所有者不明専有部分の管理人を選任した上で建替えに係る一連のプロセスの中で区分所有者の利益を代表させるという仕組み（要綱案の第1-2-(1)を参照）は、このような観点から正当化していくことができよう。

(3) 更なる課題

その上で問題になるのは、建替え等の合意形成の容易化を図る以上の仕組みによっても、なお、費用負担の問題[63]や区分所有者の関心の低下から合意形成がなされず、マンションが外部不経済を発生させた——あるいはその著しい危険を生じさせた——場合の対処である。もちろん周辺住民等による妨害予防請求ないし妨害排除請求という民事的手法も考えられるが、マンションに関する法的・技術的な専門性や利益調整の複雑性を考えると、やはり

---

[61] この点について詳しくは、第2部第1章（篠原2-1）のⅢ・Ⅳを参照。
[62] 拙稿・前掲注34）306-307頁も参照。
[63] 実際、建替え決議の決議要件を引き下げる場合、売渡し請求（区分所有法63条）との関連で建替えに係る費用負担を増大させ得ることになる。費用負担の問題については、篠原みち子「マンションの大規模修繕や建替え実務の現状と法的課題」ジュリスト1532号（2019年）31-32頁なども参照。

行政的手法の整備が必要になってこよう[64]。

　ここでは、㋒マンションという財が性質上備える危険——とりわけ、倒壊や外壁剥落等による周辺住民の生命・身体に対する危険——を考慮し、㋐㋑区分所有者の団体の自律的決定に対し適切な限界が設定されているかということが問われている。建替え決議制度の改正とあわせ、適正化法や円滑化法の定める行政的手法にまで視野を広げ、マンション法制全体として考慮事項㋐㋑㋒の調整が適切になされているか、行政的手法の整備が不十分なものとなっていないか、検討する必要があろう。

---

[64] 拙稿・前掲注34) 307-308頁も参照。

第 2 章
マンション法制の都市法的把握と課題

吉原知志

1　はじめに

　マンション法制の課題は、1つには、老朽化マンションの増加による建物倒壊・スラム化への対処であり、近年の関連法令改正は、主としてこのことを念頭に置いて進められている。他方で、マンションは、都市空間の一画を占める建築物であって多数の住戸を供給する源でもあり、住環境、人口などまちづくり政策の関心対象でもある。前者は、都市住民の生命、身体など法益の危殆化回避をめざす、いわゆる「消極目的」の法整備にあたり、後者はこれを超えた都市の福祉増進のための経済・社会政策の側面を有する、「積極目的」の法整備であるとひとまずは整理できる。しかし、老朽化したマンションの建替えを行うことが、倒壊・スラム化の防止になるとともに、住環境の刷新、住戸の創出につながりうることからも、両者の境目はそれほど明確ではない。ここで重要であるのは、法目的の厳密な分類を行うことではなく、従来私法上の財産権の対象としてしかみられてこなかったマンションが、こうした様々な行政的関心の対象でもあることの意義である。

　現行のマンション法制の体系は、区分所有法を中心に、私人である区分所有者が自らの財産として建物の管理を行うことを前提に設計されている。区分所有者が集団的に不動産の管理を行う点は一般の所有権法に比べ特徴的といえるが、それでもあくまで、マンションの「内部」にいる私人の利益実現をめざす制度であることには変わりがない。これに対し、上記の「消極」「積極」のいずれを目的とした法制とも、区分所有者の利益に尽きず、マンション「外部」の都市住民も含めた広範な利益（これを差しあたり「公共的利益」と言い表すことも可能と思われるが、本稿は誤解を避けるためこの用語は用いな

い）の実現に関わる。従来の議論では、マンション法制は「私人である区分所有者が自らの利益を実現するため、自らの財産の管理を適切に行う」という私法の想定する枠組みの延長上にあることがそれほど疑われてこなかったと思われるが、冒頭に掲げた今日の様々な課題に対処していくためには、私法のみを土台とした発想からの転換が必要となる。そこで本稿では、従来の法制を基礎としつつも、そうした発想の転換をどのようにして図っていくことができるのか、そして、そうした発想転換の基礎を確認したうえで上記の「消極」「積極」に表れる法制上の考慮要素の特色をどのように制度に反映していくか、を考察する[1]。

Ⅱ　公法私法横断的観点からのマンション法制の位置付け

1　国家と社会の相対化現象理解の文脈

　まず、公法と私法の関係や財産権保障のあり方を対象とする巨視的な議論の文脈から、マンション法制のおかれた状況の把握を試みたい。
　マンションに関する法律関係は、区分所有権を基礎に構築されている。通常、所有権には物の使用・収益・処分に関して自由な判断を行う権能が備わり、所有者は所有物の支配の仕方につき自身の利益を優先することが認められている。区分所有権も所有権の1つなのだとすれば、区分所有者にも自己の支配の及ぶ範囲で同様の権能が認められるはずである。しかし、区分所有関係は1棟の建物を区分して多数の者が所有する関係であり、他の区分所有者との利害調整が必要となる。また、マンションのような都市空間の一画を占める建築物の処遇については、上にみたように社会の多くの者の利害が関わる。このような財産について、所有者ないし区分所有者に完全にフリーハンドの判断権を認めた場合、多様な利益のバランスを図った最適な判断がされることは全く保障されない。なぜなら、所有者は自身の利益のみを追求することが何ら妨げられないからである。

---

1) 本稿は、マンション学76号（2024年）掲載の同名論文に若干の修正を加えたものである。

所有権とはそういうものであり、多様な利益の調整が必要な場面の対処はすべて公的機関が公的権限をもって行うという割り切った発想は、理論的に十分ありうるだろう[2]。しかし、その場合、公的機関の所有関係に対する匡正的介入は、相当に苛烈なものとなりうる。区分所有者は自己の財産である建物の管理に徹し、多様な利害が絡む建替え・除却や再建建物のあり方はすべて行政機関が決定するという仕組みである。

　他方で、公法と私法の関係をめぐる従来の議論では、そのように公法と私法の領分を厳格に分ける発想が主流を構成していたわけではない。戦前にはすでに、公的主体の扱うべき事務が数量的・種類的に増加し、政府が事業経営を行い、あるいは反対に民間団体の活動が政府の委託により公的な性質を帯びる現象が認識されていた。このような状況で法主体の性質を厳格に公的なものと私的なものに分けることは無用の混乱を招くとして、公法と私法の性質は個別の法律関係に応じて機能的にみていくべきことが民法学から主張されている[3]。公法学でも、「私法の公法化」という枠組みのもとで、「所有権を適当に行使すべき公法上の義務は一般には認められない」が「権利の特殊の性質に基づく」例外があり、そうした「所有権の社会化」を表す法律の定めとして権利者に事業継続義務を課す鉱業法、漁業法、森林法などの存在が指摘されている[4]。戦後、いわゆる給付行政の領域が拡大していき[5]、ユニバーサルサービスの供給に誰が責任をもつべきか（生存配慮）が大きな検討課題となるに従い、国家と社会の二元的な把握を見直す機運が広がる。公共性を国家が独占的に体現した19世紀までの状況から、20世紀に入り行政活動の主体と形式が多様化し、国家と社会の関係が相対化したと理解されるようになった。こうした状況では、国家に私的生活・経済社会に積極的に介入していくことが要請されるとともに、私人の活動もそれが社会的に果たす機

---

[2] 丸山英氣『区分所有法〔第2版〕』（信山社、2023年）469頁は、「本来の区分所有法は、区分所有建物の生成から死までの間の区分所有者相互の関係を規律するものであって、その再生まではその領域に含まれていない」として、「建替え法は、本来、公法としての建築法（都市法）に含まれるもの」とする。

[3] 末弘嚴太郎『民法雑記帳 上巻』（日本評論新社、1953年）119、130頁、川島武宜『著作集第六巻』（岩波書店、1982年）16-20頁。

[4] 美濃部達吉『公法と私法』（日本評論社、1935年）254-255頁。

[5] 今村成和『現代の行政と行政法の理論』（有斐閣、1972年）16-19頁参照。

能の側面から観察する必要のあることが指摘されるようになった[6]。1つの先駆的な見解は、「社会管理機能」という概念を立てて、行政指導に応じる関係社会集団の動きを行政法学の視野に取り込み[7]、私人の手続参加や行政組織と事業の結び付きをとらえた「行政過程論」を提唱した[8]。行政過程論は異論なく受け入れられたわけではないが、公益／私益と国家／社会の対応関係が相対化し、法学方法論の再考を要するという認識は広く普及した。公的主体は公権力の行使を主務とし、私的主体は私益の追求のみを目的とするという素朴な理解は、現代の法構造を把握するために当然の前提とすることはできなくなったということができるだろう。

2　財産権保障の文脈

以上の公と私の、境目ないし関係性の変化から振り返って所有権ないし区分所有権のあり方を考えると、その見え方も大きく変わることになる。実際、国家と社会の二元論批判と一定程度相関する形で、財産権の把握の仕方も変遷してきた。

憲法上の基本権としての財産権の保障と財産権立法の関係をめぐる議論の構図は、財産権に何らかの本質内容を観念し財産権立法の枠付けを志向する「決定思考」と、反対に積極的に立法者に開かれた問題とする「開放 (Offenheit) 思考」の対立として描かれてきた[9]。就中財産権の本質内容をめぐっては、それが剝奪される収用の場面を念頭に、産業革命以前のドイツのいわゆる「古典的収用概念」を起点とした歴史的な考察が行われてきた。古典的収用概念では、公的事業のために必要ある場合に、個別の行政行為によって、補償を与えたうえで、被収用者の権利を剝奪して収用者に得させる。

---

[6] 藤田宙靖『行政法学の思考様式〔増補版〕』(木鐸社、2002年) 89-102頁、同『行政法の基礎理論 上巻』(有斐閣、2005年) 51-58頁。ドイツでの並行する学説動向の研究として、栗城壽夫「西ドイツ公法理論の変遷」公法38号 (1976年) 76頁参照。
[7] 遠藤博也『行政法Ⅱ (各論)』(青林書院新社、1977年) 8-17頁。
[8] 遠藤博也『行政過程論・計画行政法』(信山社、2011年) 138頁は、「現代行政法における行政過程の特色」として、「社会管理機能がある限度で関係社会集団の間の自律的調整にまたなくてはならない状況が生じ、行政法が利害調整そのものではなく、利害調整の場を提供するものとなり、行政過程が独自の意義をもつものとなった」とする。
[9] 藤田宙靖『西ドイツの土地法と日本の土地法』(創文社、1988年) 108-114頁。

しかし、国家作用の拡大によって財産権に影響を及ぼす事態が増加するにつれて、①事業の公共性、②国家行為の個別性、③収用と補償の一体性、④権利の移転性のいずれも要件として維持することの困難が意識されるようになった（古典的収用概念の崩壊現象）[10]。そのため、財産権の内容形成と収用・補償が別に議論されるようになり、財産権立法の客観法的統制のあり方が重要な論点となる[11]。そして、その理解をめぐっては、所有権の交換価値の保障が重視されていたとする研究[12]、これを批判し、社会的な所有秩序の形成とその国家機関による形成との緊張関係があったとする研究[13]などが著されてきた。今日の憲法学では、民法上の所有権を財産権の「原形」とする、いわゆる原形テーゼとされる考え方[14]は、決定思考に親和的である。これに対し、防御権（的基本権）と制度的基本権を対比させ[15]、財産権については日本国憲法29条2項が立法者に内容形成の委託を行っていると解する内容形成論の考え方[16]は開放思考の系譜に連なると考えられる。

区分所有権をめぐっても、多数決による建替え決議への反対区分所有者の拘束を規定する区分所有法62条の正当性を主題として、これを区分所有者間の権利行使の合理的な調整として肯定的にとらえる立場[17]と、「多数決決議による建替えが『合理的』というるためには、少数者の権利を侵害しない、すなわち、所有権自由の保障の要件が必要である」として慎重にとらえる立場[18]が対立する。前者の見解は内容形成論と親和性を有し、後者の学説は

---

[10] 高橋正俊「古典的収用概念の崩壊について」菅野喜八郎ほか編『小嶋和司退職記念 憲法と行政法』（良書普及会、1987年）357頁、石部雅亮「ヴァイマル憲法と所有権」乾昭三編『甲斐道太郎還暦記念 土地法の理論的展開』（法律文化社、1990年）121頁など参照。
[11] 海老原明夫「法律による収用」法雑41巻4号（1995年）611-612頁。
[12] 棟居快行「公用収用法理の展開と発展可能性(4)」神法33巻1号（1983年）56-59頁。
[13] 角松生史「憲法上の所有権？」東社45巻6号（1994年）25-26頁。
[14] この考え方の存在を明瞭な形で示したのは、安念潤司「憲法が財産権を保護することの意味」長谷部恭男編著『リーディングズ現代の憲法』（日本評論社、1995年）147頁である。曽我部真裕「財産権」法教497号（2022年）62頁の「自由な財産権」論の分析も参照。
[15] 小山剛『基本権の内容形成』（尚学社、2004年）12頁。
[16] 平良小百合『財産権の憲法的保障』（尚学社、2017年）226-231頁、同「財産権」山本龍彦ほか編『憲法学の現在地』（日本評論社、2020年）258頁。
[17] 最一小判平成21・4・23判時2045号116頁、篠原永明「区分所有法70条の憲法29条適合性」甲南63巻1＝2号（2022年）82-86頁。
[18] 伊藤栄寿『所有法と団体法の交錯』（成文堂、2011年）241頁。

原形テーゼを好意的にとらえる[19] ことから、上記の開放思考と決定思考の構図がここにも及んでいるとみることができる。

　財産権保障を決定思考と開放思考のいずれで理解することが適切かは、論理のうえではいまだ決着をみない問題と考えられ、今後も両者の間で論争は続くと思われる[20]。他方で、今日のとりわけ不動産法制の状況は、何らかの財産権の本質内容を想定して読み解くことがますます困難になっていると考えられる[21]。なぜなら、今日の対象財産に関わる利害関係や政策課題は、権利者の地位を基本とするにはあまりにも多様かつ広範だからである。今日の判例法理も、財産権立法の憲法適合性を審査するにあたっては、問題となっている「財産の種類、性質等」を考慮する必要を示しており[22]、財産法制を考察するうえで当該財産に応じた利害関係の調整の視点が重要であることは疑いない。

3　利害調整のあり方

　財産法制の考察が上記のように「財産の種類、性質等」に応じた具体的な利害調整の問題として行われるならば、その際に必要となるのは、法整備にあたり考慮されるべき事項の抽出と、制度形成過程における当該事項の考慮の仕方、そしてそれが個別状況でも貫徹されるための具体的な仕組みを構築すること、であろう。このような作業行程は、当該制度に関わる基本権の性質理解にかかわらず本来一般的に必要とされるものであって、考慮事項を、立法の際に必ず考慮されるべき義務的考慮事項、政策判断的な考慮が許される考慮可能事項、考慮が禁じられる考慮禁止事項に整理しつつ考察すべき旨が提唱されている[23]。

19）伊藤栄寿「区分所有法の改正と財産権の保障」秋山靖浩ほか編著『新しい土地法』（日本評論社、2022年）24-30頁。
20）しばしば「私的効用性」と訳される Privatnüzigkeit を財産権の本質内容として措定できるか、できるとしてそれが何を意味するか、は１つの論点であろう。藤田・前掲注９）115頁、石川健治「憲法論から土地法制をみる視角」ジュリスト1089号（1996年）257頁、平良・前掲注16）『財産権の憲法的保障』105-115、224、227-228、240、248頁。
21）藤田・前掲注９）116頁。
22）藤田宙靖『行政法の基礎理論 下巻』（有斐閣、2005年）318頁。拙稿「都市法としてのマンション法」市民と法139号（2023年）71頁で代表的な憲法判例を取り上げて論じた。

マンション法制の分析にあたり、以上の考慮事項の抽出・整理がどのようにされるべきかが、目下の課題と思われる。上記枠組みを示した見解からは、建替え・解消決議制度の分析にあたり、「㋐区分所有者の区分所有権の行使の確保、㋑それによって影響を受ける他の区分所有者の区分所有権・共有持分・敷地利用権の確保、㋒マンションという財が性質上備える危険の防止」が義務的考慮事項として示されている（篠原1-1Ⅲ参照）。これらの要素はマンションに関わる利害関係者の具体的かつ重要な法益を基礎としており、基本的な整理として議論の出発点とすることができるだろう。それ以上に㋐ないし㋑の要素としていわゆる「居住の利益」を重みづけの要素として加えることができるか[24]、は実体法上の論点であると思われる。筆者としては、たとえば増床やリノベーションを加えて建替えがされる場面で考えたとき、建替え反対者が現状の住宅を享受し続ける利益（㋐）だけでなく、建替えでバリアフリー化が図られることによって居住を継続できる介護世帯の建替え賛成者の利益（㋑）や、遠方通勤・通学を余儀なくされてきた外部者が新規住宅の取得機会を得る潜在的な利益[25]なども法制上は十分に考慮すべき事項と思われるので、少なくとも義務的考慮事項の整理としては、㋐の要素が「居住の利益」を根拠に特別に扱われることにはならないのではないかと考えている。これをいずれに解するにしろ、最終的な法制のあり方を考える際には、㋒の要素も加えた総合的な制度設計を行う必要があることは留意すべきだろう[26]。

　以上は義務的考慮事項を念頭に置いた整理であったが、さらに、まちづくり政策などの事情も考慮事項可能として制度形成の際に考慮することが許さ

23）篠原永明『秩序形成の基本権論』（成文堂、2021年）21-22、55-68、183-185頁。
24）山野目章夫「居住者人格利益の概念」同ほか編『鎌野邦樹古稀記念　マンション区分所有法の課題と展開』（日本評論社、2023年）16-17頁。篠原1-1Ⅳも参照。
25）阿部泰隆『国土開発と環境保全』（日本評論社、1989年）252-254頁、同『まちづくりと法』（信山社、2017年）375頁、福井秀夫『行政訴訟による憲法的価値の確保』（日本評論社、2022年）87頁など参照。
26）篠原永明「現代社会における財産権保障」毛利透編『講座立憲主義と憲法学　第3巻　人権Ⅱ』（信山社、2022年）304頁は、本文に示した枠組みのもと、現行円滑化法のマンション敷地売却制度は肯定的に評価できるとしている。また、「居住の利益」に配慮するとしても、代替住居へのアクセスなど多面的に検討すべきことも指摘する（同303頁）。

れるものと思われる。そのように制度に組み込まれた考慮事項は、規定の体系的な解釈を行う際の指針となる。他方、消極目的と積極目的の区別が厳密にはつきがたいことを考えれば、前記の㋒にまちづくりの要素も含めて一定の広がりをもたせて理解することも考えられるだろう。

Ⅲ　マンションに関わる利害調整の具体的な仕組み

1　権限配分の観点

　以上のマンション法制の位置付けを踏まえて、以下では制度設計の際に必要となる具体的な視点を明らかにしていきたい。

　マンションに関わる利害状況は、類型的な把握がある程度までは可能としても、個別のマンションで様々であり、それぞれに適合する利害調整を行う仕組みを用意しておく必要がある。そのため、具体的な制度形成にあたり特に重視されるべきは、個別のマンションの法的処遇を「誰」が「どこまで」判断することになるのか、という権限配分の視点と考えられる。

　この視点は、区分所有法2002年改正後の建替え決議制度の評価として示されたものである[27]。改正前62条1項には「過分の費用」要件が存在していたが、これは区分所有者の決定の「結果」を裁判所に審査させる仕組みだったと評価される。これに対し、改正後は同要件が削除され、同条4項から7項に決議手続の規律が新設されたため、裁判所の審査は同手続の遵守のみに縮減され、決定の「プロセス」の統制のみが行われることとなった。こうした改正後の仕組みは、区分所有者間の利害調整を区分所有者自身の多数決に委ねるものとして、上にみた財産権保障の枠組みに照らし必ずしも不合理な制度ではないと評価される。

　しかし、このように建替え・解消に関する判断の主体・対象、その審査内容の組合せ方に幅がありうるのであれば、現行62条1項の仕組みが「不合理

27）篠原永明「マンション建替え決議制度と財産権保障」片桐直人ほか編『ミクロ憲法学の可能性』（日本評論社、2023年）104-106頁。

でない」としても、マンションに関わる類型的な利害状況の認識をもとに、あるいは上記考慮可能事項としてのまちづくりの観点も含めて、さらに詳細な権限配分を行って利害調整を細密化することも考えられるだろう。

2 区分所有者の集団的決定の位置付け

現行の建替え・解消制度は、いずれも第一次的な判断は区分所有者が集団的決定[28]により行うものとしている。そこで、まずは区分所有者の集団的決定がどのような判断に適合的であるのか、その性質を確認する必要がある。

権利者は権利行使の仕方を自由に判断できるという素朴な理解からは、「所有物をあえて管理しない判断」や「誰も得をしない賛成／反対」をする自由もあるということになりそうである。そのような理解からは、区分所有者の集団的決定も、単に「エゴイズム」の集積となって利害「調整」の要素に乏しいものとなり、建替え・解消は本来行政処分で決定されるべきだという理解[29]とも結びつく。

しかし、法、就中私法は、権利者が権利を規範的に一定の望ましい仕方で行使することを想定して構成されていると考えられる。たとえば、民法の相隣関係や共有の規律は、物の「衛生」「経済」の維持や「毀滅、耗盡」の回避を趣旨としており[30]、物の管理や保存がされることを規範的に望ましいことと位置付けているからこそ、そうした行為の要件緩和（全ての権利者の同意を要することからの）を図っていると考えられる。マンション法制においても、被災建物の処理や耐震性不足の認定を受けた建物の除却など、特に「消極目的」を主とする場面では、復旧・除却が望ましいからこそ、そうした行為の

---

[28] 区分所有法62条1項は区分所有者の多数が決議をすることができると定めるのみで、同法3条の「団体」との関わりは明らかでない。3条の団体自体が法人ないし権利能力のない社団であるのかを含め、相互の関係につき未整理の事柄が多いので（吉原3－1参照）、本稿では区分所有者の多数が決議を行う事象のみを指して「集団的決定」と称する。

[29] 福井秀夫「マンション建替え・管理の法と経済分析」自研84巻12号（2008年）61頁。しかし、同・前掲注25）373-374頁は、行政の判断がこの局面では非効率となるとして改説し、決議制度の法的安定性を高める工夫を主張している。前掲注2）も参照。

[30] 梅謙次郎『民法要義巻之二〔訂正増補改版第28版〕』（法政大学、1909年）119、130、195頁。所有権の絶対性を強調するフランス法での相隣関係の意義につき、高村学人「過少利用時代からの土地所有権論史再読」政策科学21巻4号（2014年）110-119頁。

要件緩和が図られていると解することができる。そのような状況におかれた区分所有者の多数が、十分にその後の事業の展開について判断材料を与えられたうえで復旧・除却などを判断したとすれば、法の想定する判断の「合理性」があると認められる[31]。このように、区分所有者の集団的決定には、所有者として所有物の処遇に関する法適合的な判断を行う側面があるとの考察は可能であろう。

　他方で、区分所有者の集団的決定には以下の２つの限界があることも認識すべきである。１つは、区分所有者の多くは法律・建築の素人であり、いかに情報が与えられたとしても自律的に適切な判断を行うことができるかは疑わしいことである[32]。この場面では、区分所有者の決定を誘導・補完・後見するための行政機関の関与が必要となり、自治体の条例、適正化法2020年改正による自治体関与の法定（同法４条参照）など漸進的に法整備が進められている[33]。もう１つは、区分所有者の判断適合性が及ぶのはあくまで自身の建物の管理・保存に関わる事柄の範囲までで、それを超えた住環境整備、住宅政策に関わる事柄にまでは当然及ばないことである[34]。そのようなまちづくり政策に関わる要素を含む判断は、自治体からの事業計画の誘導や認可を通じた判断の補完を行う仕組みが考えられる。以上の２点とも、区分所有者の集団的決定のみに任せていては適切な判断がされないおそれがあるので、行政機関に一定の関与が求められる場面である。そのような行政機関の関与は、当然、場当たり的にでなく計画的に行うことが求められる。そこで、次に行政機関の関与のあり方を考察する。

---

31) 秋山靖浩「被災マンションの復興をめぐる３つの観点」論究ジュリスト６号（2013年）37-40頁、同「老朽化マンションをめぐる現代的問題」吉田克己ほか編『財の多様化と民法学』（商事法務、2014年）573-574頁。ただし、秋山は費用補助などの公的支援がこの「合理性」に密接に関わることを強調する。
32) 拙稿・前掲注22）74頁では、この状況を標語的に「物権法上の消費者法」と呼称した。実態調査と分析として、北村喜宣「法の生理による『積極的合意の非形成』と行政介入」金井利之編『縮減社会の合意形成』（第一法規、2019年）76-78、81-82頁も参照。
33) 北見３-４、拙稿「公と私の狭間にあるマンション管理」法教504号（2022年）４-６頁。
34) 拙稿「区分所有関係解消決議の客観的要件に関する基礎的考察」法雑68巻１号（2021年）101頁。

3 計画法制との接続の総論的考察

　都市と農村を含む国土整備に関わる多様な利益の調整は、従来、行政計画をテーマとして議論されてきた[35]。区分所有権も建物とその敷地を通じて都市空間の一画を占める地位を表し、都市行政としてこれに関与する方法を考えるためには、行政計画の活用を検討する必要がある。

　国土の一部を構成する土地という財産に独特の「公共の福祉」の判断枠組みが求められることについては、土地には有限性、社会諸活動のための不可欠性、空間支配的性質、利用の保有に対する相対的重要性などの特殊性があることから論じられている[36]。都市計画には、そのような土地の公共性を具体化する役割が期待されているといえる[37]。しかし、従来の計画法制がそのような公共性担保の仕組みとして十分に機能してきたかについては、一方で、計画の策定過程で国土に絡む様々な考慮要素の調整が行われることで行政活動の目的が明確化されるとする見方（ないし展望）が示されるのに対し[38]、他方では、何らかの手続に乗るだけで公共性が担保されるわけではない、と現行制度の楽観的な分析を戒める見方も示されてきた[39]。このような経緯で、公法学では行政計画の公法的統制が課題となる[40]。

---

[35] 代表的な業績として、成田頼明『土地政策と法』（弘文堂、1989年）80頁（「ある意味では、現代の都市計画は、現代国家が必要とする各種の政策を、地域空間という次元で総合・集約したものだといっても言い過ぎではないように思う。」）。地域空間管理の視点として、磯部力「都市の環境管理計画と行政法の現代的条件」兼子仁ほか編『高柳信一古稀記念　行政法学の現状分析』（勁草書房、1991年）313頁、角松生史「地域空間管理とは」小早川光郎編『分権改革と地域空間管理』（ぎょうせい、2000年）も参照。

[36] 土地基本法2条参照。同法が憲法29条2項を具体化するものとの解釈は度々言及される。例えば、「座談会　都市的土地利用の十年」東社47巻5号（1996年）197-198頁［稲本洋之助発言］参照。さらに、藤田・前掲注22）324頁、亘理格「憲法理論としての土地財産権論の可能性」公法59号（1997年）293頁。

[37] 雄川一郎『行政の法理』（有斐閣、1986年）538、542、545-546頁、原田純孝「比較都市法研究の視点」同ほか編『現代の都市法』（東京大学出版会、1993年）3頁、見上崇洋「『現代都市法論』の特徴と行政法学への影響」東社61巻3＝4号（2010年）27頁。

[38] 遠藤博也『計画行政法』（学陽書房、1976年）45-52頁、同・前掲注8）95-99頁。

[39] 藤田・前掲注9）174-175頁、見上崇洋『行政計画の法的統制』（信山社出版、1996年）33-38、88、112、132-135頁。

[40] 芝池義一「計画裁量概念の一考察」広岡隆ほか編『杉村敏正還暦記念　現代行政と法の支配』（有斐閣、1978年）200-205頁、見上・前掲注39）第3部など参照。

とはいえ、都市計画が、土地の特質を規範的に具体化する空間の将来構想として、規範の決定に対する民主的な参加の契機を通じて「空間秩序」[41]の正当性を確保する役割をも果たすべきことは否めない[42]。そのように空間秩序を積極的に形成していくまちづくりの文脈で、市民参加の契機が、必要な施設の決定など「目標の不確かなテーマ」を決定するための私人からの行政情報提供の側面を有し、ひいて政策的対応と私的・個別的利害の調整との接近をもたらすことが指摘されている[43]。都市計画は必ずしも行政機関の規制・介入の手段としてのみ登場するのではなく、諸般の利害調整の意義を有することを見失うべきではない[44]。マンション建設と地域空間秩序の調整が争点となった国立マンション事件（最一小判平成18・3・30民集60巻3号948頁）では、「景観利益」というまさしく「目標の不確かなテーマ」の決定のあり方について、「景観利益の保護は、一方において当該地域における土地・建物の財産権に制限を加えることとなり、その範囲・内容等をめぐって周辺の住民相互間や財産権者との間で意見の対立が生ずることも予想されるのであるから、景観利益の保護とこれに伴う財産権等の規制は、第一次的には、民主的手続により定められた行政法規や当該地域の条例等によってなされることが予定されているものということができる……」とされ、まさに「目標の不確か」さから、個別の住民の利害から離れた立場で策定される行政法規・条例による秩序形成の優位が認められたと評価できる[45]。

---

41) 拙稿・前掲注22) 72頁で「空間秩序」をRaumordnungの訳語として提示した。この訳に対しては、つとに藤田・前掲注9) 41-47頁の分析と警句が存在する。本稿は関係諸規範により形成される地域空間の規範的状況を表すため、あえて「空間秩序」の使用を続けたい。
42) 石川健治「空間と財産」公法59号（1997年）309頁、平良小百合「土地所有権と憲法」秋山ほか・前掲注19) 74頁。都市法の理念と都市計画を通じた公共性実現に求められる観点の整理として、原田純孝「都市の発展と法の発展」岩村正彦ほか編『現代の法9 都市と法』（岩波書店、1997年）18-26頁。
43) 角松生史「『公私協働』の位相と行政法理論への示唆」公法65号（2003年）200頁。
44) 見上崇洋『地域空間をめぐる住民の利益と法』（有斐閣、2006年）13頁は、藤田・前掲注22) 328頁が示すような「必要最小限度原則」の射程に注意を喚起する。
45) ただし、角松生史「コモンズとしての景観の特質と景観法・景観利益」論究ジュリスト15号（2015年）が、景観利益の主観化の仕方に「地権者としての利益共同体的性格」に基づく経路と「『居住』に基づく人格的利益」に基づく経路の2つが考えられると指摘するように、利益の実体的な性質を認識する過程は無視できない。見上・前掲注44) 11頁が「共通利益」概念を立てて重視するのも同様の方向だろう。

このように空間秩序を形成する公的規範が必要とされることの認識は、私法での問題意識とも呼応するものと思われる。空間秩序の規範が定められないことで、私権相互の調整枠組みがないことによる私権そのものの価値の減退[46]、利用権設定による民事スキームをベースとした開発の結果として利用権の「亜所有権化」をもたらした社会的失敗[47]、あるいは事業者の開発行為に安易に公共性を認めることへの警戒[48]などが示されてきたのであって、計画による秩序づけは私権相互の調整としてむしろ必要と考えられてきたと思われる。

　それでは、計画の私法への影響はどのように考えられるか。ドイツの都市計画制度の分析から、都市計画の私法的効力として相隣関係上の物権的請求権の排除効をもたせる可能性を考察した研究があるが、その際、無条件にそうした私法的効力が与えられるのでなく、相隣関係で調整対象とされている私益が都市計画の策定に際して十分に衡量されていることが条件と解されていること[49]が示唆的である。空間秩序の形成は、これをよりよく判断し、実現できる主体こそが秩序形成の判断・権利行使を担うべきだという発想をとるならば、そうして形成された秩序だからこそそれ以外の主体も当該秩序に服すると説明できる[50]。結局、都市計画により一定の広範な地域、長期の期間を対象とする枠組みの設定を行うとしても、それが何を目的とし、どこまでの利害調整を行ったかにより、計画が最終的なマンション建替え・解消の判断に関わる権限配分にもつ作用の内実は変わりうることになる。

45）五十嵐敬喜『建築不自由の時代』（日経マグロウヒル社、1981年）。さらに、池田恒男「『近代的土地所有』と『近代的土地所有権』」乾編・前掲注10）52-56頁。

46）原田純孝「不動産利用における所有権と利用権」ジュリスト875号（1987年）51頁。

47）原田純孝「マンション建替え制度における居住の権利と土地所有権」広渡清吾ほか編『清水誠追悼 日本社会と市民法学』（日本評論社、2013年）297頁。

48）秋山靖浩「相隣関係における調整の論理と都市計画との関係（5・完）」早法76巻1号（2000年）19-22頁。

49）長谷川貴陽史「都市計画法制における『管理』概念についての覚書」亘理格ほか編『転換期を迎えた土地法制度』（土地総合研究所、2015年）99頁。この場面で「当事者自治」が作用する条件につき、田代滉貴「行政法学における『当事者自治』（下）」法時95巻12号（2023年）92-94頁参照。

4　計画法制との接続の具体的構想と課題

　マンション法制に視点を戻せば、マンションの建替え・解消による都市空間の変動には、本来、消極・積極にわたる様々な考慮が働くはずであるが、現行法はこれを体系的に調整するような仕組みにはなっていない。

　建替え決議制度が制定された当初は、老朽化した建物の効用の維持・回復に着目した「過分の費用」要件のもと、区分所有者が消極目的の判断を行うことを通じて建替えの当否が決定されていたといえる。今日では、円滑化法上の要除却認定制度が加わり、特定行政庁が耐震性不足など同法102条2項（特に1から3号まで）に規定される消極目的の認定を行うこととされている。しかし、私人である区分所有者の決定には当然のこと、後者の特定行政庁の認定についても、都市計画との連携は十分に確保されていない。すなわち、都市空間の面的・体系的な将来像を前提とした判断がされることが制度上で保障されているわけではない。建物の耐震性、防火性などに着目した消極目的の対応は、建築基準法上の単体規制同様、必ずしも都市空間の面的な構想と結びつける必要はないかもしれないが、マンションの建替え・解消には、他方で、住環境の変化や住宅供給の側面もあることに着目する必要がある[51]。

　都市計画法、建築基準法をはじめとした都市法に規定される地域地区制は、まさしく居住環境、産業、景観などの用途間の調整を目的として定められるものであって、用途地域の指定は相隣関係の延長上にあると見ることもでき[52]、マンションの建替え・解消の難易という私法的な利害調整も、都市計画の内容と連携させた設計にすることが考えられる。しかし、その際に課題となるのは、従来の都市法が主眼を置く建物の形状などハード面に着目した建築上の配慮と、不動産に関わる利害関係者の行動をとらえたソフト面の配慮をどのように組み合わせるかということである。1つの試案は、老朽化マンションの解消制度を、「対象地域・地区等を指定せず、安全性・耐久性・衛生上の物理的不全のみを要件とする」仕組みと、「対象地域・地区等を指

---

51) ゾーニングとマンションの合意形成制度を連結させる先駆的な主張として、北村喜宣「縮小社会における地域空間管理法制と自治体」上智64巻1＝2号（2020年）47-48頁がある。
52) 藤田・前掲注22) 321頁など参照。

定し、物理的不全に加えて機能的不全も要件とする」仕組みとを並行的に用いて規律していくことを提唱する[53]。前者が消極目的の制度であるのに対し、後者の趣旨は、「対象マンションの物理的要件として機能的陳腐化までを対象とするものであるため、公益性としては、『①防災性の向上』よりも、『②土地の高度利用の推進』、『③都心居住の推進』がより重視されるものである。すなわち、安全等に係る物理的不全に加えて、居住性に係る機能的不全が生じている老朽化マンションが都心（まちなか）等の地域に存在しており、都市の希少な土地が高度（有効）利用されていないため、その解消により土地の高度利用や都心居住の推進を図ることに公益性を見いだそうとする考え」と説明されている。「機能的陳腐化」に着目する点は都市再開発法との連続性があり、管理不全に着目して建物の老朽化に前倒しで対処する側面と、都市の効用増を実現する側面とを、両睨みで目指す構想といえるだろう。

このような考え方を突き詰めるなら、人口減少社会での都市の居住誘導政策、いわゆる「コンパクトシティ」政策との連携も当然に視野に入ってくる。2014年の都市再生特別措置法改正で導入された立地適正化計画の制度は、居住誘導区域と、都市機能増進施設の立地を誘導する都市機能誘導区域を定め、それらの区域内では開発を制限し、誘導対象施設に財政・金融・税制上の優遇を図ることとされている[54]。都市機能の増進を図ることが目的とされるが、その反面、指定区域外には居住調整地域を定めて住宅の立地に制限をかけるなど、インフラ整備などの点から「賢い縮退（スマートシュリンク）」を行うことまで含意されている。人口減少社会で自治体が主導して人口や建物の配置など都市機能の統制を行うことの、1つの象徴的制度といえる。現行の法律レベルでは立地適正化計画とマンション政策の連携は十分にされていないが、自治体レベルでのマンションの立地規制政策の取組みを踏まえるなら、居住誘導区域外でのマンション立地規制をすべきとの提案[55]は、政策の体系として十分に説得力を有するだろう。この提案はその先にさらに、都市機

---

[53] 長谷川洋「マンション建替法に基づく『耐震性不足マンション以外の老朽化マンションの解消制度』についての私案」マンション学60号（2018年）127頁。
[54] その意義につき、亘理格「立地適正化計画の仕組みと特徴」吉田克己ほか編『都市空間のガバナンスと法』（信山社、2016年）105頁。

能誘導区域または（集合住宅型として新設する）居住誘導区域内にあるマンションは、解消決議（敷地売却決議）の発動要件として機能的陳腐化の要素を規定することも視野に収める[56]。

　居住誘導政策を目的とする都市計画制度が、私法上の利害調整の仕組みにまで影響を与えるという見方には、慎重さを求める向きもあるかもしれない。都市計画と私法上の利害調整との結節点となるのは上にみたように相隣関係の思想[57]だが、確かに、民法の規定から素朴に思い浮かぶ相隣関係の規律は相互の侵襲禁止や衛生など消極目的の色彩が強い。しかし、今日の都市計画は、現代の行政課題の多様化を踏まえて規制と事業を融合させた積極的要素を含むものとなっており[58]、まちづくりを進めていくための広範な利害調整が元々予定されているといえる。建築警察的な規制から始まり、広域的かつ政策総合的な都市計画規制へと発展していく過程は、歴史の示す道筋でもある[59]。そうなると重要であるのは、立地適正化計画を含む諸種の都市計画が体系的に整備され、まちづくりの方向性が総合的視点から見通しのよい形で示されることである[60]。体系的な都市計画のもとで空間の用途が規範的にも明らかになったといえる場合には、私法上の利害調整もそれと整合する形で明確化されることが法体系としてむしろ要請されるだろう。

　マンション政策で考慮されるべき行政計画としては、以上の都市計画に関わる制度のほかに、適正化法2020年改正で導入された「マンション管理適正

---

55) 長谷川洋「長期利用を前提としたマンションの立地」日本不動産学会誌36巻2号（2022年）48頁。
56) 長谷川洋「集約型都市構造の実現に向けた持続可能な居住再編とマンション政策」マンション学69号（2021年）18頁。長谷川2-6Ⅳにさらに具体化された提案がある。
57) 相隣関係を所有者間の利害調整の思想にまで高めたドイツの「相隣共同体関係」理論の生成・発展過程については、沢井裕「ドイツにおける相隣法の基礎理論」法学9巻5＝6号（1960年）614頁を、その現状につき、張洋介「土地所有者の自由と責任」関学67巻1号（2016年）233頁、同「ドイツ相隣共同体関係理論の現状」関学68巻2号（2017年）437頁を参照。
58) 西谷剛『計画行政の課題と展望』（第一法規、1971年）62-67頁。吉田克己『現代土地所有権論』（信山社、2019年）344-348頁の示す、議論・調整の「準拠点」としての都市計画のあり方も参考になる。
59) 広渡清吾『ドイツ法研究』（日本評論社、2016年）442-459、468-470頁参照。
60) 都市計画の体系性確保とその統制の手法は最大の課題であり、多くの研究がある。今日の都市計画制度を「拡大型」「持続型」「縮退型」に分類して展望を示すものとして、内海麻利「土地利用規制の基本構造と検討課題」論究ジュリスト15号（2015年）11-16頁がある。

化推進計画」(同法3条の2第1項)があげられる(マンション法政策の文脈におけるこの制度の意義については、北見3-4Ⅲ参照)。同計画は現在は適正管理に向けた管理組合等の努力義務(同法5条)、都道府県等の助言指導等(同法5条の2)、管理計画認定制度(同法5条の3以下)の前提を構成するものにすぎないが、今後のマンション法制がマンションの建替え・解消という最終局面だけをとらえるのでなく、立地適正化計画などとの連携を図りつつ、平常の区分所有者の管理行動や市場への影響をより広範に視野に収めていくのであれば、そのための手段として、活用が図られるべきと考えられる。すなわち、マンションの管理不全ないし「機能的陳腐化」を国土交通大臣の定める基本方針(同法3条1項)およびマンション管理適正化推進計画の規律対象とすることで、計画的な建替え・解消を誘導するための情報収集と判断の基盤とすることが考えられる。

5 判断の分節化とマンション管理組合の性質

以上の検討を振り返る形で建替え・解消の判断のあり方を分析するなら、以下のようになる。マンションの建替え・解消の判断には、差しあたり、①所有権の行使(不行使)という私益追求の側面、②老朽化建物の倒壊・スラム化危険への対処という消極目的措置の側面、③まちづくり政策の関心対象とされるべき施設、住宅供給の側面がある。これらが場当たり的に判断されて②の目的実現が阻害されたり、あるいは③の過不足が生じないよう、都市計画との連携が提唱された。個別の建替え・解消を決定する際には、計画を前提に、①から③の要素に適合的な主体・機関が判断を行うことになる。

①の要素は、当該建物ないし敷地の管理・保存の仕方につき区分所有者が最も利害関係を有し、区分所有者の集団的決定が、少なくとも相対的には適切な判断ができる、とひとまずは考えられる。②は、建物の物理的側面に着目した規制である限り、建築基準法上の規制手法と連続性をもたせて特定行政庁が担当することがふさわしく、実際、円滑化法上の要除却認定は特定行政庁が行うこととされている。これに対し、③の判断は地域の特色を踏まえ、まちづくり政策の一環としてされるべきもので、都市計画の決定権の所在と連動させることが適合的だろう[61]。このように1つの事項に対する判断を分

節化し、各主体・機関に権限を割り振る場合、それぞれの間での手続の調整を図る必要が生じる。特に、現行法では①の要素が基底的とされ、区分所有者の集団的決定があることを前提に、要除却認定や施行認可がされて事業が進められる構造となっているため、争訟の機会保障のあり方が手続の法的安定性の観点ですでに深刻な課題となっている[62]。この視点は、①から③の判断の割り振りを将来的に変更、あるいは創設していく際にも重要となる。

　このような分節化された判断過程の中で、区分所有者の集団的決定の基盤となる「区分所有者の団体」（区分所有法3条）ないし「管理組合」（適正化法2条3号。以下、まとめて「管理組合」という）はどのように位置付けられるだろうか。従来は単に私人である区分所有者の集団としてしか認識されていなかったと思われるが、それで十分だろうか。

　上記の分節化された判断過程の中での区分所有者の判断は、区分所有権の価値実現という自己の利益追求であるが、同時に、建物・住戸の帰趨に対する行政の関心を実現する機会でもありうる。そうだとすれば、前記Ⅱ1でみた「社会管理機能」の担い手[63]として管理組合をあげ、「非定型的な行政組織」の1つだと称することも、強ち荒唐無稽な見方ではないようにも思われる。私人の集団がまちづくりの中で占める公的な役割を積極的に評価する方向性は、国家と社会の相対化現象の先に見出される「公私協働」論の文脈でも検討が進められている[64]。そして、そのような位置付けを試みる実益として、区分所有者が建替え・解消を集団的に決定するために必要な費用補助や助言など公的な支援の「呼び水」とすることが考えられる。

　しかし、管理組合を「非定型的な行政組織」と称することが、それ以上に直ちに何らかの法効果をもたらすわけではない。公権力的な手段の行使が問題となるのであれば、いわゆる「公共組合」との性質決定が意味をもつ可能性があるが、管理組合にはその必要も基礎も見出しがたい（吉原2-3 Ⅲ 4(2)）。

---

61) 大橋洋一『対話型行政法の開拓線』（有斐閣、2019年）314頁参照。
62) 堀澤2-4。決議の効力の争いを形成訴訟化する制度構想につき、拙稿「建替え・解消決議を争う特別の訴訟制度の検討」山野目ほか編・前掲注24) 375頁も参照。
63) 遠藤・前掲注7) 97-98頁は、「町内会や団地自治会」、「住民団体」を取り上げる。
64)「特集 現代における私法・公法の〈協働〉」法社会学66号（2007年）、特に同特集の原田純孝「企画の趣旨と問題の提示」7頁参照。

公共組合とされる可能性があるとすれば、それは建替え・解消の事業を進める際に管理組合とは別に組織される「マンション建替組合」ないし「マンション敷地売却組合」のほうであろう。これらの事業組合と、管理組合とは、後者が「建替え、すなわち建物を取り壊して新たな建物を建築することは、建物の管理の範疇を越える」[65]とされ、明確に活動場面の区別されたものとして説明される。本来、管理組合の集会で建替え決議を行うこと自体、詰めて考えると権限の所在は疑わしく、「建替えの決議を3条の団体の意思決定機関というべき集会においてするものとしているのは、区分所有者の多数意思を問う場として集会が最も適当であり、その意思決定の場を別に設ける意味はないからにすぎない」[66]と便宜的な趣旨のみが示されている。このようにみると、管理組合は本来、建物の管理に特化した、私益追求の集合体にすぎないとする見方もありうるだろう。

とはいえ、管理組合を上にみた判断過程の分節化から隔絶された純粋に私的な集団にとどめおくことが適当かは、次にみる課題を踏まえて考えていく必要がある。

6　マンションの積極的解消政策の課題
——マンションの「平（常）時」と「危機時」

上記の建替え・解消に係る判断の分節化の構想は、建替え・解消に関わる諸要素について、最も適合的な主体・機関に判断の権限を割り当てるべきとする考え方であった。したがって、この構想は、その先に、現行法では判断権を有する主体・機関も、はたしてそれが最適であるのか再考に付す契機ともなりうる。

本稿はここまで、区分所有者は建替え・解消につき相対的に適切な判断を行うという前提をおいて考察を進めてきたが、前記2にみたように、区分所有者は法律・建築の素人であり、判断の適格が常に備わっているのかは疑う余地がある。さらに、資産運用の一環で購入しただけであるとか、相続によ

65　濱崎恭生『建物区分所有法の改正』（法曹会、1989年）394頁。
66　川島武宜ほか編『新版注釈民法(7)物権(2)』（有斐閣、2007年）804頁［濱崎恭生＝富澤賢一郎］。

り取得したまま認識もしていないなど、区分所有者が様々な事情から自らの区分所有権の帰趨に関心をもたないという状況も稀ではない。そうして管理がされず建物が放置され、周辺への外部不経済が深刻化した場合、判断権限の所在を移し替え、行政機関などマンションの外部者が解消の要否について後見的に介入していくことが検討されなければならなくなる。実際、2014年改正前の円滑化法には「建替え勧告」制度がおかれ、建替え判断のイニシアチブを市町村長がもつ制度が規定されていた。同制度では勧告を発した市町村長に代替住居のあっせん義務が課され、その負担が大きく廃止されたが、行政機関の方が解消の要否について適切に判断しうる、ないし判断すべき状況は、今後も重要な検討課題である[67]。

　このような行政機関主導の建替え・解消（特に解消）制度を再度考案していくうえで、前記5にみた管理組合と事業組合の峻別は、「躓きの石」となる。というのも、危険・有害マンションの管理組合に行政処分を発したとしても、その効力は事業組合に承継されず、個別の区分所有者に発するにしても、その効力が持続するかは不明確だからである（「名宛人問題」。堀澤2-5Ⅲ3）。この問題について技術的な解消方法は考えられるとしても、管理組合が建替え・解消の文脈から隔絶された平常時の管理のみを行う存在と考えることの妥当性自体が、そもそも疑わしいように思われる。

　こうして考えると、管理組合を平常時の管理に特化した存在とみるのでなく、平（常）時の管理と、危機時（危険顕在化後）の解消とを、あたかも私人の平時の一般民事法と危機時以降の倒産法との関係のように、連続的にとらえる発想が検討に値すると思われる。平時と危機時の分岐点は、管理状況からうかがえる「機能的陳腐化」に着目して明確化しておき、届出制度を介して平時から行政機関が管理状況を把握できるようにしておくことで、時機を逸した行政介入となることを回避できる（行政介入の契機については、堀澤2-5ⅢⅣも参照）。この発想の延長上には、いわば「マンションの破産制度」も視野に入ってこよう。すなわち、強行的に解消を進めるための清算人が選任され、マンションに関わる負債・費用を法的に処理したうえで、マンショ

---

[67] 篠原・前掲注26) 307-308頁。

ンの除却を進めるという制度の構想である[68]。一般的な住宅については、空家に対する行政措置を定める空家法があり、2023年改正では空家等活用促進区域の設定による許認可等の合理化・円滑化と、財産管理人による空家処分の制度の導入によりさらに拡充されたが、このような制度形成の考慮をマンションについても行うことになる（篠原3-2 V参照）。ただし、同法では行政計画と空家処分の関連づけにまだ明確でない部分が残るが、所有者不明土地を対象とする2018年の「所有者不明土地の利用の円滑化等に関する特別措置法」では、地域福利増進事業実施のための申請に基づき都道府県知事が土地使用権等取得の裁定を行うという形で、空間利用の適格性の判断と権利の変動を結び付ける構図が比較的明瞭に打ち出されている。このような法制も参考にマンション法制の今後のあり方を表現すれば、管理組合は基本的には私益の追求として建物管理を行うが、その管理には多様な利害が関係する側面があることも考慮しなければならず、計画により具体化された空間秩序に沿う形で平時から解消を見据えた適正管理の義務が課せられ、危機時以降の不作為に対しては、公的機関により後見的な介入を受ける、という図式になろう（長谷川2-6 Ⅳ 2(6)の制度提案も参照）。

Ⅳ　おわりに

本稿は、今日のマンション法制の課題を示し、これを公法と私法の関係について従来主に公法学で行われてきた議論の文脈に定位したうえで、権限配分という視点から、都市計画制度との接続、建替え・解消判断の分節化、管理組合の再定位、行政主導の解消制度、という順序で、それぞれの理論的位置付けと、そこからみえてくるさらなる課題を考察してきた。

---

[68] 参考にすべき比較法対象として、フランスの荒廃区分所有建物制度があり、特別の受任者選任による管理体制の正常な運営への回復や、危険建物に対する市町村長の措置命令、裁判所による「所有者欠如状態」の宣言による建物の収用・取壊しなど公権力の介入による方法が用意されている。寺尾仁「フランスにおける区分所有の解消」マンション学56号（2017年）83頁、同「マンション管理の全体像を捉える」住総研「マンションの持続可能性を問う」研究委員会編『壊さないマンションの未来を考える』（プログレス、2019年）159頁など、寺尾による一連の紹介を参照。

この先、都市計画、自治体の関与のあり方などの具体的な規律を考案することも課題となるが、そのような作業には国土交通省をはじめとする都市行政の専門家・専門機関の立案能力が圧倒的に熟達していることは疑いがない。そのため、今後の研究は、その目的・射程を自覚的にとらえながら進める必要がある。それを（自戒の意味を込めつつ）先達の言葉を借りて示すならば、「日々の実務の中ではなかなかそこまで振り返って考える余裕の無い、実定法の全分野あるいは少なくとも一定の分野の全体像（全体構造）の明快な理解」[69] の提示への試みということになろう。本稿は課題の提示にすぎず、今後は、社会状況や個別制度に対する調査・考察を重ねながら、俯瞰的に制度体系を見直していく作業に従事していくことになる。

---

69) 藤田・前掲注6)『行政法の基礎理論 上巻』449頁、同・前掲注22) 534頁。

第 2 部

マンションの出口の諸論点

第1章
「マンションの出口」の現状と課題

篠原永明

I　本章の問題関心

　老朽化マンションへの対応が大きな社会問題となっている。2022年末時点でマンションストック総数は約694.3万戸であり、国土交通省の推計によれば、国民の1割を超える1,500万人がマンションに居住しているとされる[1]。このうち築40年超のマンションは、現在125.7万戸、20年後には約3.5倍の445.0万戸となる見込みである[2]。しかし、マンションにおける所有関係はいわゆる区分所有関係であり、老朽化マンションの修繕（区分所有法17条・18条）や建替え（同法62条）には区分所有者間の合意形成が必要になるところ、費用負担等の問題から合意形成は必ずしも容易ではない。さりとて、修繕や建替えがなされないまま老朽化マンションが放置されると、外壁の剥落など、看過できない外部不経済を発生させるおそれがある[3]。

　もちろん、マンションが外部不経済を発生させないよう適正に管理を行う、遂時に修繕を行うということも重要である。しかし、マンションも建築物である以上どこかで物理的な限界に直面することになる。老朽化が進み修繕では対応できないマンションも現に存在しよう。そうであるとすれば、老朽化マンションへの対応を考える上では、一定の外部不経済を発生させるように

---

1) 国土交通省Webページ「マンションに関する統計・データ等」（https://www.mlit.go.jp/jutakukentiku/house/jutakukentiku_house_tk5_000058.html）に掲載された「分譲マンションストック数の推移（2022年末現在／2023年8月10日更新）」を参照（最終閲覧2023年10月26日）。
2) 国土交通省Webページ・前掲注1）に掲載された「築40年以上の分譲マンション数の推移（2022年末現在／2023年8月10日更新）」を参照（最終閲覧2023年10月26日）。
3) マンションの現状と課題については、山本一馬「マンションの管理の適正化と再生の円滑化の推進を図る」時の法令2114号（2021年）4-8頁を参照。

なった場合には当該マンションを取り壊し建て替える、あるいは区分所有関係を解消し建物を除却するといった、いわゆる「マンションの出口」を見定めておくことが、まずは必要であろう。そこで、本章では、特に老朽化マンションがもたらす外部不経済への対処に焦点を当て、「マンションの出口」に関する法制度の制度設計についてその現状を確認するとともに[4]、問題があるとすればどのような改正を目指すべきか、簡単ながら検討してみたい[5]。

II 制度分析の視点

1 制度形成の際の考慮事項とその適切な調整

　それでは、制度分析の視点を確認するところから議論をはじめよう。「マンションの出口」に関する法制度の制度設計について検討する上では、第一に、建物区分所有に関する制度設計という点で、憲法29条の財産権保障に照らし、その合理性を評価する必要がある。

　筆者は、別稿において[6]、物権法の領域における憲法29条の規範内容として、ひとまず、"国会は、①財の使用・収益・処分の自由の確保、②当該財の使用・収益・処分によって影響を受けることになる他者の財産的利益の確保、③当該財が性質上備える危険の防止という各考慮事項を適切に調整し、合理的な法制度を整備しなければならない"という立法義務が観念できると分析した。考慮事項①②は、各人に割り当てられる財の使用・収益・処分の

---

[4] 以下、「マンション」という場合には、「二以上の区分所有者が存する建物で人の居住の用に供する専有部分のあるもの」（円滑化法2条1項1号）をさす。

[5] なお、本章では、どのような地域・地区にあるマンションかということは差し当たり度外視し、マンション一般に妥当する法制度について検討を行う。まずはマンションという財の性質に着目し、「マンションの出口」における一般的な利害調整のあり方を示した上で、例えば立地適正化計画における居住誘導区域（都市再生特別措置法81条）など、特定の地域・地区におかれた場合に、その利害調整の線引きがどのように変更されるのか検討していくことが、体系的整理に資すると考えるためである。なお、関連して、長谷川洋「マンション建替法に基づく『耐震性不足マンション以外の老朽化マンションの解消制度』についての私案」マンション学60号（2018年）126-127頁も参照。

[6] 拙稿「現代社会における財産権保障」毛利透編『講座 立憲主義と憲法学 第3巻』（信山社、2022年）293-301頁を参照。

自由の射程を定め各人が財の効用を享受できるようにするという、憲法29条1項・2項が「財産権」を保障する趣旨から導き出される義務的考慮事項といえる。他方、考慮事項③は、憲法29条2項の「公共の福祉」から導き出される義務的考慮事項といえよう[7]。

以上の規範内容を建物区分所有の領域に引き付けて具体化し直すとすれば、次のように考えることができる。まず、考慮事項①②との関連では、"区分所有権は、物理的に不可分な一棟の建物の一部を客体とするものであり、専有部分以外の建物部分や敷地を他の区分所有者と共同利用することによってしか効用を発揮することができない"という、区分所有権の性質が重要となってこよう[8]。平成21年の最高裁判決もいうように、区分所有権の行使については他の区分所有者の区分所有権・共用部分共有持分権・敷地利用権の行使との調整が必要不可欠なものといえる[9]。また、考慮事項③との関連では、マンションがいずれ劣化することは不可避であり、その場合には、例えば外壁の剥落等によって居住者や周辺住民の生命・身体に対する危険を生じさせることになるといった、マンションという財が性質上備える危険が考慮されなければならないだろう。以上をまとめると、建物区分所有の領域における憲法29条の規範内容としては、"国会は、建物区分所有という制度を設けるのであれば、㋐区分所有者の区分所有権の行使の確保、㋑それによって影響を受ける他の区分所有者の区分所有権・共用部分共有持分権・敷地利用権の確保、㋒マンションという財が性質上備える危険の防止という各考慮事項を適切に調整し、合理的な法制度を整備しなければならない"という立法義務を観念することができる[10]。

それゆえ、憲法29条に照らしマンション法の制度設計の合理性を評価する上では、まず、国会は考慮事項㋐㋑㋒を適切に調整して制度設計を行ったといえるか否か、あるいは更に、社会状況の変化によって制度が考慮事項㋐㋑

---

7) 以上につき、拙稿・前掲注6) 298-300頁を参照。
8) この区分所有権の性質については、佐久間毅『民法の基礎2物権〔第3版〕』(有斐閣、2023年) 242頁も参照。
9) 最一小判平成21・4・23判例時報2045号117頁を参照。
10) 以上につき、拙稿・前掲注6) 301-302頁を参照。考慮事項㋐㋑については、更に、拙稿『区分所有法70条の憲法29条適合性」甲南法学63巻1=2号 (2022年) 78-81頁も参照。

㋒の調整として不合理なものとなっていないか否かということが検討されなければならない。

2　利害調整に係る権限配分

　また、マンション法制の制度設計の合理性を評価する上では、上記の各考慮事項が適切に調整されているか否かという点に加え、建替え等における具体的な利害調整に係る権限配分という観点も重要となろう。ここで参考になるのが、区分所有法が定める建替え決議制度の変遷である[11]。

　建替え決議制度が導入された当初（1983年改正後の区分所有法62条1項）においては、決議要件として、集会における「区分所有者及び議決権の各5分の4以上」という多数決要件に加え、「老朽、損傷、一部の滅失その他の事由により、建物の価額その他の事情に照らし、建物がその効用を維持し、又は回復するのに過分の費用を要するに至ったとき」という、いわゆる「過分の費用」要件も設けられており[12]、その充足を裁判所で争うことが可能とされていた。「過分の費用」要件を満たさずになされた決議は無効となる[13]。この1983年改正後の区分所有法の建替え決議制度は、建替えに係る区分所有者間の実体的な利害調整を区分所有者の団体かぎりの判断に任せず、裁判所を事後的に関与させる仕組みであったといえよう。

　しかし、「過分の費用」要件は基準として必ずしも明確でなく、要件の充足を巡り紛争が生じた場合には紛争が長期化し建替えの実施が遅れるなど、建替え決議制度の機能不全が問題になった。そこで、2002年の区分所有法改正で「過分の費用」要件は削除されることとなり[14]、決議の合理性を確保するため、代わりに詳細な手続規定が設けられることとなった（2002年改正後の区分所有法62条4項～7項）[15]。「重大な手続違反」があった場合には、その

---

11) 以下について、詳しくは、拙稿「マンション建替え決議制度と財産権保障」片桐直人ほか編『ミクロ憲法学の可能性』（日本評論社、2023年）97-100頁を参照。
12) その趣旨については、法務省民事局参事官室編『新しいマンション法』（商事法務研究会、1983年）333-334頁・338-339頁を参照。
13) この点については、法務省民事局参事官室編・前掲注12）340頁を参照。
14) 吉田徹編『一問一答改正マンション法』（商事法務、2003年）62-63頁を参照。
15) 吉田編・前掲注14）76-77頁を参照。

建替え決議は無効になるとされる[16]。この2002年改正後の建替え決議制度においては、区分所有者間の実体的な利害調整は、手続遵守による決議の合理性の確保を基礎として、区分所有者の団体に一元化されたということができよう。また、裁判所の役割は、区分所有者の団体に代わって実体的な利害調整を行うことから、手続遵守を事後的に監視することへと変更されていると評価できる[17]。

以上の建替え決議制度の変遷を見てみると、ここでは、建替えに係る具体的な利害調整を誰に行わせることが適切か——どこまで区分所有者の団体の自律的決定に委ねるか、区分所有者の団体の自律的決定に委ねられないとすれば誰を関与させることが適切か——という権限配分、そして、その裏側として、裁判所には何を審査させるべきかという権限配分が問題になっていたということができよう。制度を適切に機能させるためには、考慮事項㋐㋑㋒の調整という観点に加え、以上の権限配分的な観点からの分析も必要不可欠であろう。

Ⅲ 「マンションの出口」の現在1——建替え決議制度

それでは、以上で確認してきた"考慮事項㋐㋑㋒の適切な調整"と"具体的な利害調整に係る権限配分"という観点から、まずは区分所有法62条の建替え決議制度の現状と課題について検討していくことにしよう。ここで、建替えに反対する区分所有者の区分所有権に着目すれば、上記の考慮事項㋐はより具体的には、㋐建替えに反対する区分所有者の区分所有権の保護と捉えることができよう。また、建替えの場合には既存の建物所有権は失われてしまうので、考慮事項㋑の他の区分所有者の利益としては、㋑建替えに賛成する区分所有者の敷地利用権の行使が重要になってこよう。

また、現在、法制審議会区分所有法制部会において、「区分所有建物の再生の円滑化を図る方策」として建替え決議制度の改正が検討されており、

---

16) 吉田編・前掲注14) 82-83頁を参照。
17) 以上につき、飯島正ほか「区分所有法等の改正と今後のマンション管理」ジュリスト1249号（2003年）9-11頁［森田宏樹発言］も参照。

「区分所有法制の改正に関する中間試案」(以下、「中間試案」)が公表されている[18]。現行の建替え決議制度に加え、この「中間試案」の内容についても、ここで簡単に検討しておこう[19]。

1　現行の建替え決議制度の評価

　現行の区分所有法62条1項によれば、集会における「区分所有者及び議決権の各5分の4以上」の特別多数決によって建替え決議を行うことが可能とされている。建替え決議が成立した場合には、建替えに参加する区分所有者は、参加しない区分所有者に対し、その区分所有権及び敷地利用権を時価で売り渡すべきことを請求することができる(同法63条5項)。この売渡し請求により不参加者を排除し、建替えに参加する区分所有者のみで建替えを実施することになる。また、既に述べたように、この建替え決議の合理性を確保するために、区分所有法上、詳細な手続規定が設けられている。区分所有者が建替えの要否について熟慮する期間を確保するため、招集通知は集会の開催の2カ月以上前に発しなければならず(同法62条4項)、招集通知では「議案の要領」の他、「建替えを必要とする理由」等、建替えの要否を区分所有者が判断する上で必要な情報も通知しなければならない(同法62条5項)。更に、区分所有者が建替えに関する説明を受け、質問する機会を確保するため、集会の開催日の1カ月以上前に説明会も開催しなければならない(同法62条6項)。

---

[18]　法務省Webページ「法制審議会－区分所有法制部会」(https://www.moj.go.jp/shingi1/housei02_003007_00004)に掲載された「区分所有法制の改正に関する中間試案」(以下、「中間試案」)及び「区分所有法制の改正に関する中間試案の補足説明」(以下、「補足説明」)を参照(最終閲覧2023年10月26日)。建替え決議制度の改正については、「中間試案」11-15頁、「補足説明」57-84頁を参照。【2024年5月25日現在では、法制審議会区分所有法制部会の「区分所有法制の見直しに関する要綱案」も公表されている。本章は初出時(拙稿『「マンションの出口」の現状と課題」マンション学76号〔2024年〕114頁以下)の内容をほぼそのまま維持しているが、建替え決議制度に関する「要綱案」の内容については、本章の補足の意味も込め、第1部第1章(篠原1-1)で簡単に紹介しているので、そちらも参照されたい。】

[19]　「中間試案」の検討としては、日本マンション学会のWebページ(https://www.jicl.or.jp/news/2023_mansion-law_public-comment/)に掲載された「『区分所有法制の改正に関する中間試案』に対する意見書」なども参照(最終閲覧2023年10月26日)。【同意見書は、マンション学76号(2024年)83頁以下にも掲載されている。】

この建替え決議制度は、「区分所有者及び議決権の各5分の4以上」の特別多数決という要件の下で、㋐建替えに反対する区分所有者の区分所有権の保護と、㋑建替えに賛成する区分所有者の敷地利用権の効用の確保という両考慮事項の調整を図ったものと評価できよう。ここでは、建替えに係る区分所有者間の利害調整が問題になっているのだから、その判断を当事者間の自治、すなわち区分所有者の団体の多数決に委ねることも、利害調整の主体としての適格性という意味で不適切とはいえないであろう。建替えに係る区分所有者間の利害調整は区分所有者の団体の判断に一元化した上で、建替え決議の合理性を確保するための手続規定を整備し、裁判所には区分所有者の団体が手続を遵守したか否かを審査させるという制度設計も、憲法29条の下で取り得る一つの選択肢だと考えられる[20]。

　その上で、考慮事項㋐㋑への重み付けという観点から制度設計の合理性を問うとすれば、まずは関連する諸制度との比較を行うことが肝要である。建替えの場合には既存の建物所有権を消滅させることになるため考慮事項㋐への相応の配慮が求められると考えられるところ、共用部分の変更の決議（区分所有法17条）や「建物の価格の2分の1」を超える部分が滅失した場合の復旧の決議（同法61条1項・5項）と比べても、建替え決議の決議要件は特に高く設定されている。そうであるとすれば、現行の建替え決議制度においては考慮事項㋐に相応の配慮がされており、この点でも、考慮事項㋐㋑の調整として不合理なものとはいえないように思われる[21]。

2　建替え決議の決議要件の引下げ

　それでは続いて、建替え決議制度の改正に関する議論についても見ていこう。法制審議会区分所有法制部会の「中間試案」では、「区分所有建物の再生の円滑化を図る方策」として、建替え決議の多数決要件に関し以下のような提案がされている[22]。

20）　以上につき、拙稿・前掲注11）104-106頁、同・前掲注6）302-303頁を参照。
21）　以上につき、拙稿・前掲注6）302-303頁を参照。
22）　前掲注18）の「中間試案」12頁、「補足説明」57-69頁を参照。引用中の亀甲括弧は筆者。

【A案】　基本的な多数決割合を区分所有者及び議決権の各【4分の3】以上とした上で、……〔一定の〕客観的事由がある場合には、多数決割合を区分所有者及び議決権の各【3分の2】以上とする。

【B案】　基本的な多数決割合を現行法どおり区分所有者及び議決権の各5分の4以上とした上で、……〔一定の〕客観的事由がある場合には、多数決割合を区分所有者及び議決権の各【4分の3】以上とする。

　まず、建替え決議の決議要件のみを単純に「4分の3」（更には「3分の2」など）に引き下げるとすると、既に述べたように、共用部分の変更の決議（区分所有法17条）等の他の特別多数決議との関連で、考慮事項㋐㋑の調整という点で制度設計の合理性に疑義が生じることになろう。建替え決議の決議要件を引き下げるのであれば、他の特別多数決議の決議要件の引下げもあわせて考えておく必要がある[23]。また、建替え決議の決議要件を引き下げる場合には、売渡し請求（区分所有法63条）との関連で建替えに係る費用負担を増大させるという問題についても検討しておく必要があろう。費用負担の増大は、建替えに係る区分所有者の合意形成を阻害する要因となり得るためである[24]。

　続いて、【A案】・【B案】に共通する、一定の「客観的事由」がある場合に決議要件を（更に）引き下げるという提案についても検討しておこう。ここでの「客観的事由」としては、まずは、円滑化法の「特定要除却認定」（同法102条・106条）を参考に、①耐震性の不足・②火災に対する安全性の不足・③外壁等の剝落の危険が想定されている[25]。倒壊や外壁の剝落等、㋒区分所有者（更には周辺住民）の生命・身体といった重要な法益に危険を及ぼし

---

[23] 実際、前掲注18)の「中間試案」7頁では共用部分の変更決議の多数決要件を「3分の2」に緩和すること（【A案】）も検討されている。また、変更決議の多数決要件と併せて、復旧決議（区分所有法61条5項）の多数決要件の緩和についても検討するとされている（「中間試案」7頁の3-(2)の（注5）を参照）。

[24] なお、2002年区分所有法改正時には、費用負担の増大という点も踏まえ、建替え決議の多数決要件の緩和は見送られている（吉田編・前掲注14) 68頁を参照）。

[25] 前掲注18)の「中間試案」12頁【a案】、「補足説明」62-64頁を参照。

得る場合には、㋐建替えに反対する区分所有者の区分所有権の保護という要請に対し、㋑建替えに賛成する区分所有者の敷地利用権の行使を尊重する必要性が相対的に高まると考えられるので、考慮事項の調整という観点からは、上記①②③のような客観的事由が認められる場合に建替え決議の決議要件を引き下げるという制度設計は肯定的に捉えられよう（但し、費用負担の問題は残るが）[26]。もっとも、2002年改正前の建替え決議制度の反省も踏まえると、この客観的事由を誰にどのように判断させるのかという課題は残る[27]。既に「(特定)要除却認定」の仕組みがあることからすれば、まずは、特定行政庁による「(特定)要除却認定」に結び付けた建替え決議の決議要件の引下げが検討されるべきではないだろうか[28]。

---

[26] 以上の議論との関連で、①耐震性の不足・②火災に対する安全性の不足・③外壁等の剥落の危険に加え、「要除却認定」（円滑化法102条）を参考に、④給排水管の腐食等により著しく衛生上有害となるおそれがあること（同法102条2項4号を参照）、及び、⑤バリアフリー性能が確保されていないこと（同法102条2項5号を参照）も、建替え決議の決議要件を引き下げる客観的事由に加えるか否かも問題になる（前掲注18）の「中間試案」12頁【β−1案】）。ここで、円滑化法の2020年改正時の議論を見てみると、「特定要除却認定」の対象となる①②③のマンションについては「国民の生命・身体への危険からの保護を図る必要性・緊急性が高い」と説明されているのに対し、④⑤のマンションを「要除却認定」の対象としたことについては、「適正管理や改修等による対応が困難であって、かつ、住宅における生活の基本的条件であるインフラ……が適正に確保できていないマンション」であり、「居住ニーズも低く、最終的に空き家や管理不全等で外部環境に悪影響を及ぼすおそれが高いため、その建替えを促進する必要がある」という説明にとどめられている。この点については、山本・前掲注3）17-19頁を参照（前掲注18）の「補足説明」64-65頁の説明も、基本的にこの説明に依拠しているようである）。しかし、④給排水管の腐食等により著しく衛生上有害となるおそれがある場合については、㋐区分所有者の生命・身体への危険という観点から整理し直し、上記①②③の延長で、建替え決議の決議要件を引き下げることを正当化することも可能であるように思われる。これに対し、⑤バリアフリー性能が確保されていない場合については、区分所有建物が通常備えるべき安全性という観点から、どこまで㋐に引き付けて考えることができるか、「高齢者、障害者等の移動等の円滑化の促進に関する法律」との関連で検討を要しよう。仮に㋐に引き付けることには限界があるとすれば、例えば区分所有建物の社会的陳腐化等を理由として決議要件を引き下げることは適切か否かといった点を、更に検討する必要があろう。以上の点については、今後の検討課題としたい。

[27] 法制審議会区分所有法制部会の議論では、客観的事由の有無を含め建替えについてはまずは区分所有者の団体が判断し、争いが生じた場合には事後的に裁判所が客観的事由の充足について判断することが想定されているようである。この他、非訟事件の手続を設けて客観的事由の充足について裁判所が確認するという案なども挙げられている。以上につき、前掲注18）の「中間試案」13頁の（注3）、「補足説明」63頁を参照。

3　所在不明者等がいる場合の合意形成

　また、マンションの再生を進めていくためには、所在不明の区分所有者がいる場合の合意形成のあり方についても検討しておく必要がある[29]。所在不明者等、区分所有権の使用・収益・処分への関心が低下した区分所有者のために修繕や建替えに関する合意形成が進まず、マンションという財の効用が損なわれ得るという場合には、㋐当該区分所有者の区分所有権の保護という要請に対し、相対的に㋑建替えに賛成する区分所有者の敷地利用権の効用を確保する必要性が高まると言えよう。それゆえ、憲法の財産権保障の観点からも、所在不明等のために意思確認ができない区分所有者がいる場合の対応策について検討しておく必要がある[30]。

　この点について、上記の「中間試案」では、まず、「所在等不明区分所有者」を集会の決議——建替え決議など「区分所有権等の処分を伴うもの」も含む——の母数から除外する仕組みが提案されている[31]。しかし、現行制度においては、建替え決議における意思表示が売渡し請求等のその後の建替えのプロセスにおける地位に連動する仕組みになっているところ、母数から除外した者は「建替え決議に賛成しなかった区分所有者」（区分所有法63条1項）に当たるとして催告を行い、売渡し請求を進めていくとなれば[32]、ここでも費用負担の増大という問題が生じることになる。

　また、「中間試案」では、所有者不明の専有部分の管理に係る新たな仕組みとして「所有者不明専有部分管理制度」も提案されている[33]。この制度を

28）以下のⅣ-4も参照。なお、現在の円滑化法はマンション以外の区分所有建物を対象とはしていないので（前掲注4）を参照）、「人の居住の用に供する専有部分」のない区分所有建物の建替えの円滑化も考えるのであれば、区分所有建物一般を対象とするよう円滑化法の改正も検討する必要がある。
29）問題状況と現行制度の下での対応については、佐藤元「区分所有建物における所有者不明の問題を踏まえたさらなる施策の必要性」マンション学70号（2021年）44頁を参照。
30）拙稿・前掲注6）306-307頁を参照。
31）前掲注18）の「中間試案」1頁、「補足説明」2-6頁を参照。建替え決議など「区分所有権等の処分を伴うもの」も含む点については、特に「中間試案」1頁の1-(1)の（注1）、「補足説明」5頁を参照。
32）建替え決議成立後の手続については、前掲注18）の「補足説明」6頁を参照。
33）前掲注18）の「中間試案」2-4頁、「補足説明」12-19頁を参照。

活用し、所有者不明専有部分管理人を選任した上で、建替えに係る一連のプロセスの中で区分所有者の利益を代表させることも考えられてよい[34]。

IV 「マンションの出口」の現在2——マンション敷地売却制度

1 マンション敷地売却制度への注目

　以上、建替え決議制度について検討してきた。しかし、この建替え決議制度については、既に触れたように、多額の建替え費用がかかることによる区分所有者間の合意形成の困難という問題が指摘されている。マンションの建替えでは、通常、建替え後のマンションの容積を増やし、増やした住戸を売却することで費用負担の軽減が図られているが、既存不適格のマンションなど建替え後の容積を増やせない場合には、費用負担は特に重くなる。また、築後相当の期間が経過したマンションにおいては、区分所有者の高齢化や非居住化の進行に伴い、合意形成が一層困難になるという問題もある[35]。

　そこで注目されるのが、区分所有者の団体の決議によってマンション及びその敷地を売却し区分所有関係を解消する、円滑化法の「マンション敷地売却制度」である[36]。この場合、区分所有者は建替えの場合のような費用負担を負うことはなく、むしろ売却代金の分配を受け得ることから、区分所有者間の合意形成がスムーズになされる可能性がある[37]。以下では、このマンション敷地売却制度について検討していこう。

---

34) 所有者不明専有部分管理人に建替え決議における賛成の議決権行使を認めるべきか否かという点については、法制審議会区分所有法制部会でも議論があったようである。この点については、前掲注18)の「中間試案」4頁の2-(1)の（注2）、「補足説明」17頁を参照。所有者不明専有部分管理人による所在等不明区分所有者の利益の代表という観点からは、「所在等不明区分所有者に再建建物の区分所有権を取得させることになるのは適当でない」という理由で一律に賛成の議決権行使を否定するのではなく、「建替え決議成立後に所在等不明区分所有者の区分所有権の適正金額での任意売却が見込まれるなど、所在等不明区分所有者の利益に資するケースもあり得ること」も踏まえ、賛成・反対のいずれが当該区分所有者の利益に適うかという点から、所有者不明専有部分管理人に判断を委ねればよいように思われる。
35) 以上につき、秋山靖浩「老朽化マンションをめぐる現代的問題」吉田克己ほか編『財の多様化と民法学』（商事法務、2014年）562-563頁も参照。

2　マンション敷地売却制度の概要

　マンション敷地売却決議を行うためには、まずは、マンションの管理者等の申請によって、特定行政庁から当該マンションにつき要除却認定を受ける必要がある。2014年の円滑化法改正によってマンション敷地売却制度が導入された当初は、①耐震性不足のマンションのみが要除却認定の対象とされていたが、2020年改正によって[38]、更に、②火災に対する安全性に欠けるマンション、③外壁の剥落等により周辺に危害を生ずるおそれのあるマンション、④給排水管の腐食等により著しく衛生上有害となるおそれのあるマンション、⑤バリアフリー性能が確保されていないマンションにも対象が拡大された（2020年改正後の円滑化法102条1項・2項）。

　要除却認定マンションのうち[39]、上記の①②③のマンションが「特定要除却認定マンション」とされ、「区分所有者、議決権及び当該敷地利用権の持分の価格の各5分の4以上」の多数決によって、マンション敷地売却決議をすることが認められている（同法106条・108条1項）。マンション敷地売却決議の対象を限定した趣旨については、2014年の円滑化法改正時に、マンション敷地売却に反対する区分所有者の「財産権の保障」と「国民の生命、身体の保護」との調整の結果という説明がされており[40]、2020年改正時にもこの観点は維持されている[41]。

　また、マンション敷地売却決議についても、建替え決議と同様、招集通知

36）先行して、2013年改正の被災区分所有法において、「建物敷地売却決議制度」（同法9条）等が採用されている。2013年改正の被災区分所有法については、岡山忠広編『一問一答　被災借地借家法・改正被災マンション法』（商事法務、2014年）を参照。建物敷地売却決議制度については、秋山・前掲注35）565-569頁も参照。なお、区分所有法制の改正を巡る議論の中でも「被災区分所有建物の再生の円滑化を図る方策」として、被災した区分所有建物に関し、建替え決議や以下で検討する建物敷地売却決議の多数決要件の緩和等が検討されている。前掲注18）の「中間試案」28-29頁を参照。紙幅の関係で、被災区分所有建物の再生に係る法制度の分析については他日を期すことにする。

37）以上につき、秋山・前掲注35）563-564頁を参照。

38）同改正については、山本・前掲注3）15-29頁も参照。

39）要除却認定マンションは、マンション建替え時の容積率特例の対象となる（円滑化法105条）。

40）例えば、第186回国会参議院国土交通委員会会議録第22号（平成26年6月17日）9頁［井上俊之発言］を参照。

41）山本・前掲注3）17-19頁を参照。

の発出・招集通知の記載事項・説明会の開催に関する充実した手続規定が設けられており（同法108条5項～7項）、十分な情報提供と熟慮期間の付与による決議の合理性の確保が図られている[42]。加えて、マンション敷地売却決議があった後には賛成者のみで売却の手続を進めることがスムーズであるため[43]、区分所有権等の売渡し請求等に関する区分所有法の規定が準用されている（同法108条10項）。

3　マンション敷地売却制度の評価[44]

　現行のマンション敷地売却制度は、まず、建替え決議の場合と同様、㋐マンション敷地売却に反対する区分所有者の区分所有権の保護と、㋑賛成する区分所有者の敷地利用権の行使との調整を、「特定要除却認定マンション」に該当し、かつ「区分所有者、議決権及び当該敷地利用権の持分の価格の各5分の4以上」の特別多数決議を経るという要件の下で行ったものといえる。また、耐震性不足のマンション・火災に対する安全性に欠けるマンション・外壁の剥落等により周辺に危害を生ずるおそれのあるマンションが「特定要除却認定マンション」としてマンション敷地売却制度の対象とされているところ、これは、㋒区分所有者や周辺住民の生命・身体に対する危険も考慮したものである。

　マンション敷地売却制度は区分所有権および敷地利用権を換価して区分所有関係を解消する仕組みであるところ、区分所有者は自己の区分所有権および敷地利用権を個別に売却することによってもそれらを換価し区分所有関係から離脱することは可能である。マンション敷地売却制度のような区分所有関係の解消制度を整備する際には、建替え決議制度の場合以上に考慮事項㋐の側に配慮した制度設計が求められるといえよう[45]。この点、現行制度にお

---

42) この点については、秋山・前掲注35) 574頁を参照。
43) マンション建替法研究会編『改訂マンション建替法の解説』（大成出版社、2015年）212頁を参照。
44) 以下の内容については、拙稿・前掲注6) 304-305頁も参照。
45) 以上については、とりわけ秋山・前掲注35) 582-583頁を参照。なお、実際に、換価の便宜というだけでは反対する区分所有者に対して権利の処分を強制する根拠として不十分であるという意見も踏まえ、2002年の区分所有法改正においては、区分所有関係の解消制度の採用は見送られている（吉田編・前掲注14) 86-87頁を参照）。

いては、「区分所有者、議決権及び当該敷地利用権の持分の価格の各5分の4以上」の特別多数決のみでマンション敷地売却を行うことは認めず、㋒区分所有者や周辺住民の生命・身体に対する危険も考慮し、「特定要除却認定マンション」に該当することという客観的要件も設けるという形で考慮事項㋐㋑との調整が図られているといえ、建替え決議制度以上に考慮事項㋐の側に配慮した制度設計がされていると評価できる。

　また、ここでは、㋒周辺住民の生命・身体に対する危険が問題になっていることからも、耐震性不足等の認定に係る専門性ということからも[46]、行政機関を関与させるという制度設計は、ひとまず適切なものといえよう。但し、要除却認定には管理者等の申請が前提とされており、現行のマンション敷地売却制度における行政機関の関与は受動的なものにとどまっている点については、検討を要する。老朽化マンションがもたらす外部不経済に対処する必要性を考えると、行政機関の能動的な関与の仕組みについても考えておく必要があろう。特に、㋒周辺住民の生命・身体に対する危険の防止も求められるところで、その実現を専ら区分所有者の団体の判断に委ねてしまうことは、利益実現主体の適格性という点でも問題がある。

4　区分所有法における建物敷地売却制度の導入

　更に現在、法制審議会区分所有法制部会の「中間試案」において、被災区分所有法の建物敷地売却決議制度（同法9条）や円滑化法のマンション敷地売却制度を参考に、区分所有法においても「一定の多数決によって区分所有建物及び敷地を一括して売却することを可能にする制度（建物敷地売却制度）」等を設けることが提案されている[47]。ここまでの議論との関連で、区分所有法への「建物敷地売却制度」の導入についても簡単に検討しておこう。

　この「建物敷地売却制度」の決議要件については、建替え決議の決議要件と同様にすることがまずは想定されているようである[48]。もっとも、「建物

---

46) 長谷川洋「行政法（円滑化法）に基づく『老朽化マンションの解消制度』の提案」マンション学56号（2017年）148頁も参照。
47) 前掲注18）の「中間試案」15-18頁、「補足説明」84-92頁を参照。
48) 前掲注18）の「中間試案」18頁の2-(1)の（注1）、「補足説明」90頁を参照。

敷地売却制度」の場合には「建替えとは異なり、反対者を含む区分所有者は決議によって区分所有権を喪失することになり、再入居の機会が与えられない」ということから、「中間試案」では、建替え決議よりも要件を厳格にすべきという考え方も示されている[49]。

　マンション敷地売却制度と同様、「建物敷地売却制度」も区分所有権等を換価して区分所有関係を解消する仕組みであるところ、区分所有者は自己の区分所有権等を個別に売却することによってもそれらを換価し区分所有関係から離脱することは可能である。それゆえ、ここでも、建替え決議制度の場合以上に考慮事項㋐の側に配慮した制度設計が求められているといえよう。そして、特に区分所有権等を個別に売却することで換価・離脱は可能という点を踏まえれば、建替え決議は「4分の3以上」・建物敷地売却の決議は「5分の4以上」というように単純に多数決要件に差を設けるというのではなく、マンション敷地売却制度のように区分所有関係の解消にまで踏み込む必要性を要件として設定することが、まずは検討されるべきであろう。

　そうすると次に、どのような客観的要件を設定し、誰にその充足を判断させるのかということが問題になってくる。まず客観的要件については、「中間試案」では、円滑化法の「特定要除却認定」の対象となる事由を要件とすることが検討されている[50]。また、客観的要件の充足の判断主体という点については、まずは区分所有者の団体が建物敷地売却について判断し、争いが生じた場合には事後的に裁判所が客観的要件の充足について判断することが想定されているようである[51]。

　しかし、区分所有法の2002年改正時の議論も踏まえると、特に客観的要件の充足を裁判所に事後的に判断させる場合、要件の充足を巡り紛争を長期化させることにならないか否かという点[52]について検討を行う必要があろう（要除却認定の取消訴訟と比較し長所・短所を整理することも重要である）。また、「特定要除却認定」の基準に対応する客観的要件の充足を裁判所に判断させ

---

49) 前掲注18) の「中間試案」18頁の2-(1)の (注4)、「補足説明」90頁を参照。そこでは、「建替敷地売却制度」の他、「建物取壊し敷地売却制度」と「取壊し制度」も要件厳格化の対象として挙げられている。
50) 前掲注18) の「中間試案」11-13頁・18頁の2-(1)の (注1) を参照。
51) 前掲注18) の「補足説明」63頁・90頁を参照。

るという形態の「建物敷地売却制度」を区分所有法に導入する場合には、現行の（特定）要除却認定の仕組みとマンション敷地売却決議の制度は円滑化法からは削除し、円滑化法を建物敷地売却等の決議が成立した後の事業遂行ルールに純化することにするのか、あるいは、容積率緩和特例（同法105条）のために（特定）要除却認定の仕組みは残すのかということも問題となる[53]。（特定）要除却認定の仕組みを残すとすれば、特定行政庁と裁判所の判断に齟齬が生じた場合[54]の調整のあり方——そもそも調整が必要か否かという点も含む——も問題となってくる。

　以上のような課題に直面すること——更には以下で検討するように、今後は行政機関の関与の仕組みを発展させることが課題となるであろうこと——を考えると、区分所有関係の解消に係る制度に関しては、差し当たり、区分所有法の改正ではなく、円滑化法のマンション敷地売却制度の改正で対応した方がよいように思われる[55]。

---

52) この点に関しては、前掲注18)の「補足説明」63頁では、「特定要除却認定基準は既に確立された基準であり、その該当性は基本的に建築士等の民間の専門家において判断することが可能であることから、区分所有者としても、適宜こうした専門家の知見を活用して要件の該当性を判断することが可能と考えられる」と述べられている。「特定要除却認定基準」について民間の専門家において均一の判断が可能というのであれば問題はないであろうが、そうでないとすれば、紛争が長期化するリスクは残る。
53) この点に関し、前掲注18)の「補足説明」63頁で「マンション建替円滑化法においては、特定行政庁による除却の必要性に係る認定制度があるため（同法第102条）、マンションの区分所有者において、建替え決議に先立ち、基準の該当性についての公的な判断を得たいという場合には、別途、除却の必要性に係る認定を受け、これを踏まえて決議を行うことも考えられる」と述べられていることからすると、さしあたり要除却認定の仕組みを削除することは想定されていないようである。
54) 齟齬が生じる場合としては、例えば、（特定）要除却認定を受けたマンションについて、区分所有者の団体が客観的事由を満たすとして緩和された要件の下で建替え決議を行ったところ、その後の当該決議の効力を争う民事訴訟において客観的事由は満たしていないとして裁判所により決議無効と判断される場合などが考えられる。
55) 前掲注28)の他、給排水管の腐食等により著しく衛生上有害となるおそれのあるマンションやバリアフリー性能が確保されていないマンションもマンション敷地売却制度の対象に加えることの可否（この点については、前掲[26]も参照）、マンション敷地売却決議の他、建物取壊し敷地売却決議や取壊し決議といった選択肢を増やすことの可否についても検討する必要があろう。2020年の円滑化法改正前の議論であるが、マンション敷地売却制度の対象の拡大については、長谷川洋「マンション建替え関連制度の整備とその効果及び今後の課題」都市問題105号（2014年）57-58頁、同・前掲注46)149頁も参照。

V 「マンションの出口」の現在3——行政機関の関与の仕組み

1 行政機関の関与の仕組みに着目する必要性

　以上、建替え決議制度やマンション敷地売却制度といった、区分所有者の団体の多数決により「マンションの出口」を目指す仕組みについて見てきた。これらの制度については、現在行われている区分所有法制の改正を巡る議論の中でも、一定の客観的事由が認められる場合の多数決要件の緩和、所在不明の区分所有者がいる場合の対応策（決議の母数からの除外や所有者不明専有部分管理制度）等が検討されている。これらは、老朽化マンションの問題に対応すべく「マンションの出口」に向け区分所有者間の合意形成を容易化するものとして、一定程度は肯定的に評価しうる。

　しかし、以上の仕組みによっても、なお、費用負担の問題や区分所有者の関心の低下から、修繕や建替え、あるいは敷地売却に関する合意形成がなされず、マンションが一定の外部不経済を発生させるに至った場合には、（もちろん周辺住民による妨害予防請求ないし妨害排除請求という民事的手法も考えられるが、マンションに関する法的・技術的な専門性や利益調整の複雑性を考えると）行政機関の能動的な関与によってマンションの修繕や除却を進めることが必要になってこよう[56]。ここでは、⑰マンションという財が性質上備える危険を踏まえ、⑦（④）区分所有者の団体の自律的決定に対し適切な限界が設定されているかということが問われている。上述のように、とりわけ倒壊や外壁の剥落等、⑰周辺住民の生命・身体に対する危険の防止も求められるところで、その実現を専ら区分所有者の団体の判断に委ねてしまうことは、利益実現主体の適格性という点でも問題があろう。それゆえ、以下では、マンション法制における行政機関の関与の仕組みについて見ていきたい。

---

[56] 空間支配という観点から総論的に検討を行うものとして、吉原知志「都市法としてのマンション法」市民と法139号（2023年）74-76頁も参照。

2 「マンションの出口」に向けた能動的な関与

　この点でまず指摘しておくべきは、2014年の円滑化法改正によって「建替え勧告制度」が廃止され、「マンションの出口」に向けた能動的な関与の仕組みが後退してしまったという点である。

　2014年改正前の円滑化法には、マンションの建替えを促進するための措置として、「構造又は設備が著しく不良であるため居住の用に供することが著しく不適当」な住戸が相当数あり、「保安上危険又は衛生上有害な状況にあるマンション」については、市長村長が区分所有者に対し「当該マンションの建替えを行うべきことを勧告することができる」とする、「建替え勧告制度」が設けられていた（2014年改正前の円滑化法102条）[57]。しかし、建替え勧告制度は運用実績がなく[58]、2014年改正の際に廃止されることとなった。運用実績がなかった理由としては、建替え勧告を行ったマンションの建替えが実施される場合、当該マンションの賃借人や転出区分所有者は「市町村長に対し、代替建築物の提供又はあっせんを要請することができ」、この要請を受けた市町村長は「代替建築物を提供し、又はあっせんするよう努めなければならない」とされるなど（2014年改正前の円滑化法103条）、行政の側に重い負担がかかる制度設計になっていたがゆえの制度の機能不全が挙げられている[59]。しかし、そうであるとすれば、この負担が生じる点を改善し、建替え勧告制度を維持することもできたはずである。

　他方で、2014年の円滑化法改正で要除却認定の仕組みが導入された。この要除却認定を受けたマンション（要除却認定マンション）については、都道府県知事等は、その区分所有者に対し、除却について必要な指導や助言ができる他、要除却認定マンションの除却が行われていないと認めるときは必要な指示をすることもできるとされる（現在の円滑化法104条）[60]。また、マンション敷地売却決議がされた特定要除却認定マンション（決議特定要除却認定マン

---

[57] 建替え勧告制度の趣旨については、マンション建替え円滑化法研究会編『マンション建替え円滑化法の解説』（大成出版社、2003年）160-162頁を参照。
[58] 長谷川・前掲注46）149-150頁を参照。
[59] 長谷川・前掲注46）158頁の注(7)も参照。
[60] 円滑化法104条の趣旨については、マンション建替法研究会編・前掲注43）204頁を参照。

ション）については、その買受けや除却等を確実に行わせるため、都道府県知事等はその認定買受人に対し、除却等の勧告を行うこともできる（同法114条）[61]。もっとも、これらの仕組みは、管理者等の申請に基づく要除却認定やマンション敷地売却決議の成立を前提にするため、上記の申請や決議がなされない場合には機能しない。

3 管理における関与の仕組みの整備

(1) 2020年の適正化法改正

他方、適正化法の2020年改正によって、マンションの管理の次元における行政機関の関与の仕組みが整備されることになった[62]。

マンションが適切に維持管理されていない場合、その規模ゆえに周辺環境に与える影響は大きく、外壁剥落等の外部不経済を発生させるような状況に至った場合には、行政代執行による対応などの厖大な財政的・人的負担等が生じるおそれがある。しかし、区分所有者の多くはマンションの管理等に必要な法律・技術上の専門知識や経験を必ずしも有しているわけではない[63]。特に、「高経年化したマンションの急増やマンションの大規模化等によって区分所有者の合意形成の困難さが増しており、管理組合の自主的な取組だけではマンション管理の適正化を図ることに一定の限界がある」。そこで、「マンション管理に関する地方公共団体の関与を法定化することでその取組を後押しし、各地のマンションの管理水準の底上げを図ることとした」といわれる[64]。

以下では、適正化法の2020年改正で導入された、管理組合に対する助言・指導・勧告の制度（2020年改正後の適正化法5条の2）と、マンションの管理計画の認定制度（同法5条の3）について見ていこう。

---

61) 円滑化法114条の趣旨については、マンション建替法研究会編・前掲注43）220頁を参照。
62) 2020年改正の解説として、山本・前掲注3）10-15頁、矢吹周平「マンション管理適正化法改正の背景と概要」マンション学70号（2021年）5-12頁を参照。
63) 山本・前掲注3）5-6頁の他、矢吹・前掲注62）5-6頁も参照。
64) 山本・前掲注3）12頁の他、矢吹・前掲注62）7頁も参照。

(2) 管理組合に対する助言・指導・勧告

　第一に、管理組合に対する助言・指導・勧告の制度である。適正化法の2020年改正によって、「都道府県等」（同法3条の2第1項を参照）は、マンション管理適正化指針に即し、「管理組合の管理者等」に対し、マンションの管理の適正化を図るために必要な助言・指導をすることができるとされた（同法5条の2第1項）。また、「都道府県知事等」は、「管理組合の運営がマンション管理適正化指針に照らして著しく不適切であることを把握したとき」は、当該管理組合の管理者等に対し、マンション管理適正化指針に即したマンションの管理を行うよう勧告することができることとなった（同法5条の2第2項）。

　国土交通省の策定したガイドラインによれば、この「助言・指導及び勧告は、マンションの管理・運営といったいわゆるソフト面に着目して行われるものであり、建物の設備及び構造の老朽化や朽廃といったいわゆるハード面の状況を理由とした助言・指導及び勧告は、本制度の射程外である」[65]。同法5条の2を根拠として「建替えを積極的に推奨するような助言・指導及び勧告」を行うことは、制度趣旨に合致せず「適切でない」とされる[66]。外壁剥落の危険等を理由に修繕の助言・指導及び勧告を行うことも、同様に「適切でない」ということになろう。国土交通省関係者の解説では、助言等の具体例としては、「補助制度等の支援策の活用、管理規約の策定・見直し、管理者の設置、集会の開催等の提案等」が挙げられている[67]。

　この助言・指導・勧告の制度は、マンションが外部不経済を発生させる状況に陥らないよう、不適切な管理を適正な水準に引き上げることを狙いとしたものといえよう[68]。もっとも、助言・指導・勧告の措置には強制力はなく、

---

[65] 国土交通省Webページ「マンション管理について」（https://www.mlit.go.jp/jutakukentiku/house/jutakukentiku_house_tk5_000052.html）に掲載された「マンションの管理の適正化の推進に関する法律第5条の2に基づく助言・指導及び勧告に関するガイドライン（最終改正令和5年4月）」（以下、「ガイドライン」）8頁（最終閲覧2023年10月26日）を参照。

[66] 前掲注65）「ガイドライン」8頁を参照。

[67] 山本・前掲注3）13頁を参照。更に、第201回国会衆議院国土交通委員会会議録第18号（令和2年6月12日）7頁［政府参考人眞鍋純発言］も参照。

[68] 山本・前掲注3）13-14頁も参照。

実効性の確保についてはなお検討を要するように思われる[69]。

(3) 管理計画の認定制度

　第二に、マンションの管理計画の認定制度である。管理組合の管理者等は、「当該マンションの修繕その他の管理の方法」等を記載したマンションの「管理計画」を作成し、「マンション管理適正化推進計画を作成した都道府県等の長」（以下「計画作成都道府県知事等」）の認定を申請することができ（適正化法5条の3）、当該申請に係る管理計画が「マンションの修繕その他の管理の方法が国土交通省令で定める基準に適合するものであること」等の基準に適合すると認めるときは、計画作成都道府県知事等はその認定をすることができるとされた（同法5条の4）[70]。

　この管理計画に基づいた管理の実効性を確保するため、報告徴収や改善命令の仕組みも整備されている。計画作成都道府県知事等は、管理計画の認定を受けた者（以下、「認定管理者等」）に対し、管理計画認定マンションの管理の状況について報告を求めることができる（同法5条の8）。また、計画作成都道府県知事等は、「認定管理計画に従って管理計画認定マンションの管理を行っていないと認めるとき」は、認定管理者等に対し、改善に必要な措置を命ずることができ（同法5条の9）、認定管理者等が当該命令に違反した場合には、認定を取り消すこともできる（同法5条の10第1項1号）。

　この管理計画の認定制度については、上述の助言・指導・勧告の対象とならないマンションについても、「その管理水準の維持向上を図り、将来的に管理不全に陥り外部不経済を生じさせるような状況を未然に防止する必要があること」、「都道府県等が多数に及ぶマンションに網羅的に指導等することは現実的ではないこと」を踏まえると、「各管理組合による自主的な取組を誘導するための施策が必要である」ため、「認定を取得したマンションが市場で評価されることを通じて、区分所有者全体の適正な管理への意識の向上

---

[69] なお、国土交通省の担当者は、国会における審議の中で、「公的団体からの一定の関与ということで一定の効果はあろう」と述べている。第201回国会衆議院国土交通委員会会議録第18号（令和2年6月12日）7頁［政府参考人眞鍋純発言］を参照。

[70] なお、この認定は5年ごとの更新制とされている（適正化法5条の6）。

や管理水準の維持を図ることとした」と説明がされている[71]。

4　現状の評価

　以上、マンション法における行政機関の関与の仕組みの現状について見てきた。一方で、マンションの管理の次元においては、2020年適正化法改正によって、①市場での評価を高めるという誘因を与えることで管理の水準の維持・向上を図る、マンションの管理計画の認定制度（申請を前提にする点で関与のあり方は受動的である）、②不適切な管理を適正な水準に引き上げることを狙いとした助言・指導・勧告の制度という、行政機関の関与の仕組みが整備されている（但し、その実効性については疑問が残る）。他方、「マンションの出口」においては、2014年の円滑化法改正によって、建替え勧告制度が廃止された結果、現在では、構造上一定の外部不経済を発生させるおそれがあるマンションについて、③区分所有者の団体による申請を前提に行政機関が受動的に関与する要除却認定の制度はあるが、④区分所有者の団体が何もしない場合に行政機関が能動的に関与する仕組みは、マンション法上用意されていないという状況にある。

　もちろん、適正化法や円滑化法を離れて見れば、現行法上、マンションの修繕や除却に向け行政機関が能動的に働きかける仕組みは存在している。例えば、建築基準法令に違反した建築物や著しく保安上危険な建築物等に該当する場合には、建築基準法9条や10条の措置命令の仕組みを利用することが考えられる[72]。あるいは、滋賀県野洲市で問題になったように、全ての専有部分が使用されていない区分所有建物であれば、空家法の利用も考えられよう[73]。「特定空家等」の所有者に対して[74]、市町村長は、当該特定空家等に関し「除却、修繕、立木竹の伐採その他周辺の生活環境の保全を図るために必要な措置」をとるよう[75]、助言・指導、勧告、命令を行うことができる

---

71) 山本・前掲注3) 14頁の他、矢吹・前掲注62) 7-8頁も参照。
72) 関連して、分譲マンションの区分所有者が福岡県久留米市に対し、建築基準法9条1項又は同法10条3項に基づき、当該マンションについて、主位的に建築会社及び各区分所有者に対する建替え命令の義務付けを、予備的にこれらの者に対する除却命令の義務付けを求め訴えを提起した事例として、福岡地判平成29・4・13LEX/DB25549508と、その控訴審である福岡高判平成29・12・20LEX/DB25549507を参照。

（令和5年改正後の空家法22条）[76]。しかし、マンションについては多数者の利益の調整が必要になってくるのであり、やはりマンション法固有の「マンションの出口」に向けた関与の仕組みを用意しておく必要は高いように思われる。

　2020年の適正化法・円滑化法の改正について、「改正法の狙いは管理と再生が相まって、マンションの適正な管理と再生が円滑に一体的に進められる点にある」といわれるが[77]、以上のことからすれば、やはり、「管理」から「再生」への接続は不十分なものにとどまっているというべきである。区分所有者間の合意形成が困難となり、②適正化法5条の2に基づく助言・指導・勧告を行っても適正な管理がなされず、マンションが一定の外部不経済を発生させるに至ったという場合に備え、④マンションの修繕や除却に向けた行政機関の能動的な関与の仕組みを整備することが、「マンションの出口」における制度設計の課題といえよう[78]。

V　今後の検討課題

　以上、「マンションの出口」に関する法制度について検討を行ってきた。建替え決議制度やマンション敷地売却制度といった、区分所有者の団体の特別多数決により「マンションの出口」を目指す制度に関しては、合意形成を

73）滋賀県野洲市では、空家法を適用し行政代執行により区分所有建物の除却を行った例がある。国土交通省近畿地方整備局のWebページ「近畿住宅政策連絡協議会　空き家分科会」（https://www.kkr.mlit.go.jp/kensei/jutaku/ol9a8v0000035gqj.html）に掲載された、「令和2年度第2回空き家分科会会議資料：資料6『区分所有建物の空き家に対する行政代執行の事例について』」を参照（最終閲覧2023年10月26日）。
74）「特定空家等」とは、「そのまま放置すれば倒壊等著しく保安上危険となるおそれのある状態又は著しく衛生上有害となるおそれのある状態、適切な管理が行われていないことにより著しく景観を損なっている状態その他周辺の生活環境の保全を図るために放置することが不適切である状態にあると認められる空家等をいう」（空家法2条2項）。
75）但し、「そのまま放置すれば倒壊等著しく保安上危険となるおそれのある状態又は著しく衛生上有害となるおそれのある状態にない特定空家等」については、建築物の除却の助言・指導、勧告、命令を行うことはできない（令和5年改正後の空家法22条1項括弧書を参照）。
76）以上については、佐藤・前掲注29）42頁も参照。
77）矢吹・前掲注62）11頁を参照。
78）2020年の円滑化法改正前の議論であるが、長谷川・前掲注55）59頁も参照。

容易化する方向で制度の見直しも進められている。しかし、それでもなお費用負担の問題や区分所有者の関心の低下から合意形成が適時適切になされず、マンションが一定の外部不経済を発生させるに至ったという場合には、マンションの修繕や除却に向け行政機関が能動的に関与していくことが必要となろう。だが、現行のマンション法制はそうした仕組みを欠いている状況にある。そうすると、㋒マンションという財が性質上備える危険を踏まえ、㋐（㋑）区分所有者の団体の自律的決定に対し適切な限界が設定されているのか疑わしいということにもなってこよう。「マンションの出口」に向けた行政機関の能動的な関与の仕組みを整備することがマンション法制の課題である。

　ここで、例えば空家法を参考にすれば、助言・指導、勧告、命令という段階的な関与の仕組みを用意し、徐々に区分所有者の団体が採り得る選択肢を狭めていくことが考えられよう[79]。その際には第一に、それらの行政措置の要件をどう設定するかということが問題になる。要除却認定の基準を出発点に置き、そこから更に外部不経済を発生させる危険が高まったというハード面に着目して要件を設定することがまずは考えられるが[80]、上述の「管理」から「再生」への接続という観点からすれば、管理の状況というソフト面と建物の老朽化等のハード面を組み合わせた要件を設定することも考えられてよいであろう。

　続いて、行政処分によってマンションの修繕や除却を義務付けるとすれば、区分所有法3条との関係で「管理組合の管理者等」（適正化法2条3号・4号を参照）を名宛人にすれば十分か、あるいは区分所有者全員を名宛人にする必要があるのか（そうであるとすれば所在不明の区分所有者がいる場合の対応をどうするのか）、処分の内容ごとに名宛人について整理しておく必要もある。ま

---

79) マンション学会の解消制度特別研究委員会が提案した「管理不全マンション改良制度（仮称）」においても、空家法を参考に、助言・指導、勧告、命令といった段階的な関与の仕組みが構想されている。解消制度特別研究委員会「マンション解消制度」マンション学60号（2018年）121頁を参照。
80) 前掲注79)の「管理不全マンション改良制度（仮称）」においても、「建物等の不全状態」といったハード面に着目した要件が検討されている。これに対し、「管理組合の機能不全は、建物等の不全状態を引き起こす要因として位置づけ」るとされている。解消制度特別研究委員会・前掲注79) 120-122頁を参照。

た、区分所有者が修繕命令や除却命令に従わない場合には行政代執行によることになるが、その場合には、従来指摘されているように、費用徴収をどうするかということが大きな問題となる[81]。

最後に、以上の行政措置の検討と同時に、どこまで「区分所有者の合意」に拘るべきかということについても改めて考えておく必要がある。マンションにおいては多数の者の利害調整が問題になるので、修繕か・建替えか・敷地売却かといった選択は可能な限り区分所有者の団体の自律的決定に委ねた方がよいとは一般的には言えるであろう。しかし、そもそも区分所有者間の合意形成が機能していないということが、ここでの問題の出発点である。そうであるとすれば、例えば上記の「助言・指導」等を行っても何ら決議がなされないという場合に備え、「管理組合の管理者等」ないし第三者に区分所有建物の管理・処分に係る権限を集約してしまい、必要な場合には区分所有関係の清算を行わせるという制度設計も検討に値しよう[82]。

【付記】

初出:「『マンションの出口』の現状と課題」マンション学76号(2024年)114頁以下。

初出時の内容はほぼそのままとし、最低限の修正を行うとともに、脚注で文献情報等の補充を行った。校正中に、「マンションの管理の適正化の推進に関する法律第5条の2に基づく助言・指導及び勧告に関するガイドライン(最終改定:令和6年6月7日)」に接した(前掲注65)の国土交通省Webページを参照)。また、マンション敷地売却制度の憲法適合性を判断したものとして、東京地判令和5年3月23日LEX/DB25609312を見つけた。同判決の分析は別の機会に行うことにしたい。

---

81) 解消制度特別研究委員会・前掲注79) 122頁も参照。また、行政代執行の一般論としては、大橋洋一『行政法Ⅰ〔第4版〕』(有斐閣、2019年) 310-311頁【同『行政法Ⅰ〔第5版〕』(有斐閣、2023年) 339-341頁】などを参照。
82) 吉原・前掲注56) 75頁も参照。

第 2 章
団地型マンションの建替え

篠原永明

I　本章の目的

　本章では、第 2 部第 1 章（篠原 2 - 1）で行った敷地に 1 棟の区分所有建物がある場合（単棟型）の「マンションの出口」の検討に続き、共通の敷地内にある数棟の建物の全部または一部が区分所有建物であり、団地内にある建物の敷地が団地建物所有者全員の（準）共有に属しているという類型の団地を念頭に、団地型マンションの建替えに関する仕組みの現状と課題について整理を試みる[1]。

　第 1 部第 1 章（篠原 1 - 1）で述べたように、建物区分所有に関する法制度の設計に際しては区分所有者相互の区分所有権・共用部分共有持分権・敷地利用権の調整が不可欠となるが、団地型マンションの建替えに関する制度設計の場合には、その調整は単棟型以上に複雑なものとなる。上記の類型の団地においては、建替えの対象となる区分所有建物の区分所有者の範囲と敷地共有者の範囲が一致しないため、当該区分所有建物の区分所有者相互の利害調整だけでなく、敷地の利用方法の変更という点で敷地共有者相互の利害調整についても考えなければならないからである。要するに、団地型マンションの建替えに関する制度設計に際しては、建替えの対象になる区分所有建物に着目すれば、㋐建替えに反対する当該区分所有建物の区分所有者の区分所

---

[1] 団地とは、一般には「数棟の建物が一定のまとまりがあって一群を形成している場合における土地と建物の総体」などといわれるが（丸山英氣『区分所有法〔第 2 版〕』〔信山社、2023 年〕496 頁）、区分所有法は「団地」について定義していない。区分所有法は、「一団地内に数棟の建物があつて、その団地内の土地又は附属施設（これらに関する権利を含む。）がそれらの建物の所有者（専有部分のある建物にあつては、区分所有者）の共有に属する」（同法 65 条）という関係（団地関係）に注目し、団地に関する規定を適用するとしている。

有権・共用部分共有持分権の保護と㋑建替えに賛成する当該区分所有建物の区分所有者の区分所有権・共用部分共有持分権の処分との調整が、敷地に着目すれば、㋒建替えに反対する団地建物所有者の敷地共有持分権と㋓建替えに賛成する団地建物所有者の敷地共有持分権との調整が必要になるということである[2]。

　ここで、区分所有者はいつでも敷地について共有物分割請求（民法256条1項）を行い、団地関係を解消し、少なくとも単棟型の区分所有関係へと法律関係を単純化できるというのであれば問題は少ないかもしれない。しかし、これも難しい。単棟型の区分所有関係においては、専有部分と敷地利用権の分離処分が原則として禁止されていることから（区分所有法22条1項）、区分所有者は敷地について共有物分割請求を行うこともできないという見解が有力であり[3]、団地の場合も同様[4]と考えられているようである[5]。そうであるとすれば、既存の団地関係を容易には解消できないということを前提に、

---

[2] 関連して、敷地が団地内の建物の所有者の共有に属している団地については「一団地認定」（建築基準法86条・86条の2）がなされていることがほとんどであることを踏まえ、団地空間の共有、空間利用に関する団地全体での調整という観点から団地型マンションの建替えに関する制度設計を検討するものとして、鎌野邦樹ほか編『マンション法』（有斐閣、2003年）222-233頁〔戎正晴〕も参照。「一団地認定」については、国土交通省Webページ「まちづくり建築規制・誘導等」（https://www.mlit.go.jp/jutakukentiku/house/jutakukentiku_house_tk5_000006.html）に掲載されている「一団地の総合的設計制度等の解説（令和5年6月）」を参照（最終閲覧2024年5月27日）。

[3] 稲本洋之助ほか『コンメンタール マンション区分所有法〔第3版〕』（日本評論社、2015年）233頁、鎌野邦樹『マンション法案内〔第2版〕』（勁草書房、2017年）86-87頁、吉田克己『物権法Ⅰ』（信山社、2023年）590頁などを参照。

[4] なお、区分所有法66条は区分所有法第1章第3節「敷地利用権」（同法22条～24条）の規定を準用していないが、これについては「団地内の区分所有建物以外の建物（戸建て）については、分離処分を禁止することはできないからである」と説明されている（稲本ほか・前掲注3）459頁を参照）。敷地利用権に関する規定は、団地内の区分所有建物についても、建物ごとに適用されることになる（法務省民事局参事官室編『新しいマンション法』〔商事法務研究会、1983年〕376-377頁を参照）。

[5] 例えば、稲本洋之助ほか編『コンメンタール マンション標準管理規約』（日本評論社、2012年）は、「区分所有者は、敷地又は共用部分等の分割を請求することはできない」とするマンション標準管理規約（単棟型）11条1項を区分所有法の確認規定であると位置づけた上で（49-50頁を参照）、「団地建物所有者又は区分所有者は、土地又は共用部分等の分割を請求することはできない」とするマンション標準管理規約（団地型）11条1項についても、単棟型の場合と同様としている（315頁を参照）。これに対し、団地の敷地に係る共有物分割請求を肯定する方向での検討として、齋藤哲郎「複数の区分所有建物が存する団地に係る共有物分割請求に関する考察」土地総合研究30巻4号（2022年）70頁以下がある。

上記のア⃝イ⃝ウ⃝エ⃝の適切な調整という観点から団地型マンションの建替えに関する法制度を構想せざるを得ない。

それゆえ以下では、このア⃝イ⃝ウ⃝エ⃝の調整という観点から、まずは、区分所有法が定める団地内の建物の建替え承認決議の制度（同法69条）と団地内全建物の一括建替え決議の制度（同法70条）について検討を行うことにしたい（Ⅱ・Ⅲ）。また、団地内の区分所有建物の建替えを円滑に進めるためには、上記のように敷地分割により団地関係を解消することも一つの重要な手段となり得る。そこで、2020年の円滑化法改正で導入された敷地分割制度についても、あわせて検討することにしよう（Ⅳ）。

Ⅱ　団地内の建物の建替え承認決議

1　制度の概要

(1)　2002年区分所有法改正による制度の導入

2002年改正前の区分所有法においては、共通の敷地に複数の建物があり、団地建物所有者全員で敷地を共有しているという形態の団地において、その中の特定の建物を建て替えようとする場合について、特段の規定は設けられていなかった。この場合、敷地の利用関係に関しては民法の共有の規定に従うことになるが、共有土地上の建物を取り壊し新たな建物を建築することは共有物の変更に該当するため、敷地共有者全員の同意が必要となると考えられていた（民法251条を参照）。しかし、多数の敷地共有者全員の同意を得ることは困難であり、団地内の建物の建替えはほとんど不可能になっているという指摘があった。そこで、区分所有法の2002年改正で設けられたのが、団地内の建物の建替え承認決議の制度である[6]。

区分所有法69条によれば、①一団地内にある数棟の建物（団地内建物）の全部又は一部が区分所有建物であり、かつ、②その団地内の特定の建物（特

---

[6] 改正の経緯については、吉田徹編『一問一答　改正マンション法』（商事法務、2003年）91頁、吉田徹ほか「建物の区分所有等に関する法律の一部改正法の概要（下）」金融法務事情1665号（2003年）38-39頁を参照。

定建物）の所在する土地が当該団地内建物の団地建物所有者の（準）共有に属する場合においては[7]、③その団地建物所有者で構成される団地管理組合の集会において議決権の4分の3以上の多数による承認の決議（建替え承認決議）を得たときは、当該特定建物の団地建物所有者は建物の建替えを実施することができる（同1項）。この場合、当該特定建物が区分所有建物であるときは、その建替え決議（同法62条）又はその区分所有者の全員の同意があること、当該特定建物が単独所有の建物であるときは、その所有者の同意があることも、もちろん必要である（同法69条1項各号を参照）。

(2) 「議決権の4分の3以上」の決議要件

この建替え承認決議の決議要件を「議決権の4分の3以上」とした点については、「区分所有建物の敷地や団地内の敷地に変更を加える場合に4分の3以上の特別多数決が必要とされている（法21条、17条、66条）ことに準じ」たというのが、立案担当者の説明である[8]。また、ここでの「議決権」は、団地管理組合の規約で別段の定めがある場合であっても、当該特定建物の所在する土地の持分割合によるものとされている（区分所有法69条2項）。この点については、建替え承認決議は「共有の土地の上にある建物の建替えを認めるかどうかを問題とするもの」であり、議決権割合を規約で変更することを認める同法38条・66条が想定しているような「共有物の日常的な利用のあり方」を問題とするものではないため、「原則的な議決権割合である土地の持分の割合によることとし、規約による別段の定めによることは認めないこととした」と説明されている[9]。

なお、この建替え承認決議においては、建替えの対象となる区分所有建物の建替え決議が成立している場合、当該区分所有建物の区分所有者は──その建替え決議で反対の議決権を行使していたとしても──建替え承認決議を行う団地管理組合の集会において賛成の議決権を行使したものとみなされる（同法69条3項）[10]。この点について、立案担当者は、建替え承認決議におい

---

[7] 建替え承認決議の対象となる団地については、吉田編・前掲注6）92-93頁も参照。
[8] 吉田ほか・前掲注6）39頁の他、吉田編・前掲注6）95頁を参照。
[9] この点については、吉田編・前掲注6）94頁を参照。

て「敷地共有者の立場で改めて建替えに反対することができることとすると、建替えを実施する建物の管理組合の集会でいったん決着がついた建替えの実施について、再度反対する機会を与えることになってしま」うが、「建替えに反対した区分所有者は、建替えが実現するまでの間に、売渡請求権（第63条第4項〔現5項〕）を行使されて当該敷地の利用関係から排除されることが予定されている」ので、「敷地共有者独自の立場で建替えに反対する機会を与えることは合理的でない」（引用中亀甲括弧は筆者・以下同じ）と述べている[11]。

(3) 団地内の他の建物の建替えに特別の影響を及ぼす場合

また、建替え承認決議に係る建替えが団地内の他の建物の「建替えに特別の影響を及ぼすべきとき」には、①当該他の建物が区分所有建物である場合には、当該他の建物の区分所有者全員の議決権の4分の3以上の議決権を有する区分所有者が当該建替え承認決議に賛成していることが、②当該他の建物が単独所有の建物である場合には、当該他の建物の所有者が当該建替え承認決議に賛成していることが、それぞれ必要になる（区分所有法69条5項）。

この「建替えに特別の影響を及ぼすべきとき」とは、「特定建物の建替えによって団地内の他の建物の建替えに顕著な支障が生じ、それがその建物の団地建物所有者の有する敷地利用権の具体的な侵害に当たると評価できる場合」をいうとされる。例えば、「特定建物の床面積が建替えによって大幅に増大し、敷地利用権の持分割合に従えば、本来他の建物に割り付けられるべき容積を侵食することになって、将来、団地内の他の建物が同様の建替えを実施しようとしても、それが制限されるような場合」がこれに当たるとされる[12]。

他方、工事の実施に伴う騒音・振動や、再建建物による他の建物への日照等への影響は、ここでの「特別の影響」には含まれないとされている。「人

---

10) 但し、当該区分所有者が団地内の他の建物の敷地利用権に基づいて有する議決権の行使については、この限りでない（区分所有法69条3項但書）。この点については、吉田編・前掲注6）99頁も参照。
11) 吉田編・前掲注6）99頁の他、吉田ほか・前掲注6）39頁を参照。
12) 吉田編・前掲注6）100-101頁の他、吉田ほか・前掲注6）39-40頁を参照。

格的利益にかかわる事柄を多数決で決定するのは無理があ」り、「そもそも敷地の共有者によって構成される団地管理組合の集会の権限に属さない事柄といえる」ため、「日照、通風、採光といった生活利益の侵害が生じる場合の利害調整が〔建替え承認決議の中で〕図られることは予定されてい」ないというのが、立案担当者の説明である[13]。これらの場合には、被害を受けた者が損害賠償請求や差止め請求を行うことで利益の保護を図ることになる[14]。

2　評　価

(1)　「議決権の4分の3以上」による建替え承認決議の合理性

　この建替え承認決議の制度は、団地管理組合の集会における議決権の4分の3以上の多数という要件の下で、㋒建替えに反対する団地建物所有者の敷地の共有持分権と㋓建替えに賛成する団地建物所有者の敷地の共有持分権との調整を図ったものである。

　団地内に区分所有建物を含む数棟の建物があり、かつ、その団地内の建替えを実施しようとする建物の敷地が団地内にある建物の団地建物所有者の（準）共有に属する場合、建物の建替えは敷地の利用方法の変更に該当するため、敷地を（準）共有する団地建物所有者全体での決定が必要になる。しかし、ここで団地建物所有者全員の同意を得ることは、ほとんど不可能に近い。他方で、区分所有建物においては、上述のように、区分所有者は敷地について共有物分割請求をすることもできないと考えられており、団地関係を解消し建替え決議を行った棟のみで建替えを進めることも困難である。そうであるとすれば、団地建物所有者相互の敷地の共有持分権の調整として、建替えの承認という敷地の利用方法の変更に係る決定を団地管理組合での（特別）多数決に委ねることは、建物区分所有に係る制度設計として不合理とはいえないであろう[15]。そして、「議決権の4分の3以上」という決議要件は、上述のように「区分所有建物の敷地や団地内の敷地に変更を加える場合」（区分所有法21条・17条・66条）に準じたとされる点で、体系的整合性を踏まえ

---

13) 吉田編・前掲注6）101-102頁を参照。更に、稲本ほか・前掲注3）499-501頁も参照。
14) 吉田編・前掲注6）101-102頁、稲本ほか・前掲注3）500頁を参照。
15) 建替え承認決議の制度の合理性については、吉田編・前掲注6）91頁も参照。

設定されたものといえる。単棟型の建替え決議の場合（同法62条）と同様、手続規定の充実による決議の合理性の確保も図られている（同法69条4項）[16]。また、同法69条5項の規定によって、建替え承認決議に係る建替えによって「特別の影響」が及ぶ団地建物所有者の敷地の共有持分権への配慮もなされている。

以上の限りでは、建替え承認決議の制度は憲法29条の要請に照らし不合理なものとはいえないように思われる。

(2) みなし承認の仕組みについて

以上に対し、その合理性に疑問が残るのが、区分所有法69条3項の「みなし承認」の仕組みである。この仕組みの合理性については、2002年の区分所有法改正に先立つ法制審議会建物区分所有法部会において若干の議論はあったようであるが[17]、その後あまり議論は深められていないようである。みなし承認の仕組みについてここで詳細に検討する余裕はないが、疑問点だけは整理しておきたい。

第一に、立案担当者の説明にいう、「建替えを実施する建物の管理組合の集会でいったん決着がついた建替えの実施について、再度反対する機会を与えることになってしま」うという点についてである。区分所有建物の建替えにおいては、既存の区分所有建物を取り壊し新たな建物を建築するという点で、既存の区分所有権および共用部分の共有持分権の処分に関する決定と、敷地の利用方法に関する決定という2つの決定が必要になる。単棟型の建替え決議は両者の決定を行う主体が同じであるため、この2つの決定を一回の決議で行っていると整理できる[18]。他方、ここで問題になる団地の場合には、

---

[16] 但し、「建て替えるのはあくまでも他人の建物であって、自分が権利を有する建物の取壊しや費用負担の問題が伴わない」ため、建替え決議の場合と異なり、説明会の開催までは義務付けられていない（吉田編・前掲注6）96-97頁を参照）。
[17] 法務省Webページ「法制審議会建物区分所有法部会」（https://www.moj.go.jp/shingi1/shingi_tatemono_index.html）に掲載された第16回会議議事録を参照（2024年2月28日最終閲覧）。更に、飯島正ほか「［座談会］区分所有法等の改正と今後のマンション管理」ジュリスト1249号（2003年）24-28頁［森田宏樹発言］を参照。以下の疑問点の整理は、同24-28頁の森田宏樹・吉田徹らの議論も参考にした。
[18] 飯島ほか・前掲注17）25頁［森田宏樹発言］も参照。

建て替える区分所有建物の区分所有者の範囲と敷地共有者の範囲が異なるため、敷地の利用方法については当該区分所有者の団体の決議だけでは「決着」がつけられない。それゆえにこそ、建替え承認決議が必要になったはずである。そうであるとすれば、"建替え決議が成立した以上は建替え承認決議において賛成とみなす"というのは、その建替え決議で建替えに反対した区分所有者の敷地利用権の行使を無視することになってしまうのではないだろうか。

第二に、「建替えに反対した区分所有者は、建替えが実現するまでの間に、売渡請求権……を行使されて当該敷地の利用関係から排除されることが予定されている」という点についてである。まず、建替え承認決議が成立するまでは建替えの可否が決まらないにもかかわらず、反対者の排除を前提に制度を構想してよいのかという疑問がある[19]。また、この点を度外視したとしても、売渡し請求により建替え決議で反対した区分所有者は敷地利用権を失うということを前提に考えるのであれば、当該区分所有者は建替え承認決議に参加できないとする方がスッキリする。招集通知の対象になり集会に参加できるとしつつ、排除されることを理由に議決権は賛成に行使したものとみなすというのは一貫しないように思われる。他方、売渡し請求の前提になる催告の手続（同法63条1項～4項）の結果、建替え決議における反対者も建替えに参加することにしたというのであれば、建替え承認決議への参加を認めつつ賛成の議決権行使とみなすというのは分からなくはない。しかし、必ずしもそうした手続が建替え承認決議までに確保されているわけではない。

(3) 区分所有法の改正を巡る議論

さて、本稿執筆時において（2024年5月）、区分所有法の改正が予定されて

---

19) 売渡し請求の趣旨について、この制度を導入した1983年区分所有法改正の解説では、「新たな建物の建築という行為は、反対者に強制的に参加させるにはなじまない」ものであり、「反対者が買取請求権を行使しないまま区分所有者として残っていたのでは、建替えの実現は困難」であると説かれている（法務省民事局参事官室編・前掲注4）346-347頁を参照）。建替えが決まった場合に当該建替えを円滑に進めるということが売渡し請求の趣旨なのであれば、建替え承認決議が成立しておらず未だ建替えの可否が決まっていない段階で、売渡し請求の手続を進めてよいのか否かということも検討を要するように思われる。

おり、法制審議会区分所有法制部会の「区分所有法制の見直しに関する要綱案」（以下、「要綱案」）において、「第3 団地の管理・再生の円滑化を図る方策」として「団地内建物の建替え承認決議の多数決要件の緩和」（第3-1-(2)）の提案がなされている[20]。ここまでの検討の延長で、この要綱案での提案内容についても、ここで簡単に検討しておきたい。

　第一に、要綱案では、円滑化法102条の要除却認定の基準に対応する「客観的な緩和事由」が建替えの対象となる建物に認められる場合に、建替え決議の決議要件を緩和すること（第2-1-(1)）と連動させ[21]、建替え承認決議の決議要件も「議決権の4分の3以上」から「3分の2以上」に緩和することが提案されている（第3-1-(2)-ア）。とりわけ、外壁の剥落等、当該建物の区分所有者や他の団地建物所有者の生命や身体といった重要な法益に危険が及びうる場合には、当該建物を維持する側の利益——㋑建替えに反対する側の敷地の共有持分権の行使——の要保護性が相対的に低下するので、外壁剥落の危険などの「客観的な緩和事由」が認められる場合に建替え承認決議の要件も引き下げるという制度設計は、上記の考慮事項の調整という点から肯定的に捉えられよう。なお、「客観的な緩和事由」の存否を誰が判断するのかといった問題等については、第2部第1章（篠原2-1）で検討したので、そちらを参照されたい。

　第二に、要綱案では、共用部分の変更決議と同様、建替え承認決議も「出席者の多数決による決議を可能とする仕組み」の対象とすることが提案されている（第1-1-(2)・第3-1-(2)-イ）。この点については、建替え承認決議の決議要件は「区分所有建物の敷地や団地内の敷地に変更を加える場合」に準じたものであるため、ここでも共用部分の変更決議（区分所有法17条1項）との比較が重要になること、上記の仕組みは欠席者の利益への配慮という観点から建替え決議等の区分所有権等の処分を伴う決議は対象外としているところ、建替え承認決議は団地建物所有者の敷地共有持分権等の処分を伴うも

---

20) 法務省Webページ「法制審議会－区分所有法制部会」（https://www.moj.go.jp/shingi1/housei02_003007_00004）の「『区分所有法制の見直しに関する要綱案』（令和6年1月16日開催決定）」を参照（2024年5月27日最終閲覧）。
21) 更に、要綱案における共用部分の変更決議（区分所有法17条1項）の多数決要件緩和に関する提案も参照（第1-3-(1)-ア）。

のではないことを踏まえれば[22]、体系的整合性を意識した制度設計がなされているとは一応説明可能であろう。もっとも、そもそも「出席者の多数決による決議を可能とする仕組み」が合理的なものといえるか否かは別途検討を要する[23]。

III　団地内全建物の一括建替え決議

1　制度の概要

(1)　2002年区分所有法改正による制度の導入

同一敷地内に複数の区分所有建物がありその敷地を団地建物所有者全員で共有している場合であっても、土地と建物は別個の不動産であるため、2002年改正前の区分所有法においては区分所有建物の建替えは建物単位で決定されることになっていた。しかし、団地内の全部の建物を一括して建て替えることには、「①複数の低層の建物をまとめて高層の建物にしたり、建物部分と空き地の共用部分とを入れ替えたりするなど、建物の配置の変更を含んだ敷地全体の利用方法を一体的に見直すことによって敷地の有効活用が可能になる、②容積に余裕のある団地においては、敷地の一部を処分することにより、建替えの費用を捻出することが可能になるなどの大きなメリットが認められる」[24]。

もちろん、「全体計画を立てた上で、その計画に従い、各区分所有建物ごとに、5分の4の建替え決議を得ることによって、建替えを実施していく方法」も考えられる。しかし、そうすると、「団地内のごく一部の建物について建替え決議が成立しないことによって、団地全体の建替えが実施できなく

---

22)　法務省Webページ「『区分所有法制の改正に関する中間試案』（令和5年6月8日）取りまとめ」（https://www.moj.go.jp/shingi1/shingi04900001_00204.html）に掲載された「区分所有法制の改正に関する中間試案の補足説明」（以下、「補足説明」）6-11頁・111-117頁も参照（2024年5月27日最終閲覧）。
23)　この点についての批判的検討としては、野口大作「マンション集会決議の円滑化と区分所有者の義務」マンション学76号（2024年）17-21頁などを参照。
24)　吉田編・前掲注6）103頁の他、吉田ほか・前掲注6）40頁を参照。

なるという不都合が生ずるおそれ」がある。このような場合には、一部の建物を除いた形で合理的な建替えの計画を立て直すことは難しく、結局、団地全体として建替えを断念することになるなど、「建替えを望む区分所有者にとって酷な事態」が生じかねない[25]。

そこで区分所有法の2002年改正において、団地内全建物の一括建替え決議の制度が設けられることとなった。団地内建物の全部が区分所有建物であり、かつ、当該団地内建物の敷地が当該団地内建物の区分所有者の（準）共有に属する場合において、当該団地内建物について団地管理組合の管理対象とする旨の団地管理規約が定められているときは、各団地内建物ごとにその区分所有者および議決権の各3分の2以上の賛成があれば（以下、「各棟要件」）、団地管理組合の集会において、「当該団地内建物の区分所有者及び議決権の各5分の4以上の多数」によって（以下、「全体要件」）、団地内全建物の一括建替えをする旨の決議をすることができる（区分所有法70条1項）。

立案担当者によれば、一括建替え決議の制度は、「建物に関する権利と敷地利用権との分離処分が禁止されていることや、団地管理組合の管理規約において団地内の建物が管理対象とされていること」を根拠に、「建物と土地とが別個独立の不動産であるという民法の原則に一定の修正を加え、異なる建物間に土地の共有関係を媒介として、一括建替え決議という強い団体的拘束を認めるもの」である[26]。

⑵　対象となる団地

一括建替え決議の対象となるのは、①団地内建物の全部が区分所有建物であること、②①の建物の敷地が当該団地内建物の区分所有者の（準）共有に属していること、③当該団地内建物について団地管理組合の管理対象とする旨の団地管理規約が定められていること（区分所有法68条1項2号を参照）という、3つの要件を満たした団地である（同法70条1項）[27]。区分所有建物と

---

[25] 吉田編・前掲注6）103-104頁の他、吉田ほか・前掲注6）40頁を参照。
[26] 吉田編・前掲注6）105頁を参照。
[27] 団地内全建物の一括建替え決議の対象となる団地については、吉田編・前掲注6）104-105頁も参照。

単独所有建物が混在している団地は、先述の建替え承認決議の対象にはなるが、一括建替え決議の対象からは除外されている[28]。

　この一括建替え決議の制度の合理性について、立案担当者は次のように述べている。すなわち、同一の敷地内に複数の区分所有建物があり当該敷地を団地建物所有者全員で共有している団地にあっては、「各建物の区分所有者は、建物について権利を有すると同時に敷地の共有者でもあり、専有部分と敷地利用権は分離処分が原則禁止されるなど強い一体性を有する」ため、「建物の管理および処分は、敷地の利用といわば運命を共にしていると考えることも可能」である。「特に、団地内の建物について規約を定め団地管理組合の管理対象としている場合には、建替えは、いわば建物の管理の延長線上に位置する事柄でもあるので、その決定を敷地共有者によって構成される団地管理組合の集会にゆだねることにも十分な合理性が認められる」という[29]。

　第一の点は、専有部分と敷地利用権の分離処分は原則として禁止されていることを踏まえ（同法22条）、②の要件を満たす団地については、敷地の共有関係を媒介にして団地内の建物相互間（ないし専有部分相互間）にも一体性が認められるということを述べたものと考えられる。また、第二の点のうち、「建替えは、いわば建物の管理の延長線上に位置する事柄でもある」という部分は、管理概念を徒に拡張することにもなりかねず適切な説明とは思えないが、ここでは、「団地内の建物について規約を定め団地管理組合の管理対象としている場合」には、団地管理組合に区分所有権の処分の自由（建物の処分）と敷地利用権の行使（敷地の利用）との調整を行う適格性が認められるということが意図されているのであろう。あるいは更に、この団地管理規約の存在は、団地内の建物相互間に一体性があることを補強する材料とも考えられているのかもしれない[30]。

---

28) この点は、「③当該団地内建物について団地管理組合の管理対象とする旨の団地管理規約が定められていること」という要件との関連で根拠づけられている。区分所有法68条1項によれば、③の規約を定めることができるのは区分所有建物に限られており、規約を定めた場合には団地内の区分所有建物全部を一括して管理の対象とすることになる。以上の点につき、吉田編・前掲注6）104-105頁、稲本ほか・前掲注3）510頁を参照。

29) 吉田編・前掲注6）103-104頁の他、吉田ほか・前掲注6）40頁も参照。

要するに、"①〜③の要件を満たした団地については、敷地内に1棟の区分所有建物があるものとみなし、その建替えを団地管理組合の決定に委ねてよい"という考えが、一括建替え決議の制度の基礎をなしているといえよう[31]。

(3) 全体要件と各棟要件

　この一括建替え決議を行うためには、「当該団地内建物の区分所有者及び議決権の各5分の4以上の多数」の賛成が必要となる（全体要件）。ここでは、議決権割合──「当該団地内建物の敷地」の共有持分による（区分所有法70条2項・69条2項）──のみならず、区分所有者の頭数についても「5分の4以上」の賛成が要求されている。立案担当者は、「建替えの意思決定を行うという意味では、団地単位で行う一括建替え決議も、1棟単位で行う建替え決議も、その本質に異なるところはないことから、決議要件も同様のものとするのが相当であり、議決権の5分の4に加えて、頭数要件の5分の4も要求することにした」とする[32]。

　以上の全体要件に加え、一括建替え決議を行うためには、各棟ごとに、その区分所有者の3分の2以上の者であって、かつ、議決権──規約に別段の定めがない限り共用部分の持分の割合による（同法38条を参照）──の3分の2以上を有する者がその一括建替え決議に賛成していることが必要である（各棟要件）。この点について、立案担当者は次のように説明している。「一括建替え決議の制度を新たに設けた主な目的は、建替えに関する意思決定を建物単位ではなく、敷地を共通にする団地単位……で行えるものとすることにあ」る。しかし、「団地全体の多数者の意思をもって、建替えを望まない区分所有者が多数を占める建物について建替えを強制することについては、建物と敷地とを別個の権利としている我が国の法制度一般と比較して、隔たり

---

30) 以上につき、拙稿「区分所有法70条の憲法29条適合性」甲南法学63巻1＝2号（2022年）90-92頁も参照。
31) この点については、飯島ほか・前掲注17）31頁［森田宏樹発言］、鎌田薫ほか「分譲マンションをめぐる諸問題（下）」ジュリスト1310号（2006年）99頁［鎌田薫発言］・101頁［松岡久和発言］などを参照。
32) 吉田編・前掲注6）105-106頁を参照。

が大きすぎる嫌いがあ」る。「各棟ごとに5分の4以上の建替え決議が成立しなければ団地全体の建替えが実施できないことにしている現行制度との均衡も欠くことになり、改正法が既存の団地関係に適用されることを前提とすれば、その区分所有者の信頼を損なう可能性も否定でき」ない。そこで、各棟要件も設けたのだという[33]。あるいは、別の箇所でも、「団地全体の多数決が基本的な要件」であるが、「『お互いに所有関係にない』ことを前提とした現行法のルール」との調整を図る必要性から、「全体での建替えの必要性、各建物ごとの区分所有者の意思の反映の仕方という形で調整を図った規律」を設けたのだと説かれている[34]。

2 評 価

(1) 一括建替え決議の制度の必要性

この一括建替え決議の制度の憲法29条適合性について判断したものとして、平成21年4月23日の最高裁判決（以下、「平成21年判決」）[35]がある[36]。以下では、平成21年判決に沿って一括建替え決議の制度について評価を加えていこう。

まず、最高裁は、「区分所有権の行使（区分所有権の行使に伴う共有持分や敷地利用権の行使を含む。以下同じ。）は、必然的に他の区分所有者の区分所有権の行使に影響を与えるものであるから、区分所有権の行使については、他の区分所有権の行使との調整が不可欠であり、区分所有者の集会の決議等による他の区分所有者の意思を反映した行使の制限は、区分所有権自体に内在するものであ」ると、「区分所有権の性質」について言及する。その上で、「団地内全建物一括建替えは、団地全体として計画的に良好かつ安全な住環境を確保し、その敷地全体の効率的かつ一体的な利用を図ろうとするものであるところ、区分所有権の上記性質にかんがみると、団地全体では同法62条1項

---

33) 吉田編・前掲注6）107頁の他、吉田ほか・前掲注6）40頁も参照。
34) 飯島ほか・前掲注17）24頁［吉田徹発言］を参照。
35) 最一小判平成21・4・23判例時報2045号116頁。
36) 平成21年判決の分析として、山野目章夫「判批」私法判例リマークス41号（2010号）30頁以下、伊藤栄寿『所有法と団体法の交錯』（成文堂、2011年）234頁以下、原田純孝「マンション建替え制度における居住の権利と土地所有権」広渡清吾ほか編『日本社会と市民法学』（日本評論社、2013年）310頁以下、平良小百合「判批」別冊ジュリスト259号（2022年）168頁以下などを参照。筆者による分析としては、拙稿・前掲注30）。

の議決要件と同一の議決要件を定め、各建物単位では区分所有者の数及び議決権数の過半数を相当超える議決要件を定めているのであり、同法70条1項の定めは、なお合理性を失うものではない」とする。また、補足的に、売渡し請求の仕組みにより、建替えに参加しない区分所有者の「経済的損失については相応の手当がされている」とも述べる。以上を踏まえ、最高裁は、「区分所有法70条は、憲法29条に違反するものではない」とするのである[37]。

　ここで、平成21年判決が「団地内全建物一括建替えは、団地全体として計画的に良好かつ安全な住環境を確保し、その敷地全体の効率的かつ一体的な利用を図ろうとするものである」と述べているところからすれば、平成21年判決は、一括建替え決議の制度の憲法29条適合性を、団地全体での㋐建替えに反対する区分所有者の区分所有権の保護（および㋒敷地利用権の行使）と、㋓建替えに賛成する区分所有者の敷地利用権の行使との調整の合理性という観点から評価したものと考えられよう。前述のように、団地内建物の敷地が当該団地内建物の団地建物所有者の（準）共有に属している団地においては、既存の建物を取り壊し新たな建物を建築することについて敷地共有者全体での決定が必要になるのであり、ある棟の建替えを他の棟の区分所有者の意思と無関係に行うことはできない。また、一定の計画に従って団地全体での建替えを進めようというときに一部の棟で反対があるという場合でも、敷地について共有物分割請求を行い当該棟との団地関係を解消し残った棟のみで計画に沿って建替えを進めるということも困難である。結局は団地全体での建替えを断念せざるを得ないということになれば、多数の区分所有者が敷地の効用を十分に享受できないということにもなってくる。

　そうであるとすれば、既存の団地関係を容易には解消できないということを前提に、団地全体で㋐（㋒）㋓の調整を図る仕組みが、やはり必要になってこよう。この場合に、敷地の（準）共有という点に加え、③団地内建物について団地管理組合の管理対象とする旨の団地管理規約が定められているという点にも着目し、"敷地内に1棟の区分所有建物があるものとみなす"というフィクションを採用し、各棟の利益にも一定の配慮をしつつ、団地内全

---

37) 最一小判平成21・4・23判例時報2045号117頁を参照。

建物の一括建替えに係る決定を団地管理組合の特別多数決に委ねるという制度設計は、平成21年判決がいうように、「区分所有権の性質」に照らし不合理なものとは直ちにはいえないように思われる[38]。

(2) 全体要件と各棟要件について

続いて、全体要件と各棟要件についても、平成21年判決を参考にしつつ簡単に検討しておこう[39]。まず全体要件に関しては、平成21年判決は、一括建替え決議の制度の憲法29条適合性を評価するに際し、区分所有法62条1項の建替え決議制度と同一の「区分所有者及び議決権の各5分の4以上」という決議要件が定められている点に注目している。この点については、次のように説明できよう。上述のように、団地内全建物一括建替え制度の基礎には、

---

[38] 団地内全建物一括建替え制度——およびこれを合憲とした平成21年判決——に対しては、学説上、例えば、①区分所有法70条1項は「その多数共有持分権者の土地所有権の『合理的な行使』によって少数共有持分権者の反対の意思を排斥することを認めた規定」とも評価でき、「民法251条の原則に対する極めて大きな例外を認めるもの」といえるところ、「その大きな例外の正当性の根拠は、建物の『区分所有権の性質』からだけでは直ちに導出することはできない」(原田・前掲注36) 314頁)、②「棟ごとの多数決の帰趨を軽視して、敷地所有者の全体の多数決で団地全体の建替を決定する、という方法が、建物区分所有の基本的法律構成に適合しない」(山野目・前掲注36) 32頁)、③「団地内のある棟の建替えが、他の棟の区分所有者の意思に従わなければならないことの正当化は著しく困難である」(伊藤栄寿「共有法改正の根拠と限界(下)」法律時報92巻5号〔2020年〕136頁を参照)というように、批判が強い。しかし、まず①の批判については、建物区分所有に関する制度設計に際しては、区分所有権・共用部分共有持分権に加え、敷地利用権(敷地の共有持分権)との相互調整も必要になるという点は、「区分所有権の性質」にビルトインされた要請ではなかったのかという疑問がある。次に、②③の批判についてであるが、団地型マンションの建替え等に係る区分所有権と敷地利用権(敷地の共有持分権)の調整において、各棟単位での決定を必ず出発点に置かなければならないということが憲法上の要請であるとまではいえないであろう。本文で述べたように、ここで問題になる団地型マンションの場合には、団地内建物の区分所有者全員で敷地を(準)共有しているため、ある棟の建替えを他の棟の区分所有者の意思と無関係に行うことはできないこと、他方で、敷地について共有物分割請求を行うことはできないと考えられており、団地関係の解消も容易ではないことを踏まえると、団地全体として敷地の効用をいかに確保するかという観点からの区分所有者間の利害調整も必要になってこよう。こうした団地の類型(財の性質)、更には空間の特質に照らし、各棟単位の判断を重視するか敷地共有者全体での判断を重視するかといった点も踏まえ、団地型マンションに係る上記の調整のあり方を検討することが重要なのではないだろうか。また、そのように捉えてこそ、団地内全建物の一括建替え決議の制度と、市街地再開発事業の組合施行による団地型マンションの再生の制度(都市再開発法2条の2・11条・14条・20条)を連続的に把握することも可能になるように思われる。

[39] 以下の内容については、拙稿・前掲注30) 93-95頁も参照。

"区分所有法70条1項所定の要件を満たした団地は、敷地内に1棟の区分所有建物があるものとみなし、その建替えを団地管理組合の決定に委ねてよい"という理解があると考えられる。そうであるとすれば、団地内全建物一括建替え制度の団地全体での決議要件（全体要件）について、区分所有法62条1項の決議要件とは異なる決議要件が定められている場合には、制度設計として首尾一貫性を欠き、団地全体での㋐（㋒）建替えに反対する区分所有者の区分所有権（および敷地利用権）の保護と㋓建替えに賛成する区分所有者の敷地利用権の行使との調整という点で、その合理性に疑義が生じることになろう。

次に、各棟要件に関しては、平成21年判決は、「過半数を相当超え」た決議要件が定められていることに注目している。上述の各棟要件についての説明を参考にすれば、各棟要件は、"敷地内に1棟の区分所有建物があるものとみなす"というフィクションと"実際には別個の建物である"という現実ないし既存の制度とのバランスをとる必要から、建替えに係る区分所有建物ごとの区分所有者の意思も反映させるべく、設けられたものと考えられる。ここでは、各建物における㋐建替えに反対する区分所有者の区分所有権の保護と㋑建替えに賛成する区分所有者の区分所有権の処分（および㋓敷地利用権の行使）との調整が問題になっているところ、既存の建物所有権が失われるという事柄の重大性に鑑みると、その調整に際しては㋐の側への相応の配慮が求められるといえよう。それゆえ、建替えにつき各棟単位で区分所有者の単純過半数の同意があるというだけでは不十分である、ということであろう[40]。

また、全体要件と各棟要件の両者に目を向けた上で、平成21年判決が「同法70条1項の定めは、なお合理性を失うものではない」と評価しているという点も重要である。ここからは、最高裁は、"実際には別個の建物である"という現実に配慮し、"団地内全建物一括建替え決議のような制度を整備する上では、区分所有建物ごとの区分所有者の利益への配慮に係る仕組みが用

---

40) この点については、山野目・前掲注36) 33頁、平良・前掲注36) 169頁も参照。但し、ここでも区分所有法62条1項の決議要件との比較が重要であり、それが緩和された場合には、各棟要件についての評価も変わり得る。

意されていなければならない"と考えているということができよう。そうであるとすれば、団地全体での意思決定を重視し、単純に各棟要件を撤廃し全体要件のみで一括建替えを行うことを可能とするような法改正を行ったとすれば、その合理性には疑義が生じるということになろう[41]。

(3) 区分所有法の改正を巡る議論

この団地内全建物の一括建替え決議の制度についても、要綱案において「第3 団地の管理・再生の円滑化を図る方策」として「団地内建物の一括建替え決議の多数決要件の緩和」（第3-1-(1)）の提案がなされているので、ここで簡単に検討しておこう。

第一に、全体要件については、単棟型の建替え決議（区分所有法62条1項）と同様に（第2-1-(1)を参照）、「区分所有者及び議決権の各5分の4以上」という現行の要件を原則としては維持しつつ、全ての団地内建物に「客観的な緩和事由」が認められる場合には、これを「区分所有者及び議決権の各4分の3以上」に緩和することが提案されている（第3-1-(1)-ア）。上述のように、一括建替え決議の制度の基礎には、"区分所有法70条1項所定の要件を満たした団地は、敷地内に1棟の区分所有建物があるものとみなし、その建替えを団地管理組合の決定に委ねてよい"という理解があると考えられる。そうであるとすれば、全体要件について、単棟型の建替え決議の決議要件とは異なる決議要件が定められている場合には、制度設計として首尾一貫性を欠くことになろう。以上の点から、全体要件についての上記の改正提案は肯定的に評価できる。なお、「客観的な緩和事由」の範囲、「客観的な緩和事由」の存否の判断主体の問題については、第2部第1章（篠原2-1）を参照されたい[42]。

第二に、各棟要件については、現行の制度を改め、「各棟につき区分所有者又は議決権の各3分の1を超える反対がない限り、一括建替え決議をすることができるものとする」ことが提案されている（第3-1-(1)-イ）[43]。この

[41) この点については、平良・前掲注36）169頁も参照。
[42) また、中間試案の分析としてであるが、長谷川洋「団地の建替え・解消制度および敷地分割制度を考える」マンション学76号（2024年）66-68頁も参照。

点について、法制審議会区分所有法制部会の資料においては、「一括建替え決議においては、一括建替えを行うこと自体は、団地管理組合等における決議（全体要件）により基本的に決められるものの、各棟要件において、各団地内建物の区分所有者の保護の観点から一定割合を超える反対者がいるかどうかを考慮しているものと考えられる」ため、「賛成者が一定割合以上に達したことではなく、反対者が一定割合を超えることを要件とすることが、各棟要件が設けられた趣旨に適合し、直截的である」と説明がされている[44]。

確かに、一括建替え決議における基本的な要件たる全体要件において㋐（㋒）一括建替えに反対する者の区分所有権（や敷地利用権）と㋓賛成する者の敷地利用権との調整が基本的にはなされており、実際には別個の建物であるという現実への配慮としては各棟での建替え反対者の利益に相応の配慮がなされていれば十分であると考えるのであれば、各棟単位での建替えに係る積極的な合意の有無を問題にする必要はない。重要なのは各棟単位で一定数以上の反対者がいないことであるということになろう。そして、現行制度と要綱案の違いは"各棟で3分の1の反対がない"ということを裏側から規定するか表側から規定するかの違いに過ぎず本質的な違いはないとすれば[45]、要綱案のように各棟要件を改めても一括建替え決議制度の合理性は失われないということも可能かもしれない。

43）「区分所有法制の改正に関する中間試案」（以下、「中間試案」）の第3-2-(1)-イで【C案】として提案されていたものである。前掲注22）の法務省Webページに掲載された「中間試案」21頁を参照。その他、「中間試案」では、現行の多数決割合を原則として維持しつつ一定の客観的事由がある場合に各棟要件を「区分所有者及び議決権の各【過半数】」に緩和する案（【B案】）なども提案されていた。なお、「中間試案」に対するパブリック・コメント後の法制審議会区分所有法制部会の第13回会議の資料「区分所有法制の改正に関する要綱案の取りまとめに向けた検討(3)」では【B案】に沿った提案となっていたが、その後、第15回会議の資料「区分所有法制の改正に関する要綱案のたたき台(2)」では、要綱案の方向へと提案が変更されている。それぞれ、前掲注20）の法務省Webページの「法制審議会区分所有法制部会第13回会議（令和5年11月9日開催）」・「法制審議会区分所有法制部会第15回会議（令和5年12月7日開催）」に資料が掲載されている。

44）前掲注20）の法務省Webページの「法制審議会区分所有法制部会第15回会議（令和5年12月7日開催）」に掲載された「区分所有法制の改正に関する要綱案のたたき台(2)」31-33頁を参照。更に、前掲注22）の「補足説明」109-111頁も参照。

45）この点については、前掲注20）の法務省Webページの「法制審議会区分所有法制部会第16回会議（令和5年12月21日開催）」に掲載された「議事録」33-34頁［望月千広発言］も参照。

しかし、各棟要件は、全体要件が基本的な要件であるとしても、実際には別個の建物であるという現実、ないし区分所有建物ごとに決定するという2002年改正前の制度と大きく乖離した制度とならないよう、「各建物ごとの区分所有者の意思」を反映させるために設けられた要件ではなかったか[46]。各棟単位での意思の反映を問題にするのであれば、現行制度のように、各棟でも建替えに係る積極的な合意があったといえることを確認する要件を設定することが必要であろう。また、平成21年判決も、「過半数を相当超える議決要件」に注目していることからして、各棟単位での特別多数による合意という点を評価したものと捉えておくことが適切なように思われる。

Ⅳ　敷地分割制度

1　制度の概要

(1)　2020年円滑化法改正による制度の導入

2020年2月17日の社会資本整備審議会住宅宅地分科会マンション政策小委員会「とりまとめ参考資料」によれば[47]、全国のマンションストックのうち、団地型マンション[48]は約5000団地、戸数ベースでは約200万戸と、その3分の1を占めており、築45年超となる高経年化した団地型マンションは2015年時点では約300団地であるものの、20年後（2035年）には約2800団地に急増することが見込まれる[49]。そのため、今後は、「大規模な団地型マンションの

---

46) 立案担当者は、各棟要件について、「この各建物ごとの賛成者割合の要件は、本来、1棟単位で建替え決議が必要とされるところ、その要件を緩和したものと位置付けられる」と述べている（吉田編・前掲注6）106頁を参照）。
47) 国土交通省Webページ「社会資本整備審議会住宅宅地分科会マンション政策小委員会」（https://www.mlit.go.jp/policy/shingikai/s204_mannsyon01.html）に掲載された、「とりまとめ（2020年2月17日）：配布資料」を参照（2024年5月27日最終閲覧）。「とりまとめ参考資料」の内容については、山本一馬「マンションの管理の適正化と再生の円滑化の推進を図る」時の法令2114号（2021年）19-20頁も参照。
48) この資料にいう「団地型マンション」とは、「①同一敷地内に計画的に建てられている二棟以上の共同住宅群で、②分譲敷地を含む概ね50戸以上のもののうち、③当該敷地が区分所有者等により共有されていると推定されるもの」をいう（前掲注47）の資料14頁を参照）。
49) 前掲注47）の資料14頁を参照。

建替えが、検討時期に入っていくことが予想される」とされていた[50]。

しかし、「大規模な団地型マンションでは街区ごとに建築時期や管理状況が異なる等の理由で建替え時期等の意向が異なるため、街区ごとに一部建替えを行う必要がある」が、その際に事業費用負担軽減のため余剰敷地を売却するという手法を講じようとすると、「共有者全員の合意による敷地分割が必要となり、多数の区分所有者のいる大規模な団地型マンションにおける建替事業は極めて困難である」といわれる。また、マンション敷地売却制度（円滑化法108条）の利用に関しても、「団地内の一部の団地型マンションとその敷地を売却する場合、当該敷地は他棟の区分所有者等との共有物であるため、……共有者全員の合意による敷地分割が必要となり、マンション敷地売却事業の実施は極めて困難である」と指摘されていた[51]。そこで、円滑化法の2020年改正で設けられたのが、敷地分割制度である。

(2) 敷地分割の流れ[52]

敷地分割制度においては、団地内のマンションが「特定要除却認定」（円滑化法102条・106条）を受けた場合には、「団地建物所有者集会」（同法115条の2）における「特定団地建物所有者及び議決権の各5分の4以上の多数」で、「当該特定団地建物所有者の共有に属する団地内建物の敷地又はその借地権を分割する旨の決議」（敷地分割決議）を行うことができる（同法115条の4）。なお、建物の除却が必要になる建替えや敷地売却の場合と異なり、敷地分割の場合には「決議の反対者が引き続き区分所有者として残り占有し続けていると事業の完了が困難となる」という事情が当てはまらないので、敷地分割決議賛成者による反対者への売渡し請求の仕組みは設けられていない[53]。

この敷地分割決議後は、敷地分割合意者の4分の3以上の同意を得た上で、敷地分割合意者は5人以上で共同して、定款及び事業計画を定め、都道府県

---

50) 前掲注47)の資料15頁を参照。
51) 山本・前掲注47) 19-20頁を参照。
52) 以下については、山本・前掲注47) 22-29頁の他、田中博幸ほか「マンションの建替え等の円滑化に関する法律における敷地分割制度と不動産登記手続の概要」NBL1225号（2022年）6-7頁も参照。
53) この点については、山本・前掲注47) 25頁を参照。

知事等の認可を受けて敷地分割組合を設立することができ（同法168条）、この敷地分割組合が「敷地分割事業」（同法2条1項12号）を実施できることとされた（同法164条）[54]。敷地分割組合の設立認可の公告（同法173条1項）後は、敷地分割組合は、遅滞なく、敷地権利変換手続開始の登記を申請しなければならず（同法189条）、また、敷地権利変換計画を作成し都道府県知事等の認可を受けなければならないとされる（同法190条）[55]。

敷地権利変換期日において、敷地権利変換計画の定めるところに従い、分割実施敷地持分は失われ、除却敷地持分又は非除却敷地持分等は新たにこれらの権利を与えられるべき者が取得する。また、団地共用部分の共有持分も失われ、敷地分割後の団地共用部分の共有持分は新たに当該共有持分を与えられるべき者が取得する（同法201条）[56]。

2 評価

(1) 現行制度の評価

この敷地分割制度は、団地内のマンションが「特定要除却認定」を受けた場合に、団地建物所有者集会における「特定団地建物所有者及び議決権の各5分の4以上の多数」という要件の下で、⑰′敷地分割に反対する団地建物所有者の敷地の共有持分権と㊃′賛成する団地建物所有者の敷地の共有持分権の調整を図ったものといえる。

上述のように、区分所有関係においては、専有部分と敷地利用権の分離処分が原則として禁止されているため、敷地について共有物分割請求をすることもできないという見解が有力である[57]。しかし、このことをひとまず原則とするとしても、ここで問題になる団地型マンションについては、とりわけ複雑な利害調整が必要になるため、一定の場合には敷地分割によって既存の団地関係を解消するという例外を認めておく必要性は高い。団地内のマンシ

---

54) 以上につき、山本・前掲注47) 25-26頁も参照。
55) 以上につき、山本・前掲注47) 26-27頁も参照。
56) 以上につき、田中ほか・前掲注52) 6-7頁も参照。
57) この点については、前掲注22) の「補足説明」123-124頁も参照。なお、そこでは、「②団地建物所有者全員の合意を得て敷地分割を行う（協議による共有物分割）」という方法と「③共有物分割の訴えを提起するという方法」とを分けて整理がされている。

ョンが特定要除却認定を受けた場合には、団地建物所有者や周辺住民の生命・体といった重要な利益を保護するため、⑦´の要保護性が相対的に低下すると考え、特定要除却認定マンションの除却を促す一手段として（特別）多数決による敷地分割を認めるという制度設計は考えられてよいだろう[58]。また、要除却認定制度との整合性、要除却認定マンションの除却を促進する必要性を考えれば[59]、現行制度の延長として、要除却認定マンションにまで敷地分割制度の対象を拡張することも検討に値しよう[60]。

(2) 更なる拡張の可能性？

更には、（特定）要除却認定を離れ、敷地利用に関する複雑な利害調整を避け、敷地の効用を発揮するために敷地分割制度をより柔軟に利用できるようにすることが上記⑦´㊋´の調整として望ましいと、議論を展開していくことも可能かもしれない。

財産権保障に関する重要判例の一つである森林法違憲判決[61]は、共有物分割請求権（民法256条1項）を共有者に否定することは「憲法上、財産権の制限に該当」するという評価を導く一つの事情として、共有の場合には「持分権が共有の性質上互いに制約し合う関係に立つため、単独所有の場合に比し、物の利用又は改善等において十分配慮されない状態におかれることがあ」る等といった問題があるので、「共有者に目的物を自由に支配させ、そ

---

58) 関連して、敷地分割決議に係る集会の招集に当たっては、「議案の要領」のほか、「特定要除却認定マンションの除却の実施のために敷地分割を必要とする理由」や「敷地分割後の当該特定要除却認定マンションの除却の実施方法」も通知することとされている（円滑化法115条の4第6項）。その趣旨については、「敷地分割制度は特定要除却認定マンションの除却を促すためのものであることから、敷地分割後の建替え等の具体的な方針がないまま本制度が用いられることがないようにするため」と説かれている。また、「敷地分割が特定要除却認定マンションの除却のために必要であること」は、敷地分割組合の設立認可の要件ともされている（同法171条3号）。以上につき、山本・前掲注47）23-24頁を参照。
59) 要除却認定マンションは、除却に向けた指導・助言・指示という行政措置の対象となる（円滑化法104条）。
60) 長谷川・前掲注42）71頁も参照。
61) 最大判昭和62・4・22民集41巻3号408頁。同判決の分析として、安念潤司「憲法が財産権を保護することの意味」長谷部恭男編『リーディングズ現代の憲法』（日本評論社、1995年）137頁以下、石川健治「法制度の本質と比例原則の適用」LS憲法研究会編『プロセス演習 憲法〔第4版〕』（信山社、2011年）302頁以下などを参照。

の経済的効用を十分に発揮させるため、各共有者はいつでも共有物の分割を請求することができるものと」されているという事情を挙げている[62]。ここでの議論は「当該共有物がその性質上分割することのできないものでない限り」という留保付きの議論であり[63]、その射程には注意も必要であるが、ここからは、財の効用を十分に発揮できるよう所有関係は可能な限り単純化できるようにしておくことが財産権に係る制度設計としては望ましいという考えを読み取ることができよう。

　確かに、"区分所有権は、物理的に不可分な1棟の建物の一部を客体とするものであり、専有部分以外の建物部分や敷地を他の区分所有者と共同利用することによってしか効用を発揮することができない"という[64]、区分所有権の性質を踏まえると、単棟型マンションで敷地について共有物分割請求を一般的に認めることは困難であるかもしれない。しかし、ここで問題になる団地型マンションの場合には、区分所有建物の区分所有者の範囲と敷地共有者の範囲が異なるため建替え等に関して極めて複雑な利害調整が必要になっており、敷地の効用が十分に発揮できなくなる可能性が特に高い。その一方で、各区分所有建物の区分所有者と敷地の共有者が一致するよう——要するに単棟型へと——敷地を分割する限りでは、区分所有権と敷地利用権が別々の者に帰属することによる法律関係の不明確化や管理上の支障といった、分離処分禁止原則の根拠とされている問題[65]は生じないように思われる[66]。そうであるとすれば、上記の観点から、少なくとも両者の範囲が一致する単棟

---

62) 最大判昭和62・4・22民集41巻3号411-412頁を参照。
63) 最大判昭和62・4・22民集41巻3号412頁を参照。
64) 区分所有権の性質については、佐久間毅『民法の基礎2物権〔第3版〕』（有斐閣、2023年）242頁、最一小判平成21・4・23判例時報2045号117頁を参照。
65) 分離処分禁止原則（区分所有法22条1項）の根拠としては、①一部の区分所有者が敷地利用権を有しない場合における当該区分所有者の区分所有権の内容や敷地権利者の権利の内容が不明確になること、②敷地の管理に関する事項を規約や集会で定めてもその効力は区分所有者でない敷地権利者には及ばず管理上の支障が生じることのほか、③不動産登記上の問題が挙げられる。以上の点については、佐久間・前掲注64）244-245頁、稲本ほか・前掲注3）127-130頁などを参照。なお、分離処分禁止原則が採用された1983年区分所有法改正についての法務省関係者らの解説によれば、主たる理由は③の登記上の問題の是正にあったようである（法務省民事局参事官室編・前掲注4）114-118頁を参照）。
66) 関連して、齋藤・前掲注5）88-89頁も参照。

型へと区分所有関係を単純化できるよう、より柔軟に敷地分割ができるようにすることが、財産権保障の観点からは望ましいと議論を展開していくことも可能であろう。

(3) 区分所有法の改正を巡る議論

　団地の敷地の分割については、「区分所有法制の改正に関する中間試案」（以下、「中間試案」）の段階では、一団地内に数棟の区分所有建物があり、その団地内の土地がそれらの区分所有建物の区分所有者の（準）共有に属する場合において、団地内の特定の区分所有建物（特定建物）に一定の客観的事由[67]が認められる場合には、それらの区分所有建物の区分所有者は「当該土地から特定建物の敷地の現物を分割する方法による共有物の分割を裁判所に請求することができる」とする提案がされていた（第3-4-(1)）。

　しかし、その後、「裁判所に対する団地の敷地の分割請求の規律を創設した場合には、必要的共同訴訟として団地の敷地共有者全員を当事者とする必要があると考えられることや、当事者の主張立証をもとに専門的知見を活用しながら適切な分割案等の審理をおこなうことになることから、訴訟準備や審理自体に相当の負担が生じることが想定される」等との理由で、敷地分割の仕組みは今回の区分所有法改正においては提案されないこととなり[68]、要綱案にはこの仕組みは記載されていない。

　ここでの議論も踏まえつつ、団地の敷地の分割については、区分所有法65条の趣旨ないし既存の団地関係を保護する必要性[69]と敷地分割により区分

---

[67] 客観的事由としては、円滑化法102条2項の要除却認定の基準に対応する事由が挙げられている。前掲注22）の法務省Webページに掲載された「中間試案」27頁および「補足説明」125-126頁を参照。

[68] 前掲注20）の法務省Webページの「法制審議会区分所有法制部会第13回会議（令和5年11月9日開催）」に掲載された「区分所有法制の改正に関する要綱案の取りまとめに向けた検討(3)」23-25頁を参照。なお、既に中間試案についての「提案の趣旨」の説明において、「共有物分割判決によって団地関係を解消したからといって、直ちに特定建物の管理不全状態が解消されるとは限らないため、この方法による団地関係の解消を認めることには慎重を期する必要がある」、「共有物分割訴訟の特質に鑑みると、試案第3の4(1)の規律は、……大規模な団地では比較的活用されにくいと考えられるが、そのようなものであるとしても導入すべきかどうかが問題となる」と述べられており、そもそも団地の敷地分割に係る仕組みの提案はそれほど積極的なものではなかったようである。前掲注22）の「補足説明」124-125頁を参照。

所有関係を単純化する必要性とをどのように調整するか（いかなる要件の下で敷地分割を認めるか）ということに加え、行政的手法と民事的手法のいずれを用いることが適切か——あるいはどのように両者を組み合わせることが適切か——という点も、引き続き検討する必要がある。

V　更なる課題

　以上、本章では、敷地分割制度もあわせ、区分所有法・円滑化法が定める団地型マンションの建替えに関する法制度について、「区分所有権」という財の性質に照らした諸利益の調整という観点から、分析を行ってきた。この延長で、団地型マンションについては更に、都市空間の利用という観点からストレートにその再生を捉え、例えば、市街地再開発事業の組合施行による団地型マンションの再生（都市再開発法2条の2・11条・14条・20条）について検討する必要もある[70]。しかし、筆者の能力不足から本章で扱うことはできなかった。この点の分析については、他日を期すことにしたい。

---

69) この点については、前掲注22)の「補足説明」124頁を参照。
70) 同制度については、鎌野・前掲注3) 308-311頁などを参照。

第3章
建替え・敷地売却制度と派生的権利（借家権）の調整

吉原知志

I　はじめに

　区分所有法62条1項は、区分所有者の頭数および議決権の各5分の4以上の多数で、建物を取り壊して新たな建物を建築する旨の決議をすることができると定めている。この決議が成立すると、反対者に対しては賛成者から売渡請求がされ（63条5項）、全ての区分所有者が建替えに賛成する合意をしたものとして（64条）、建替え決議に拘束されることになる（以下、この仕組みを「建替え決議制度」と称する）。しかし、区分所有者から専有部分を賃借していた者（以下、本稿ではこれを単に「借家人」と称し、この者の賃貸借契約上の権利を「借家権」と称する[1]）がいた場合、この者は区分所有者でないので、上記建替え決議に拘束されるわけではなく、建替え決議の成立は当該借家契約に対して法的には何らの影響も及ぼさないとされる。そのため、建替えが進行し、建物の占有者に明渡しを求める段階となっても、借家人が明渡しに応じることが法的に保障されておらず、借家権の存在は円滑な建替えの障害となっていると指摘された。そこで、法制審議会区分所有法制部会は、建替え決議がされた場合の賃借権の取扱いを審議項目の1つとして掲げ、「区分所有法制の改正に関する中間試案」では、建替え決議で定めた日に賃貸借が終了すると定めるA案と、建替え決議成立により賃貸人となる区分所有者は借家人に対して賃借権消滅請求をすることが可能となり、代わりに借家人は請求者に対して「賃借権の消滅により通常生ずる損失」の補償金支払請求権を得る、

1）円滑化法2条1項21号は、借家権を「建物の賃借権（一時使用のため設定されたことが明らかなものを除く。以下同じ。）及び配偶者居住権をいう。」と定義する。本稿の検討は、配偶者居住権の検討を除外する他は、この定義から大きく離れるものではない。

とするＢ案が掲げられ、いずれについても借地借家法（以下、借借法）上の正当事由制度は適用除外とするとされていた[2]。結局、要綱案はＢ案の路線でまとめられている[3]。

　上記提案から明らかなとおり、今回の改正審議では、建替え決議を契機に借家権が消滅することは基本路線とされ、それをどのように進めるか、補償金請求権を設けるか否かが関連論点とされている。中間試案の原案を議論した第４回会議でも[4]、建替え決議成立により借家権が消滅することは望ましいとの認識は出席者に共有されつつ[5]、Ｂ案には賃貸人である区分所有者が非協力的であるときに懸念がある点[6]、補償金支払の規定化は建替え実務では無償も含めて交渉で進められており、実務への混乱がありうる点[7]、など、主として実務的な点に関心が寄せられたように見受けられる[8]。このような審議状況に鑑みれば、今論ずべきことは、借家権の消滅に向けた手続的な細則であるような印象も受ける。しかしながら、「建替え決議がされた場合の賃借権等の消滅」というテーマには、「建替え決議の性質」と「借家権の法的処遇」という、従来難問だった２つの論点が含まれる。法の体系的見地から見ても、区分所有法は基本的に１棟の建物を区分して所有する場合における所有関係を規律する法律であるのに対し、借家人の地位はその一部の区分所有者との建物賃貸借契約に基づく債権的地位であり、その拠って立つ法的基盤は大きく異なるもののはずである。そうとすれば、建替えの都合のみを前面に出して借家権の終了事由を定めることには、本来、異別の体系を組み

---

[2] 「区分所有法制の改正に関する中間試案」（以下、単に「中間試案」とする）13-14頁。補償金支払請求権については、Ａ案でも採用が考えられるとの注記がされている。
[3] 「区分所有法制の見直しに関する要綱案」（以下、単に「要綱案」とする）12頁。
[4] 法制審議会区分所有法制部会第４回会議議事録（以下、単に「第４回議事録」とする）5-26頁。部会資料４では、借借法の適用除外をＣ案とし、Ａ・Ｂ案との併用も可能として提示されていた。
[5] 第４回議事録13頁［水津幹事発言］は例外的に、担保権の扱いとの平仄を強調し、担保権消滅請求制度が設けられない限り、借借法の適用除外以上に賃借権消滅請求制度が設けられることを正当化できないとする。
[6] 第４回議事録12頁［大桐委員発言］。
[7] 第４回議事録14-17頁［能登委員、寒竹委員発言］。
[8] ただし、第４回議事録9-12頁［齋藤委員、大桐委員発言］など、借家人の地位について根本的な検討も必要である旨の指摘もされている。

合わせることに起因する基礎的な検討が必要となるのではないかとの疑問をもつ。さらに、借家権の処遇は、建替え決議制度に接続される事業法である円滑化法との整合性が適切に取られているか、という問題も惹起する[9]。円滑化法上のマンション建替事業（以下、単に「建替事業」と称する）は自治体から施行認可を受けて行うため、ここでは公法上の考慮が必要となり、公法と私法の間の調整も重要な課題となる。

　本稿は、以上の問題意識のもとに論点の整理を試みる。結果として、検討課題は単に借家人の地位の扱いという１つの論点に留まるものでなく、建替え決議制度の基礎的な理解であることが示される[10]。

II　改正の前提となる借家人の地位の認識について

1　借家人の地位

　まずは、改正審議が、区分所有法上の建替えにおける借家人の地位をどのようなものと認識し、前提としているかについて見ていきたい。

　審議資料によれば、建替え決議が成立しても借家権はそのまま存続する。そして、借家権を存続させたまま建替え工事を行う場合、借家人は民法605条の４に基づき建替え工事の差止請求権を行使することができるとされる。そのため、借家契約を終了させることが課題となり、期限の定めのない契約の場合には解約申入れ（借家法27条１項）、期限の定めのある契約の場合には期間満了時の更新拒絶（26条１項）による必要があるが、いずれも「正当の事由」があると認められる必要がある（28条）[11]。正当事由制度は借地権・借家権の存続を強力に保障する制度であるため、区分所有法上の建替えに特別の終了原因を設ける提案がされたというわけである。

　以上の認識は、①借家権に基づく妨害排除請求権が成立し、建替え工事を

9）第４回議事録８頁［鎌野委員発言］参照。
10）本稿は、拙稿「区分所有法上の建替えと借家権の調整」法雑70巻２号（2023年）254頁の記述を削減し、若干の修正を加えて作成したものである。
11）「区分所有法制の改正に関する中間試案の補足説明」（以下、中間試案補足説明）71頁。

阻止することができる、②借家権には強い存続保障があり、容易に終了させることができない、との2つの要素から構成されると見ることができる。そこで、以下、それぞれ見ていきたい。

2　借家権に基づく妨害排除請求権

(1)　賃借権に基づく妨害排除請求権論の概況

　本来物権の効力とされる妨害排除請求権が、賃借権にも認められるか、いわゆる「賃借権に基づく妨害排除請求権」の可否は、論者のパンデクテン体系理解の試金石ともなることから、民法学で好んで取り上げられてきた。2017年改正民法605条の4は、対抗要件を備えた賃借権であれば妨害排除請求権を行使することができると定めており、これは現在の判例・学説の到達点を明文化したものである[12]。そのため、「建物の賃貸借」（借借法1条）である区分所有者の専有部分の賃貸借契約に基づく借家人の地位は、引渡しを受けることで対抗力を備え（同法31条）、明文の根拠のもと妨害排除請求権を行使できることになる。建替え決議に基づく建替え工事が進行すると建物自体が消失し借家権自体が目的物を喪失して契約が終了するため、借家権に基づく専有部分占有に対する妨害に当たるとして、工事を実施する業者、それを容認する賛成区分所有者などを相手方として、少なくとも工事着手後には妨害排除請求権を行使することができる、ということになりそうである。

　他方で、物権的請求権の成立要件については、目的物への物理的影響のみで足りるのかについて議論がある。すなわち、その行使を認めることで是正されるべき権利侵害状況がどのようなものか（言い換えれば、物権的請求権を認めるに値する客観的違法性[13]の内実）については、なお検討する必要があるということである。物権的請求権の成立要件として、請求の相手方のある種の"故意・過失"として問擬されるような、侵害行為の態様の要素に着目する見解も有力であり[14]、当該態様による干渉を排除することが権利の内容と

12　筒井健夫ほか『一問一答民法（債権関係）改正』（商事法務、2018年）314頁。議論状況は、栗田昌裕「判批」窪田充見ほか編『民法判例百選Ⅱ〔第9版〕』（有斐閣、2023年）103頁を参照。

13　舟橋諄一ほか編『新版注釈民法(6) 物権(1)〔補訂版〕』（有斐閣、2009年）159、211頁〔好美清光〕。

されているかという観点からの検討[15]も求められる。この観点から、区分所有建物の建替えという行為を考えてみよう。

(2) 区分所有建物の建替えの評価

今回の改正審議で、区分所有建物の建替えに対して借家人に妨害排除請求権が認められるとの理解が前提とされる議論の進め方には、区分所有法に建替え制度を導入した1983年の改正時に立案担当者がこれを肯定する理解を示していたことの影響を見て取れる。その記述はごく簡単なものであり、建替え決議成立後に建替えに賛成した区分所有者の間で合意が成立したものとみなす64条の解説箇所で、「専有部分が賃貸借の目的となっているときにも、建替え決議は、直接的には、その賃貸借関係に何らの影響も及ぼさない。売渡請求権の行使により区分所有権の移転が生じた場合でも、賃借権が対抗要件（民法六〇五条又は借家法一条一項〔現・借借法31条：筆者注〕）を具備している限り、賃貸借契約関係は、区分所有権の買受人との間に承継される。したがって、建物の取壊しは、建物賃借権に基づく妨害排除請求としての差止め請求の対象となる。」[16]とするのみである。しかし、ここから窺えるのは、①建物が取り壊されると借家権の目的物が喪失するので借家権の侵害が認められる、②その前提として、借家人にそのような侵害を正当化するような合意の効力が及んでいない、との理解と思われる。①は上に見たとおりだとして、②の事情は立ち入って検討を行う価値があると思われる。

②の事情も、借家人に建替えを行うことへの法的拘束力が及ばなければ違法な物理的侵害になることは基本的にそうである。しかし、反対に、そのような違法性を否定する事情があるとすれば、それはどのようなものかという

---

14) 根本尚徳『差止請求権の理論』（有斐閣、2011年）422-425頁、平野裕之『債権各論II』（日本評論社、2019年）438頁など。かつての有力説は、請求の根拠となる被侵害権利の種類・性質と侵害行為の態様などを相関的に考慮することを主張していた。末弘嚴太郎『民法雑記帳 上巻』（日本評論新社、1953年）240-244、247-250頁、舟橋諄一『物権法』（有斐閣、1960年）36-39頁。
15) 妨害排除請求権をドイツの有力説である「権利重畳説」の立場から立論する川角由和『物権的妨害排除請求権の史的展開と到達点』（日本評論社、2019年）277-279頁の見解を参考にすれば、妨害の前提となる当事者双方の権利の割当内容の確定が重要になるものと思われる。
16) 濱崎恭生『建物区分所有法の改正』（法曹会、1983年）411頁。

ことについては、十分に論じられていないと思われる。公害差止めの議論では、「絶対的侵害」に至らない場面で被害の程度と侵害行為の態様の総合判断がされ[17]、あるいはその場合の考慮要素の中に手続的正当性の契機[18]があることが指摘されている。すなわち、借家権の目的物の物理的侵害があるにもかかわらず妨害排除請求権が発生しない状況としては、第一にはそのことに対する当該借家人の明示的な同意があるかそれと同等の地位に置かれた場合が考えられるが、そうでない場合に建替えが常に権利侵害とされなければならないのかは一考の余地があると思われる。公害差止めの場面では侵害行為の「公共性」の要素を考慮することができるかが議論されているが、ここでは「（区分所有者に限らない）区分所有建物の利害関係者全体の利益」を考慮できるとするならば、そのような利益を実現すると認められる建替えについて、１人の借家人が必ず差止めを求めることができるのかは検討に値するだろう[19]。あるいは、仮に借家人が決議の場で意見を述べたり、建替え計画の策定にあたり借家人の事情を考慮する手続が踏まれている場合に、妨害排除請求は認められるだろうか。妨害排除請求権の付与は被妨害者と妨害者双方の権利の調整の過程でもある以上、具体的事情にかかわらず、区分所有建物の建替えは常に借家権の侵害となると断定することには躊躇いを覚える。

3　借家権の内容──存続保障制度の射程

(1)　存続保障制度を検討する意義

そこで、次に借家権に保障されている内容がどこまでのことであるのか、という側面から検討を加えてみたい。この視点では、法が借家権に与えた存続保障の趣旨・射程が問題となるだろう。なぜなら、仮に妨害排除請求権を認めてまで借家権に基づく目的物占有の貫徹を認めたところで、借家権が短

---

[17]　澤井裕『テキストブック事務管理・不当利得・不法行為〔第３版〕』（有斐閣、2001年）125頁。
[18]　大塚直「生活妨害の差止に関する基礎的考察（８・完）」法協107巻４号（1990年）574頁、吉村良一『不法行為法〔第６版〕』（有斐閣、2022年）132-133頁参照。
[19]　岩橋健定「公害民事訴訟における『公共性』の意義」碓井光明ほか編『公法学の法と政策〔下〕』（有斐閣、2000年）187-191、195-197頁の、法と経済学の「所有権法ルール」「損害賠償法ルール」概念を用いた検討手法が参考になる。

期の期間満了や任意の時期の解約申入れにより必ず終了するものなら、わざわざ強力な効力を付与してまで保障すべき権利ではなかったことになるだろうし、反対に、存続保障が強固にされている場合には、妨害排除請求権が認められなければ、法が借家権を保護する態度として一貫しないからである。そこで、区分所有建物の建替えに際して、借家人には存続保障制度による保護がどれほど及ぶのかを考える。

(2) 建替え決議と正当事由要件の判断枠組み

　借家権の存続保障制度に関する資料も膨大であり、ここでも1983年改正時の立案担当者の理解を出発点に据えたい。立案担当者は、上に示した借家権に基づく妨害排除請求権が可能である旨の記述に続けて、「ただ、建替え決議は、六二条一項に規定する要件が存する場合にのみされるものであること及び一棟の建物の区分所有者の大多数の者の利益にかかわるものであることに照らすと、賃貸借の期間満了の場合に更新を拒絶し、又は期間の定めがない場合に解約の申入れをするについての正当事由（借家法一条ノ二〔現・借借法28条〕）の存在が、原則として肯定されるものと解される。」[20]としている。すなわち、①建替え決議が成立していること、②区分所有者の大多数の者の利益にかかわるものであること、が基本的に正当事由を満たす事情となるので、建替えの支障は少ないとの理解である。①の言及には前提の存在を指摘することができ、1983年改正法には建替え決議に「老朽、損傷、一部の滅失その他の事由により、建物の価額その他の事情に照らし、建物がその効用を維持し、又は回復するのに過分の費用を要するに至ったとき」とする、いわゆる客観的要件（ないし「過分の費用」要件）が課されていたため、立案担当者にはこの要件の充足も念頭にあったものと思われる。ここからはまず、立法者の理解としても、建替え決議の性質と借家権の内容との間に実質的な関連性がもたされていたことが窺える。

　以上の立案担当者の理解の当否を、正当事由の一般的枠組みから考察してみたい。借家の正当事由制度は、1941年の借家法改正で1条の2として導入

---

20) 濱崎・前掲注16) 412頁。

され、当初は「自ラ使用スルコトヲ必要トスル場合其ノ他正当ノ事由アル場合」と定められたとおり、賃貸人の自己使用の必要性が主な審査対象とされた[21]。しかし、改正直後から判例は「賃貸人及ヒ賃借人双方ノ利害損失ヲ比較考察ノ外尚進ンテ公益上社会上其ノ他各般ノ事情ヲモ斟酌シテ之ヲ決スヘキモノトス」[22]として当事者双方の様々な事情を考慮して利益衡量を行う判断枠組みへと変化させ、戦後に住宅供給が好転した後は、立退料を加味した金銭的解決が普及するに至る。1991年の借地借家法制定時には、裁判例の集積を踏まえて、紛争の実情に応じた柔軟な解決を許容するよう[23]、双方の「建物の使用を必要とする事情」を第一次的考慮要素としつつ、補助的要素として「建物の賃貸借に関する従前の経過」、「建物の利用状況及び建物の現況」、「財産上の給付をする旨の申出」が条文に記載された。この枠組みのもとで、家主が建物の建替えを行うことがどのように考慮されるかについては、さらに詳しく検討する必要がある。

(3) 建替えの必要性の位置付け

まず、「土地の有効利用」という標語のもとで理解されてきた都市再開発、土地の高度利用の都合については、審議案に記載されていた「建物の存する地域の状況」という文言を通じて考慮される可能性があったが、多くの批判が寄せられて削除されることで、現行法上は、少なくとも「直接的な結びつきを希薄化ないし否定する方向で決着した」と評価されている[24]。しかし、賃貸人が不動産をどのように活用するつもりかの構想・計画は、「建物の使用を必要とする事情」として考慮される側面があるだろうし、不動産が有効に利用されず賃料が異様に安い場合には「建物の利用状況及び建物の現況」

---

21 渡辺洋三『土地・建物の法律制度（中）』（東京大学出版会、1962年）454-455頁。
22 大判昭和19年9月18日法律新報717号14頁。
23 寺田逸郎「『借地借家法案』の概要と基本的視点」金法1285号（1991年）6頁。
24 広中俊雄編『注釈借地借家法（新版注釈民法（15）別冊）』（有斐閣、1993年）935頁［広中＝佐藤岩夫］。改正過程の批判として例えば、水本浩『転換期の借地・借家法』（日本評論社、1988年）72-73頁は、再開発の施行を正当事由として認めると開発利益をディベロッパーが独占できるため、借家人への補償として立退料が必要となるとし、田山輝明『現代土地住宅法の基本問題』（成文堂、1990年）79-83頁は、都市再開発は民事法制で扱うことに相応しくなく、公法としての都市再開発法制を整備する方向を採るべきと主張していた。

として考慮されるとも考えられる[25]。裁判例では[26]、建替えの必要性は、建物の老朽化の程度に応じて考慮され、倒壊の危険があったり建築基準法10条1項の勧告を受けているなどの事情があるとそれだけで正当事由が肯定され、老朽化の程度が深刻でない場合にも、立退料の支払を加えることで正当事由が肯定される。さらに、土地の高度利用を理由とする場合は、立退料の支払が加わることで広範に正当事由が認められている。また、補助的要素である「建物の利用状況」として、建物の利用の効率性や管理の適正性が考慮される。具体的には、建物の防火性、倒壊の危険性、ビル明渡しにおける他の賃借人との明渡し交渉の進行度合、所在地域、利用方法の収益性などが考慮され、同じく「建物の現況」としても、建物の物理的状況が考慮される。このように見てくると、立退料の支払を緩衝材として、建替えの都合自体は広く正当事由を肯定する方向に働くと見られるが、他方で、賃貸人の主張の合理性が厳格に審査され、正当事由の充足が否定されている裁判例があることにも注意が必要である[27]。その他、耐震度不足を理由として取壊し・建替えが主張される場合にも、正当事由の肯定例がある一方で、耐震補強工事の方が安価で容易であると認定して正当事由の充足を否定した裁判例もある[28]。このような諸事例を見ると、建替えを理由とした明渡しを求める際には、賃貸人の不動産利用計画（再開発計画）が合理的であるか、資力などの点でその計画の実現可能性は十分にあるか、さらに、それらが満たされるとしても賃貸人が確実に当該計画を実現するか、などの事情が、賃貸人が単に不動産を

---

[25] 法務省民事局参事官室「借地法・借家法改正要綱試案」NBL421号（1989年）27頁。木村保男「土地の有効利用と借地借家法の『正当事由』」太田知行ほか編『民事法学の新展開』（有斐閣、1993年）385-386頁による裁判例の分析も参照。
[26] 以下、田山輝明ほか編『新基本法コンメンタール借地借家法〔第2版〕』（日本評論社、2019年）178-181頁〔本田純一〕、稲本洋之助ほか編『コンメンタール借地借家法〔第4版〕』（日本評論社、2019年）227-236頁〔本田純一〕、澤野順彦『実務解説借地借家法〔第3版〕』（青林書院、2020年）404-413頁を参照している。
[27] 例えば、再開発計画の事前開示、説明が不十分だったとする東京地判平成元・6・19判タ713号192頁（本件の評釈である藤井俊二『現代借家法制の新たな展開』（成文堂、1997年）223頁は、ドイツ法との比較を通じ、借家人が再開発事業に参加できないことの問題を指摘する）、高層建築計画のための資力・資金計画の不備を指摘する東京地判平成9・2・24判タ968号261頁など。
[28] 東京地判平成22・3・17（2010WLJPCA03178008）、東京地判平成25・2・13（2013WLJPCA02138008）。

回収して「土地転がし」に用いる「地上げ」を防止し、真に土地の有効利用に資することを担保するため、さらには借家人を公正に処遇するという点においても、考慮されると言えそうである[29]。他方で、無論、借家人側の事情も正当事由の判断を大きく左右することにも注意を向ける必要がある[30]。

(4) 区分所有建物の建替えの評価

　以上の正当事由の一般的枠組みを踏まえて区分所有建物の建替えを評価するとどうなるだろうか。上述した①建替え決議が成立していること、②区分所有者の大多数の者の利益に適う、という2つの事情は、まず②が、賃貸人となる区分所有者の「建物の使用を必要とする事情」を基礎付けることになるだろう。区分所有者の「大多数」（頭数・議決権の5分の4以上）が建替えを求めている点は、ある種の「公共性」として（あくまで）補強的に考慮されることになると考えられる。無論、仮に大規模の区分所有建物だったとしても、区分所有者の利益はあくまで「特定」多数の私人の利益であり、これを「公益」と呼ぶことは基本的に適切ではない。しかし、1棟の建物を区分して所有するという特殊な法律関係が設定され、その運営方法として多数決による団体的意思決定の方法が用意された以上、その決定が法的に尊重されなければ、仕組みとして一貫しないことも指摘できる。「大」多数であることにどれほどの意味があるかは問題として残るが、少なくとも「多数」決で建替えが賛成されたことは、法的に有意であると解する余地があろう。そして次に、①は、1983年改正法のもとでは客観的要件を充足することを前提としており、この事情は、老朽化しているという「建物の現況」、さらに、一方で補修に過分の費用がかかり、他方で新築建物は余剰容積率を使用して高層化するという「建物の利用状況」（あるいは、「従前の経過」も関係するだろう）の点で、建替えの正当性を高めることになる。さらには、倒壊・スラム化の危険のある建物の除却を行う点で、上記の「公共性」よりも広く、周辺地域の安全・衛生に資するということも、補強要素として考えられる。最後に、

---

29) 内田勝一『現代借地借家法学の課題』（成文堂、1997年）371-373頁、関智文「耐震性能の欠如・不足と借家契約の正当事由の関係」調停時報193号（2016年）56頁。
30) 代表的見解として、水本・前掲注24) 78頁による借家人の類型論を参照。

決議が「成立」していることは、不動産利用計画の合理性、確実性を担保する事情として見ることもできるだろう。

このように見てくると、1983年改正法のもとでの建替え決議の成立は、賃貸人の主張には自身の個別的利益に尽きない一定の集団的・集合的利益[31]が備わることを基礎付ける事情と評価でき、さらに、決議が法的に成立していることを前提とすることで、そうした集団的・集合的利益実現の道程が合理性、確実性をもった形で担保されていた、という評価も可能と思われる。同改正の立案担当者は、このような解釈を前提としていたのではないかと思われる。しかし、この解釈にも、いくつか指摘すべき点がある。まず、この理解が借家人側の事情を考慮に入れない点で、正当事由の一般的枠組みからはやはり逸脱し、判断の定型化を施したものという点である。正当事由の一般的枠組みでは、あくまで賃借人の事情との比較衡量となる。客観的要件の備わる場面であれば、それが建替えのために明渡しを求める高度の必要性を基礎付けると考えられ、その点で、賃貸人の側が非常に有利であるとは言えるが、それでも正当事由の一般的枠組みでは、賃借人の建物の使用を必要とする事情の深刻度次第で立退料による補強を要すると考えることになるだろう。加えて、建替え決議の成立は、不動産の利用計画の合理性、確実性までは仮に担保しているとしても、借家人がその決定過程に参加することは認められていない。借家人の手続的処遇の点でも課題は残されている。

そこで、このような一般的枠組みからの逸脱に対し、1棟の建物を区分して所有するという区分所有関係の特殊な構造に鑑みて、専有部分の賃貸借は（借地借家法上の建物賃貸借契約ならぬ）「区分所有建物賃貸借契約」という特殊なカテゴリーであって、この場合は、正当事由の判断において常に建替えに大きな比重を置いた判断がされる、という説明が考えられる。しかし、そのような特殊なカテゴリーが仮に成り立つとしても、それがここまで見てきた1983年改正法の立て付けを前提とするものだとしたら、今日の区分所有法でも同様に成り立つかは改めて慎重に考える必要がある。というのも、2002年

[31) この用語については、中川丈久ほか「特集 公法と私法における集団的・集合的利益論の可能性」民商148巻6号（2013年）491頁の議論を念頭に置いている。

正を経て現行法では客観的要件が削除されており、老朽化対応でない純粋効用増の建替えも可能とされているからである[32]。すなわち、現行法では、決議成立の前提として、老朽化対応であることや補修費用との比較が行われることは少なくとも規律上は担保されていない。純粋効用増の建替えも認めた立法態度に対しては、純粋効用増の建替えであっても「建物の使用を必要とする事情」を基礎付けるものだという理解も成り立ちはするかもしれないが、少なくとも老朽化対応という「建物の利用状況及び建物の現況」による補強が図られていた1983年法の理解からは逸脱している。2002年改正法は、客観的要件を削除した代わりに62条5項で集会の招集通知に記載する事項を法定し、6項で説明会の開催を義務付け、決議の手続規律を充実させたが、これらは区分所有者の集会の行う判断を建物の物理的状況の要素で枠付けるものではなく、また、借家人に計画策定への参加資格が付与されたわけでもない。その上、そもそも建替え決議の成立が計画実現の確実性を担保しているという想定自体が疑わしく、資金計画の審査がされるわけでもなく、現に建替えが途中で頓挫する事態は稀ではない。1983年改正法のもとでは客観的要件の縛りがかかることで、野放図に建替えが決議されることには若干の制約がかけられていたと見ることもできるが、現行法では純粋に任意に建替えができるようになっている。上に見たように、計画の合理性、確実性を審査することには、「地上げ」行為を目的とした土地の有効利用の僭称を防ぐ役割が期待されていたが、現行法を前提に借家契約を当然に終了させる場合に、直ちにそのような配慮を不要としてよいと言えるかは疑わしく思われる。

4　民事法上の借家人の地位の検討に関する小括

　ある権利に妨害排除請求権を認めるか否かという問題は、権利者に割り当てられた権利の内容、すなわち、どのような状態の回復を認めるのか、とい

---

[32] 吉田徹『一問一答改正マンション法』（商事法務、2003年）69頁。実際、同書71頁は、「建替え決議が行われた場合に正当の事由があるかどうかは、建物の利用状況、建物の現況等を考慮して個々の事案ごとに判断されることになる」として、正当事由は当然には充足しないとの説明に微妙に変化している。そして、72頁は「したがって、今回の改正法により区分所有者の多数決だけで建替えができるようになっても、専有部分の賃借人の居住権が侵害されることにはならない」としており、借家権とのバランスが配慮（ないし懸念）されていることがわかる。

う問題と裏表の関係にあると考えられる。そうだとすれば、借家権の存続保障がどのような事情のもとで（あるいはどのような事情を無視して）認められるのかということの考慮の仕方とは、一定の共通性ないし連続性があると見ることが体系的に一貫すると思われる。借家人の地位を妨害排除請求権を行使できる強力なものとしつつ、建替え決議の成立のみによりそれが消滅するとするならば、建替え決議成立の意義を相当に丁寧に説明する必要がある。そして、建替え決議が成立したという事情を正当事由制度の観点から評価した場合、区分所有関係は、多数であっても「特定」の区分所有者の集団的・集合的利益を基礎付けるものにすぎず、建替え決議の存在は何らかの客観的要件により枠付けられない限り、単に「建物の使用を必要とする事情」の一要素となるに留まるということが課題となる。

かくして、建替え決議の位置付け自体を見直すということが検討の選択肢に上がると思われる。というのも、1983年改正時には、建替え決議制度はこれから増加する老朽化対応のための措置とされつつも、他方で、あくまで民事法上の所有権制限の根拠規定を事態が深刻化する以前に導入しておいたという程度の意義に留められており[33]、都市再生の実効的手段として位置付けることまでは真剣には考えられていなかったと思われるからである。そうならば、借家権との調整が私法の一般的枠組みから逸脱しないことも当然であろう[34]。しかし、それから20年が経った2002年には区分所有法改正に加えて円滑化法が制定され、2014年には後述の敷地売却制度も導入されている。今日では、建替え決議制度には外部不経済対応[35]という社会防衛的意義が与えられている。まさに83年改正時の想定通りにマンション問題が進行し、各

---

33) 濱崎・前掲注16) 377頁（「この建替えの制度の新設は、将来その建替えをめぐる紛争が一般化するであろうことを予測し、かつ、この制度が所有権に対する制限という性格を色濃く帯びることにかんがみると、その紛争が一般化した段階でこれを立法化することは著しく困難になると考えられるため、未だそれが一般化していない現段階においてこそその立法化を実現しておくべきである、との考慮の下に実現されたものである。これに対し、この問題に対する社会政策的な諸施策は、民事立法と異なり、この問題が社会的な問題となった時点で検討されても、遅くはない。」）。実際、導入後もこの制度の利用はしばらく皆無だった。
34)「土地の有効利用」の要素が民事法の思考様式に収まらないと民法学者が強く批判したこと（前掲注24)）を参照。この観点からは、建替え決議の客観的要件を削除した2002年改正も、それ自体としては「私法の一般的枠組み」に一層回帰するものだったとも評価できる（前掲注32) 参照）。

種の新制度と相俟って、建替え決議制度の法的位置付けにも変遷が生じ、その位置付けの再検討を要する段階に入ったと思われる。いわば、建替え決議制度に内在する「公共性」の要素が高まったと言うこともできそうである。

以上を踏まえつつ、次に、事業法上の借家人の扱いについて見ていきたい。

Ⅲ　事業法における借家権の扱い

1　各種の事業法・事業と比較の視点

建替え・再開発など、多数人の権利関係のもとにある不動産の物理的・法的状況を一挙に整理・変更する場合、これを任意ベースで実現する事業方式として、等価交換方式と権利変換方式とが考えられる。前者は、権利者がディベロッパーに各々権利を移転して集約し、不動産の開発を行った上で、改めて事業参加者に権利を配分する方法であり、基本的には私法的手段を積み重ねていくことで進めることができる。これに対し、権利変換方式は、権利変換計画を策定し、行政機関の認可を受けて法的効力を得ることで、当該効力に基づいて事業遂行後に参加者に対して新たな権利を付与する方式であり、権利者の意思にかかわらず遂行する強制の契機を含むため事業法の整備を必要とする。マンション建替えで言えば、区分所有法に基づく建替え決議がされただけの場面では、建替え参加者が建替えに合意したとみなされるに留まり、これを事業として遂行する手法は同法に規定されていない。そのため、従来は等価交換方式による事業遂行のみが可能だったところ、権利変換方式の事業遂行を整備する法律として、都市再開発法（以下、再開発法）上の市街地再開発事業を参考にして[36]2002年に円滑化法が制定された。

権利変換方式は権利変換計画に公的機関が法的効力を与えて権利の変動をもたらす手段であって、公的機関による強制の契機が含まれるので、制度自

---

35)　部会参考資料1・区分所有法制研究会「区分所有法制に関する研究報告書」67頁、「マンションの建替え等の円滑化に関する基本的な方針」（平成26年12月10日国土交通省告示第1037号）参照。

36)　大水敏弘「マンション建替えに関する現状と手続上の課題」再開発研究25号（2009年）4頁。

体に対する公益的な正当化が問題となる。円滑化法上の建替事業は、老朽化マンションの急増した状況下で都市の再生と居住環境の向上を図る観点から、「公共的な支援制度」によりマンション建替えの円滑化を図るものとして説明されている[37]。ただし、あくまでマンションの建替えは区分所有者の自助努力により行われることが基本とされており、私法である区分所有法上の建替えの補助手段としての性格が濃厚と言える。

これに対し、円滑化法が範とした再開発法の方は、既成市街地で大規模かつ継続的に行われる性質から、強制的手法を正当化することの説明が強く求められる[38]。同法1条は「都市における土地の合理的かつ健全な高度利用と都市機能の更新」を目的に掲げており、具体的には都市の防災構造化を図ること、公共施設の整備を推進することで良好な居住環境を形成することを趣旨としている[39]。そのように、市街地再開発事業は一般的に市街地における土地の利用の合理化・高度化を図るものであるが、土地の利用が不合理で高度化されていないということだけでは、土地の利用が本来土地所有者に委ねられていることから十分な理由とならないとされ、その事業が都市計画と連結されてその実現を図るものであること、そしてその実施地が都市の枢要な商業地・業務地などであって、都市機能の回復に顕著に貢献すること、が強調される[40]。私人である区分所有者の建替えを補助するにすぎない円滑化法と、高度の公共性の実現を図るとされる再開発法との違いは、例えば、権利変換計画発効後に工事の必要から占有者に明渡しを求めるに際して、再開発法では行政の代行および行政代執行法準用の規定が用意されているが（同法98条）、円滑化法にはそのような規定がないことに表れている[41]。

---

37) 高田公生「マンションの建替えの円滑化」時の法令1682号（2003年）6-7頁。
38) 遠藤博也『行政過程論・計画行政法』（信山社、2011年）194-199頁は、再開発法が従来の特定化された公益目的に基づく限定的な個別都市法と異なり、都市機能を総合的に再編成する一般的・総合的性格をもった都市計画実現手法であることを強調する。
　なお、以下、基本的に第一種市街地再開発事業を念頭に考察を進める。
39) 大浜啓吉「都市再開発法の沿革としくみ」ジュリスト897号（1987年）6-7頁。従来の都市基盤整備の法制の流れと、都市不燃化を目指す法制の流れが合流して制定された。詳細は、国土交通省都市局市街地整備課監『都市再開発法解説〔改訂8版〕』（大成出版社、2019年）4-17頁〔以下、本書を「再開発法解説」と表記〕。
40) 清水湛「都市再開発の法的問題」ジュリスト372号（1967年）36-37頁。近時の指摘として、野田崇「当事者自治的制度と『公益』の行方」公法80号（2018年）211、213-214頁も参照。

以上の事業が従前の権利関係との連続性を基本とするのに対し、円滑化法は2014年改正で区分所有関係解消に向けた事業として「敷地売却事業」を創設しており、これにも着目する必要がある。敷地売却事業は、旧耐震基準で建設された耐震性不足マンションの増加を受けて創設された[42]。耐震性不足など安全性を欠くことについて特定行政庁が認定したマンションについては（同法102条。「要除却認定」）、建替えの際の容積率特例を受けられる（105条）他、敷地売却決議を行い（108条）、買受計画（109条）に従った売却を行うことができる。さらに、2020年には、新耐震基準で建設されたマンションも築40年を迎えたことを受け、高経年化に伴うマンションの構造・設備の劣化・破損による危険性や、居住者の高齢化に伴うマンションの利用上の危険性を考慮し、要除却認定の対象事項を拡張し、敷地売却制度を利用できる対象を「特定要除却認定マンション」として拡充を行った[43]。

　以下では、これらの事業のもとで借家人がどのように扱われているかを検討していく。その際、特に着目するのは、借家人の権利変換計画に対する同意の問題（→2）と、権利変換計画が実現する際の扱い（→3）である。

2　円滑化法上の権利変換計画に対する借家人の同意権の問題

　権利変換計画で定められた権利変換期日が到来すると、新たに権利を取得するべき者が権利を取得する（円滑化法70条1項、再開発法87条1項、88条1項）。借家人には、事業の施行認可にあたり、権利変換を希望しない旨の申出を行う機会が与えられ（円滑化法56条3項、再開発法71条3項）、この申出がされない場合には、借家人が新たに借家権を取得することになる（円滑化法71条3項、再開発法88条5項）。このような権利変換手続の進行にあたり、円滑化法の顕著な特徴として、同法57条2項で権利変換計画の認可に借家人の同意が要件とされていることが挙げられる。

41）第154回国会参議院国土交通委員会議事録第17号（平成14年6月4日）9頁［三沢真政府参考人発言］、犬塚浩ほか『新マンション建替え法』（商事法務、2015年）128頁。
42）水野禎子「マンション敷地売却制度の創設等」時の法令1969号（2015年）5‐6頁。
43）足立良太「マンションの管理の適正化の推進に関する法律及びマンションの建替え等の円滑化に関する法律の一部を改正する法律の概要」NBL1179号（2020年）14頁、山本一馬「マンションの管理の適正化と再生の円滑化を図る」時の法令2114号（2021年）17-19頁。

借家人の同意が要件とされているということは、究極的に言えば、建替えに参加する区分所有者の全員が策定された権利変換計画に賛成していたとしても、1人の借家人が反対すれば当該計画は発効しないということを意味する。このような立て付けに対しては、区分「所有権」は決議に服するにもかかわらず、債権である借家権には単独の拒絶権が保障されることになり、体系的なバランスという観点からも、違和感が拭えない。そして、借家人が同意しない場合、借家契約を終了させる他ないが、必ずしも正当事由が充足するとは限らないとされる[44]。このような強力な地位が借家人に保障されていることには、円滑化法制定当初から違和感が表明されていた。これに対して立案に関与した関係者からは、①円滑化法の目的には従前居住者の居住の安定確保が挙げられること、②円滑化法は都市再開発法の全員同意状態での個人施行型事業をモデルとしたこと、③円滑化法制定に合わせて借借法改正による借家契約の終了も構想されたが、再開発法でもそのような特例は設けられていなかったため断念されたこと（さらに、改正を構想するとしても法制スケジュール的に難しかったこと）、が示されていた[45]。さらには、④円滑化法はあくまで区分所有法を前提としており、区分所有者の「ある種の運命共同体の中のルールを決めているに過ぎない」ものであって、借家人は「運命共同体」の「外の方」という法制となっている以上、仕方ない、との見方も示されている[46]。

以上の説明を見ると、上記①は決定的なものとは思われず、②・③の法制比較・調整の視点が重要と思われる。②は、個人施行の第一種市街地再開発事業の場合には、民間の任意事業的な性格を有することから、施行認可を申請する際の事業計画（再開発法7条の13）、および権利変換計画（同法72条2項）について、借家人を含む関係権利者全員の同意が必要とされること[47]、を参照したものと思われる。しかし、仮にこれらが任意事業的性質で共通す

44）国土交通省HP「マンション建替え実務マニュアル（最終改正：平成22年7月）」174-175頁。
45）井上俊之ほか「座談会 実務から見たマンション建替えの法律上の課題と今後の展望（上）」書斎の窓558号（2006年）20-21頁［本間伸彦発言］。代替住宅のあっせん、十分な明渡期間、移転料の支払などで実務的な対応は可能であり、正当事由も充足するとの見通しが示される。
46）井上ほか・前掲注45）22-23頁［井上俊之発言］。
47）再開発法解説・前掲注39）167頁。

るとしても、事業の開始時点で関係権利者全員の同意を調達することを予定する個人施行型再開発と、区分所有法上の建替え決議が成立したことを前提にしながら権利変換計画認可申請の段階でいきなり関係権利者全員の同意が求められる円滑化法の規律とを同視するのは不合理と思われる。確かに、円滑化法でも、個人施行者が施行認可を受けるためには、事業計画について借家人も含めた権利者全員の同意を得なければならないとされ（同法45条2項）[48]、その場面の限りでは平仄が合うことに合理性があるが[49]、組合施行型の第一種市街地再開発事業で権利変換計画の認可申請を出す際には、借家人の同意は求められておらず、同じく組合施行型の建替事業の場合の権利変換計画にまで権利者全員の同意を必要とする必然性は乏しいように思われる。あるいは、再開発法110条に定められる、かつて防災建築街区造成法で行われていた「全員同意型（防災型）」[50]を意識した特例の存在が考慮され、建替え決議成立後に成立する区分所有法64条に基づく建替え参加者全員同意の状態と類比されたのかもしれないが、建替え参加者に借家人は含まれない点で、やはりその基礎を欠く[51]。結局、組合施行型再開発ではある程度の公共性が認められるが、円滑化法上の組合施行型建替事業はあくまで区分所有者の私益追求にすぎない、との大枠的な対比が、ここでも尾を引いているように思われる[52]。しかし、本格的に個人施行型再開発に合わせるならば、建替事業の実質的な開始時点である建替え決議の段階から借家人も何らかの形で巻き込むことにしないと、借家人は手続開始の当初は「外の方」であるのに、事業が進むと同意権により事業の命運を決することができてしまう、という極

---

48) マンション建替法研究会編『改訂 マンション建替法の解説』（大成出版社、2015年）100頁。
49) 犬塚ほか・前掲注40）76頁では、組合施行型を株式会社とすれば、全員同意を基礎として少数の場合を想定する個人施行型は持分会社の「イメージ」と説明する。
50) 再開発法解説・前掲注39）564頁。
51) 再開発法110条の運用に際しても、借家人の同意が得られにくく、かなり小規模の個人施行型・組合施行型に利用が限られるのではないかとの指摘がされている。水本浩「都市再開発と私法上の権利関係」ジュリスト704号（1979年）33頁。
52) 土地改良事業の認可申請には同意していたがその後の換地計画には同意しない参加者について、「施行者の組織する団体が任意団体であり、しかも、その施行に係る土地改良事業が土地改良区を設立するまでもない簡易かつ小規模なものであつて、その公共性も稀薄である」ことから同意の義務はないとした最三小判昭和59・1・31民集38巻1号30頁にも、土地改良法の解釈についてであるが同様の発想が窺える。

めて中途半端な仕組みとなるように思われる。このように見てくると、②の論拠も説得的なものとは思われない。

③は、建替え事業を私法の一般的枠組みに位置付けようとした場合には、できる限り権利者の同意に根拠付けていくことになり、その結果、借家人の地位の終了事由を定める借借法との調整を意識しなければならない、ということを意味する。これも結局、建替事業が私法である区分所有法上の建替えの補助的手段であって、私法上の利害調整の枠組みを変更しないということと思われる。④も基本的に同様のことを意味すると思われるが、他方で、借家人が「外の方」であることを強調する点が特徴的である。この点は、再開発法では借家人にも事業計画と権利変換計画の双方に意見提出の機会が認められていること（同法16条2項、83条2項）の評価とも関わるだろう。実際、再開発法は施行区域を定めた都市計画事業として施行する「非常に強い公共性」を備えていることとの対比が示唆されている[53]。再開発法では「外の方」である借家人の権利を収用することが正当化されるが、円滑化法は私法である区分所有法上の建替えの補助的手段に留まるので収用の適格が備わらず、私法の一般的枠組みに留まるとの対比的認識がここにも見られる。

以上に対し、敷地売却事業では、区分所有者の多数決のみが必要とされ、借家人や担保権者の同意は不要とされる。これは、敷地売却事業では、耐震性不足の場合に限定され、新たなマンションへの権利変換がなく賃借権を移行できないことから、建替事業と異なる仕組みとされたと説明されている[54]。

次に、権利変換計画が実現する際の借家人の処遇について見よう。

3　権利変換手続における借家人の扱い

借家人が権利変換を受けない申出を行った場合、借家人は権利変換計画の発効後に施行地区外に転出することになり、権利変換計画に記載された資産価額（円滑化法58条1項10号、再開発法73条1項19号）から算定される補償金が

---

53) 井上ほか・前掲注45) 23頁［井上発言］。なお、建替事業では権利変換計画の縦覧・意見書提出の機会がないが、これは関係権利者の同意と、非賛成者への売渡請求等（円滑化法64条）による不服のある者の不在から説明される。鎌野邦樹ほか編『改正区分所有法＆建替事業法の解説』（民事法研究会、2004年）217頁［坂和章平］。
54) 2020年改正前の解説として、水野・前掲注42) 15頁、犬塚・前掲注41) 130頁。

支払われることになる（円滑化法75条2号、再開発法91条1項）。これに対し、この申出をしなかった借家人については、権利変換計画に借家権が与えられるように定められる（円滑化法60条4項、再開発法77条5項）。以下では、借家人が権利変換を受ける場合、受けない場合のそれぞれの処遇を見ていく。その際、再開発法での扱いを簡単に見た上で、対比的に円滑化法の扱いを見ていくことにする。

(1) **権利変換を受けた借家権の借家条件の変更**

　借家人が権利変換を受ける場合、従前と同じ借家条件で契約が存続するのではなく、新たに借家条件、特に家賃額を協議により定める必要があり（再開発法102条1項）、この協議が成立しない場合には、施行者が裁定を行い、当事者が裁定に不服があるときには借家契約の当事者間で当事者訴訟（行政事件訴訟法4条前段）で争うこととなる[55]。このようにして再設定される家賃額は、従前の低く維持されてきた額に比して高騰し、施行地区からの移転を余儀なくされる。しかし、再開発法は「都市における土地の合理的かつ健全な高度利用と都市機能の更新」（1条）を目的とし、具体的な住民の福祉増進を目的としていないから仕方ない、などと評されている[56]。ただし、留意すべき制度として、従前の家主が転出し、施行者が賃貸人となる場合に用いられる標準家賃の制度がある。借家人が権利変換を希望するにもかかわらず、家主である権利者が転出する場合、施行者の保留床から借家権が与えられることになる（77条5項但書）[57]。この場合、上述の協議は行われず（102条1項は77条5項本文のみ参照）、103条1項に基づき施行者が家賃額を確定することになる。この家賃額は、権利変換計画策定の段階で同計画に記載された「標準家賃」に対し（73条1項17号。算定方法は再開発法施行令30条1項）、借家人が従前の施設に有していた借家権価格の償却額を控除したものとなる（再開発

---

[55] 再開発法解説・前掲注39）532頁。施行者の裁定に際して、審査委員の過半数の同意、または市街市再開発審査会の議決を経ることとされているが、これらの委員が基本的に土地所有者または借地権者から選任されるので判断の公正性が担保されないとの批判がある。遠藤・前掲注38）201頁、鈴木禄弥『借地・借家法の研究Ⅰ』（創文社、1984年）264頁。
[56] 鈴木・前掲注55）267頁。
[57] 再開発法解説・前掲注39）430頁。

法施行令41条2項、施行規則36条)[58]。注目すべきは、従前の家主が権利変換を受け、借家人との協議が調わず102条2項に基づき裁定を受ける場合にも、この標準家賃が参照されうるということである[59]。借家人の保護に資するということの他、裁定が権利変換手続の一環として行われ、権利変換の前後の財産の評価時点が統一的に定められていることから合理的な算定法として採用されざるを得ない事情が指摘されている[60]。このように見れば、必ずしも借家人に酷とばかりも言えず、手続を前に進める都合を前提としつつも、一定の調整が図られているとの評価も可能のように思われる。

　以上の借家人の処遇は、円滑化法上の建替事業についても概ね同様に規定されており（83条、84条）、同様の議論が妥当すると思われる[61]。

(2)　権利変換を受けない借家人の補償

　借家人が権利変換を受けない場合、補償金が問題となる。再開発法の補償は、一般に、91条に基づくいわゆる「対価補償」と、97条に基づく「通損補償」ないし「附随（帯）的補償」との2類型から構成される。前者は権利変換計画に記載された権利について、客観的な取引価値を補償するものである。しかし、借家権については賃貸人の承諾なく譲渡ができない権利であって取引慣行が存在しないことから、この意味での価値をゼロとすることが考えられる[62]。この見方に対して多くの民法学説は、補償額を交換価値と同視する必然性はないとして批判する[63]。学説では、借家権価格は当事者間の利害の調整を図るための価値概念であるとして、借家権の存続保障による法的保護利益、建物・敷地の経済価値の増分に対する借家人の寄与・貢献分の配分利

---

[58]　再開発法解説・前掲注39）540-541頁。この場合の借家権価格は、「借家権の取引慣行があるなど客観的にその価額が認められる場合に限り認められるものであることは、いうまでもない」とされる。

[59]　内野令四郎『裁判例からひも解く都市再開発入門』（第一法規、2022年）281-287頁に紹介される東京高判平成29・5・31参照。

[60]　内野・前掲注59）290頁。

[61]　福井秀夫『行政訴訟による憲法的価値の確保』（日本評論社、2022年）374頁は、そもそもマンション建替えの際に借家人が権利変換を受ける実例はないとして、借家権の継続を原則視する制度の立て付け自体を批判する。

[62]　東京高判平成27・11・19裁判所ウェブサイト。内野・前掲注59）279頁参照。

益などの補償を肯定する見解が有力である[64]。しかし、権利金を払わず廉価の賃料で継続する借家権は家主の高度利用の機会を奪っており法的保護に値しないとの批判がある[65]。少なくとも、補償金は施行者が権利変換計画に80条1項に基づき算定した相当の価額として記載し、公衆の縦覧提供、諮問機関の同意・議決、行政庁の認可という慎重な手続が用意され（83条、84条）、不服のある者に収用委員会の裁決の申請が許されており（85条1項）[66]、手続的にはある程度丁寧な扱いがされていると言える[67]。

　他方で、後者の通損補償は、権利の価値そのもの以外の、収用に伴って生じる損失の補償であり、具体的には、物件の移転料、仮住居・仮営業所のための費用、移転雑費などが挙げられる[68]。通損補償の算定にあたっては、土地収用法の運用を念頭に損失補償の基準の統一を図るために作成された「公共用地の取得に伴う損失補償基準」（用対連基準）[69]が参照される。用対連基準はあくまで行政の内部基準にすぎないが、実際には行政実務に大きな影響を及ぼしている[70]。

　以上の枠組みは、円滑化法ではやや変則的に用いられている。まず、建替事業につき、権利変換を受けない借家人には、対価補償のみが規定されている（75条2号）。前記のように権利変換計画記載の資産評価額を基礎に算定がされるが、再開発法との違いとして、全員同意を基礎に進めるとの立て付け

---

63) 水本・前掲注51）35頁、村田博史「借家権の処理」ジュリスト897号（1987年）29頁、澤野順彦「再開発に伴う私権の評価と補償」同号45-46頁。鈴木・前掲注55）268頁は、借家人の当該地域での居住や営業に関する利益（生活権）に十分な補償がされないとし、生活権補償を認めることは立法者の意思には反するが、事業から受益する一般国民と事業の被害者である地区住民との衡平を保つために必要と論じる。
64) 澤野・前掲注63）45-47頁、木村・前掲注25）390-391頁など。
65) 阿部泰隆『国家補償法の研究Ⅰ』（信山社、2019年）385-388頁。
66) 再開発法解説・前掲注39）485頁。
67) 水本・前掲注51）36頁参照。ただし、同35頁は、施行者の主導による算定が低すぎることを問題視する。
68) 再開発法解説・前掲注39）506頁。土地収用であれば、移転料（土地収用法77条）、営業上の損失（同法88条）などが挙げられる。
69) 任意買収と強制買収の統一基準策定を目的として昭和37年6月29日に閣議決定された「公共用地の取得に伴う損失補償基準要綱」に続いて、同年10月12日に起業者の連合体である「用地対策連絡会」が詳細化して決定した基準である。以後の改正を含め、福井・前掲注61）257-260頁が詳しい。
70) 藤田宙靖『新版 行政法総論（下）』（青林書院、2020年）269-270頁。

から、争いがある場合の収用委員会による裁決の規定がない[71]。以上に対し、敷地売却事業では、売却による分配金を定める分配金取得計画（142条）で、喪失する権利の額（同条4号）と受ける損失の額（5号）を定めることとされており（算定基準につき143条2項、3項）、これに対応して対価補償だけでなく、通損補償がされることとなっている（153条）。建替事業と違って通損補償までされるのは、借家人の同意の要否から説明されている[72]。つまり、建替事業では借家人は移転をするか否かを自ら決定できるので、移転に附随する損失は考慮されないのに対し、敷地売却事業では借家人は否応なく退去させられるので移転に附随する損失まで必要とされるのである。そして、敷地売却事業で通損補償を算定するにあたっては、円滑化法施行規則67条2項に方法が掲げられつつ、用対連基準を参照することとされている[73]。その理由として、敷地売却事業は、耐震性不足等の特定行政庁の認定が前提となっている点で、一定の公共性を背景に立退きが求められる場面であることが示唆されている[74]。なお、敷地売却事業ではさらに、ディベロッパー・不動産事業者として想定される敷地買受人に代替住居あっせんの責務が課されている（円滑化法110条3号、113条）。居住者への配慮は、金銭給付以外の形でもされていることに注意する必要がある[75]。

---

71) マンション建替法研究会編・前掲注48）161頁。
72) 国土交通省HP「マンション敷地売却ガイドライン（最終改正：令和4年3月）」70頁。
73) 国土交通省HP「マンションの建替え等の円滑化に関する基本的な方針」第七1ハ。第186回国会衆議院国土交通委員会議事録第17号（平成26年5月21日）16頁［井上俊之政府参考人発言］、犬塚ほか・前掲注41）215-216、224-225頁、「マンション敷地売却ガイドライン」・前掲注72）68-69頁。
74) 犬塚ほか・前掲注41）215頁。
75) 建替事業では、2014年改正前には危険・有害マンションに対する建替え勧告制度が規定されていたが（102条）、その際には勧告を行った市町村が代替住居の入居保証の責任を負うとされた（103条）。この責任が過重であるとして同制度は廃止されたが（第186回国会衆議院国土交通委員会議事録第17号（平成26年5月21日）16頁［高木毅国土交通副大臣発言］）、類似の配慮を行うものとして注目に値する（勧告マンションで居住安定計画が策定されると、正当事由制度の適用が除外とされたことも注目される。124条）。また、再開発法108条2号が定める公募によらない特定分譲も、借家人等の「居住又は業務の用に供するため特に必要がある」ことを要件としており参考になる。

3)「立退料」との比較

　権利変換を受けない借家人には補償金が支払われるが、翻って明渡訴訟の正当事由審理の際に考慮される立退料の要素も、同様に借家人の立退きにあたっての不利益の埋合せに相当するものと言える。そこで、借家人の地位について、改めて正当事由制度との比較から考えてみたい。

　まず、前提として、再開発法に基づく事業の施行（法定再開発）が更新拒絶・解約の正当事由となるか否かを検討する必要がある。一方では、市街地再開発事業は関係権利者の立退きを要件としているわけではなく事業施行それ自体が正当事由を充足させることはない、との考え方がありうる[76]。しかし、保留床を増やして収益を確保するなど、事業の遂行上立退きが必要となることもある。事業の公共性と借家人の状況次第で、立退料の支払を加味して正当事由が認められるとの見方が一般的のようである[77]。

　そうすると、立退料の「相場」と、補償金の「相場」が等しく一定の合理性をもって算定されるものであれば、立法の際にも大いに参考となる。しかし、立退料は賃貸人と賃借人の利益の比較衡量の中で正当事由を埋め合わせるために考慮される要素であり、性質上「相場」を見出すことが難しい。例えば、鈴木禄弥は、「立退料の問題は、それだけで独立して存在するものでなく、他の諸事情のみを以てしては『正当事由』を存在させるに不充分な場合、これを補完して『正当事由』を存在するに至らしめるものである。つまり、他の諸事情が『正当事由』を存在させるに足りない程度の大小によって、立退料も増減し、他の諸事情のみで『正当事由』を存在せしめるに充分であれば、立退料は、まったく支払われる必要はない。抽象的に算定された明渡によってこうむる借家人の損害額は……、立退料のいわばマキシマムであり、現実のケースにおいて支払われるべき立退料は、他の諸事情だけでは『正当

---

76) 村田・前掲注63) 29-30頁。事業計画策定にあたり、「関係権利者が従前の資産の価額の範囲内で、できる限り従前の利用面積と同程度の権利床を取得することができるよう」設計に配慮するよう施行通達があること（再開発法解説・前掲注39) 160-161、192頁）を指摘する。

77) 水本・前掲注24) 168-173頁、同「都市再開発と借地・借家法」ジュリスト851号（1985年）1-18頁、村田・前掲注63) 30頁。なお、施行者が営利目的を有することのみで消極的な評価を受けることは、少なくとも再開発法50条の２以下で再開発会社制度が採用された現行法上は、説明が難しいように思われる。

事由』を具備せしめるに足らない程度に応じて、このマキシマムの額の一部分額……ということになる。」とする[78]。鈴木は、立退料の中には、「①明渡を実行するために利用者が直接に支払わねばならぬ費用、すなわち、移転費用の補償の意味のものと、②明渡のために利用者が事実上失う利益の補償の意味のものと、③明渡によって消滅する利用権の補償の意味のもの」の3種があるとする[79]。①は本来、利用者が原状回復義務を負うことで負担するものだが、衡平の見地から認められたものとされる[80]。③は「利用者の損害において所有者が利益をうること……の是正の意味における不当利得の返還に近い性質を有する」とされ、②も「利用者が従来享有していた営業上の諸利益を、所有者が事実上承継するような場合には、同じ性格をもちうる」とされるが[81]、③について借地権は「一種の客観的な価値ある財産権」として認められるとされつつ、借家権は「利用者の生存の基盤」であってこの意味の補償は問題とならず、①の補償のみが問題となるとする[82]。さらに、鈴木の研究を参照しつつ発展させた木村保男は、正当事由審理の「強制調停的性格」[83]を踏まえつつ、「判断の順序としてまず両当事者の該家屋の使用の必要性をはじめとする諸事情の比較衡量をなし、僅かにいわゆるプラスのファクターが足らぬときに、最後にそれを補完するファクターとして、同居、代替家屋又は立退料の提供を命じている」、「そもそも相当額の立退料の提供を命ずるといっても、借家人が納得せずに追出すことを許す（立退料提供の非契約性）基礎を提供し、その上に額が相当であるとする根拠は必ずしも明確ではない（借家権の非財産性）だけに、両当事者の諸ファクターの比較衡量なしに、立退料の額の決定はむつかしいのではないか」とする[84]。木村は、立退料はⓐ「明渡の交渉事情における当事者の信義・不信義の徴表」となる場合

---

78) 鈴木禄弥『借地・借家法の研究Ⅱ』（創文社、1984年）335頁。
79) 鈴木・前掲注78）305頁。
80) 鈴木・前掲注78）306、323頁。
81) 鈴木・前掲注78）326頁注(1)。
82) 鈴木・前掲注78）324頁。
83) 木村保男「立退料の提供と借家法一条ノ二」米田実編代『民事法特殊問題の研究』（酒井書店、1962年）84頁。鈴木禄弥『居住権論〔新版〕』（有斐閣、1981年）203-207頁の著名なテーゼである。
84) 木村・前掲注83）91-93頁。傍点ママ。

と、ⓑ「借家人の損失補償ないし転居先獲得のための補償」となる場合があり、ⓐが基本だがⓑの検討にシフトしてきていると分析している[85]。学説は上記③ないしⓑに相当する借家権価格を確立することに努力してきたが[86]、営業用借家では確かに借家権価格の算定が可能としても、居住用借家では立退料の合理的算定をめぐって実効的な交渉を行う素地自体が乏しく[87]、算定方法の確立までの道程はなお遠いようである[88]。

 とはいえ、今日では、立退料が全くの「衡平」や「信義・不信義の徴表」にすぎないものという見方からは、一定の前進が見られる。家主からの立退料の申出自体にどれほどの拘束力があるかには議論があるが、立退料支払を条件とする明渡しを命ずる判決の類型が確立するなどの積み重ねを背景に、立退料に少なくとも実体法的意義を認める見解が増えている[89]。ただし、立退料制度の特色として、立退料の支払と借家の明渡しが密接に結びついていることには留意する必要がある[90]。つまり、立退料は、借家人に明渡義務があることが確定したことを前提に、別途金額が算定されて支払われるものでなく、あくまで借家人に占有という強いカードが備わっていることを前提に、家主に譲歩を迫る仕組みとなっているのである[91]。

---

[85] 木村・前掲注83）62-72頁。
[86] 前掲注64）。近時の裁判例では、東京地判令和3・11・9（LEX/DB25603405）が全員賛成の建替え決議の場面で、同令和4・3・16（LEX/DB25604843）が耐震改修の建替え決議の場面で、鑑定による営業借家権価格の立退料を認めている。
[87] 和田仁孝『民事紛争交渉過程論〔増補第2版〕』（信山社、2020年）245頁参照。
[88] 高橋勝男「借家の立退料」塩崎勤ほか編『裁判実務大系第23巻 借地借家訴訟』（青林書院、1995年）408頁。
[89] 小川克介「立退料と正当事由」水本浩ほか編『現代借地借家法講座第2巻 借家法』（日本評論社、1986年）39頁、坂田宏『民事訴訟における処分権主義』（有斐閣、2001年）200頁、山本克己「立退料判決をめぐる実体法と訴訟法」伊藤眞ほか編『経済社会と法の役割』（商事法務、2013年）1206-1210頁。
[90] 和田・前掲注87）203-207頁（「『明渡し』の可否と立退料額の決定という二種の争点が、後者が前者の条件となるという形で、同時的に決せられることになる。このように現行の処理枠組みは、択一型の『明渡し』可否の問題と、利益調整を目的とする立退料の決定という、性格的・次元的に異なる二種の問題を、不可分のものとして合体させた、いわば一体型処理枠組みと言うべきものなのである。」）。
[91] 山本実一「いわゆる移転料に就て」判時269号（1961年）5頁の「早期解決の利益」はこれに相当すると思われる。和田・前掲注87）277-279、282-283頁は、立退料算定基準が曖昧であることによって、かえって家主が明渡しを必要であればあるほど交渉で弱い立場となる現象を指摘する。

4　事業法における借家権の扱いの考察

(1)　権利変換手続における借家権の扱いの考察

　今回の区分所有法改正審議では、建替え決議成立により、正当事由制度を介さずに借家権を終了させ、借家人に補償金請求権を付与する規律の導入が検討されている。そこで、以上に見た従来の借家権の扱いを踏まえ、論点を明らかにしていきたい。

　まず、現行法上、借家人は建替え決議に対して何ら関与する機会がないのに、権利変換計画申請の段階になると突如として強力な同意権が与えられることが問題となっていた。ここから第一に改正の課題が浮かび上がるのは、区分所有法上建替え決議成立により借家権を終了させるという姿勢との整合性である。一見、この問題は、関係権利者の同意を必要とする円滑化法の規定を区分所有法改正に合わせて修正すれば済む小さな問題のように見える。しかし、根本的な問題として、2002年の円滑化法制定時に、批判が予想されるにもかかわらず関係権利者の同意権の規律を用意せざるを得なかった、建替え決議制度の性質理解そのものを考える必要があると思われる。というのも、区分所有法上の建替え決議から建替事業まで、一貫して私法上の合意調達を基礎に置く全員同意型事業として設計されていたのであり、借家権の終了を規定することはこの基本枠組み自体の変更を示唆することのようにも思われ、基本枠組みの変更がそれほど容易であるのか疑念を抱かせるからである。以上は、今回の改正が建替え決議の位置付け自体に変更を来すものであるのか、という論点として捉えられる。

　次に、補償の問題に目を移すと、ここではまず用対連基準の位置付けが問題となる。改正審議では補償請求権の規定を設け、そこで用対連基準を参照するかが問われているが[92]、この補償請求権を立退料の支払と連続的に捉える場合、立退料が無定型のものとして扱われてきたこととの関係が問われる。もちろん、借家人に適切な補償がされ、それが一定の基準に基づくことことは望ましいことではあろうが[93]、当然、その基準は事態に適合的でなければ

---

[92]　中間試案補足説明76-78頁、要綱案12頁。

ならない。そのように見ると、当事者間の交渉、調停、あるいは裁判官の裁量的判断にかからしめられ、さらに借家人に"占有"という強いカードがある駆け引きの結果にすぎない立退料と、明渡後に単なる金銭支払請求権として行使される補償請求権とは、本質的に同一のものなのか、疑いをもつところである[94]。仮に立退料と同質であれば、交渉や当事者間の諸般の事情を考慮した裁量的決定がされる契機を用意する必要があるだろうが、その場合に用対連基準は参考資料となるに留まる上、参考資料としてなぜ適切かも問われることになる。他方で、補償金を立退料から引き離し、迅速な手続進行に配慮して画一的に算定されること自体を目的とするなら、用対連基準は確かに参照に値する。しかし、用対連基準は、元々公共性ある事業のための収用の補償基準を明確化するものであって、それが憲法29条3項で求められる「正当な補償」を具体化するものだということを考えると、公共用地取得に伴う最低基準（ないしそれを若干上乗せしたもの）と考えられるが、これを私人である家主が行う支払の算定にまで及ぼす必然性があるのか、疑念を覚える[95]。市街地再開発事業であれば、認可を受けた施行者が補助金も含むその予算から補償として支払うことになり、統一の基準に従う要請が働くことに疑いは少ない。これに対し、今回の改正で考えられている補償は、いったんに建替え参加者が支払うとしても、あくまで最終的には賃貸人が償還を行う[96]。画一的な基準を用いれば実際に借家人に生じる損失に比して当然に過小または過当となる可能性が生じる[97]。私人である契約当事者間の利害調整

---

93) 阿部・前掲注65) 389頁は、借家権の補償は、対価補償を否定しつつ、基準に従った通損補償のみ行うべきと主張していた。
94) 第4回議事録23-24頁［吉政幹事発言］は、同様の発想に立つ懸念のように思われる。
95) 「公法上の損失補償は、適法な公権力の行使によって課せられる『特別の犠牲』（besonderes Opfer）に對し、これを調節し、全體の負擔に轉嫁するための技術的手段として認められる制度である」（田中二郎『行政上の損害賠償及び損失補償』〔酒井書店、1977年〕257頁）とすると、「全體の負擔に轉嫁」する前提が欠けていると思われる。あるいはまた、要対連基準自体は収用当事者の一方である起業者団体の私的な申合せにすぎないことからは（福井・前掲注(ヨ) 260頁）、それがなぜ個別の賃貸借契約関係の調整に適合するのか、ということも慎重に考える必要がある（同271-273頁参照）。
96) 中間試案13頁、要綱案12頁。第4回議事録6-7頁［紺野委員発言］も参照。
97) 例えば、補償項目は基準を参考にするとしても、その何割をどちらがもつのか、交渉・明渡しへの協力の度合、従前の賃貸期間での契約違反の責任、未払費用などを含めた算定を行うか、など私法上の調整には様々な要素が関わることが考えられる。

にすぎない補償の場面であえてそのような過不足を発生させることは、どのように正当化されるのだろうか。あるいは、一度でも建替え参加者が支払を行うことをもって、手続進行の迅速化のために統一基準が求められるという説明は考えられる[98]。しかし、それもなぜ、必ずしも円滑化法上の建替事業の利用を前提としない区分所有法上の決議をする段階で手続を迅速化しなければならないのか、手続の迅速化のために私法上の調整を後退させることはなぜ正当化されるか、という問いに応える必要が生じる（これに対し、建替事業の段階に進めば、長谷川2-6Ⅲ2(4)のスキームでの処理が考えられる）。そこで、一方では、補償金の支払は個別の相対交渉に委ねる趣旨で、あえて規定を置かないということも選択肢として十分に検討に値したと思われる。規定の仕方はともあれ、区分所有建物の賃貸借契約は、建替え時に当然に終了することを前提とした利害調整が図られる契約類型であって、契約関係に入る当事者はこのことを覚悟しておくべきである、との整理の仕方は考えられただろう。その上で、法定の明渡強制手続に必然的に伴う"鈍重さ"を梃子にして、事実上、早期の明渡しを実現するための立退料ないし補償金が支払われるという実務の展開は想像できる。他方で、本質的には、建替え決議制度自体がどれほど手続の安定を必要とし、私法上の一般的な枠組みに変更をもたらす制度なのか、ということが問われることになる。そちらの方向では、借家権を巻き込む権利変換手続の採用も理屈の上ではありうるように思われるが、それが現実的でないというのなら、上記のように賃貸借契約に一定の変容を迫る建替え決議制度の特異性が一層十分に明らかにされる必要が生じる。

　結局、建替え決議の位置付けが先決課題となるというのが本稿の見立てである。そこで、次に建替え決議制度そのものについて考えてみたい。

(2) 建替え決議の「公共性」?

　建替え決議を、区分所有者の限りでの純粋に私法上の意思決定と解するのが立法者の想定と思われる。基本的にそうだとして、なぜそのように考えら

---

[98] 建替え決議に対する非訟手続による認可制度を導入するならば（中間試案13頁参照）、建替計画の中に補償額を掲げ、その記載の適切さ、予算確保の度合などを審査項目として掲げることも考えられるだろう。

れるのか、もう少し立ち入って考えてみたい。

　まず、建替え決議が「区分所有者の限りで」法的拘束力をもつとする理解である。これは、区分所有者の意思決定であるから、区分所有者のみを拘束する法律行為になるということだと思われるが、事業法の段階に進むと、関係権利者には事業計画に意見書を提出する機会があり（円滑化法11条2項）、ここに借家人の主体的な参加の契機を見出し、借家人への法的拘束力を導くことも考えられそうである。そこで再開発法にも目を向けると、事業計画の他、権利変換計画に対しても関係権利者の意見書提出の機会がある（16条2項、53条2項、58条3項、4項、83条2項）。しかし、特に事業計画への意見書提出の意義については、提出期間の短さや、内容が固まってから提出機会が付与されることへの疑念が表されている他[99]、ドイツの社会計画制度との比較から、日本の再開発法にかかる行政実務では居住者に対する配慮があってもそれに制度上の透明性が確保されていないとの指摘[100]もある[101]。高度の公共性を基礎に広範な区域を対象とするとされる再開発法の手続ですら、当然には借家人を適切に処遇し計画に包摂できたと言えないとすれば、まして私法的な拘束力の問題となる建替事業ではさらに慎重な姿勢で手続保障のあり方を評価せざるを得ないだろう。

　次に、「純粋に私法上の意思決定」とする理解を見てみよう。ここには、私人である区分所有者の意思決定なのだから、区分所有者自身の利益のみが意思決定の対象であることが前提とされていると思われる。しかし、市街地再開発組合や土地区画整理組合など、いわゆる「公共組合」では、私人が意思決定を行いつつ、法が一定の公益的な決定・執行権限を付与した制度と見ることができる。そうだとすれば、建替え決議制度にそうした要素がないのか検討を要すると思われる。

　公共組合とは、国家から行政の担当者として認められた公法上の団体のことであるが、ある団体を公共組合とする性質決定については、一般には、①

---

99) 遠藤・前掲注38) 202頁、安本典夫「都市再開発法の構造」日本土地法学会『都市再開発・不動産取引と法』（有斐閣、1979年）26頁。
100) 大橋洋一『行政法学の構造的変革』（有斐閣、1996年）108頁。
101) 土地区画整理事業でも、借家人の利益を包摂しきれないことによる実務上の問題が指摘されている。岩見良太郎『土地区画整理の研究』（自治体研究社、1978年）214-217頁参照。

設立強制、②加入強制、③解散制限、④強制権限の行使が認められること、⑤国家の監督制度があること、が判断要素として挙げられる[102]。建替組合はこれらの要素を備えるということができそうであり[103]、そのため、建替組合の策定する事業計画、権利変換計画には組合員のみの利益に尽きない要素があると解する余地がある。これに対し、その前段階に位置する建替え決議を行う区分所有法3条の団体ないし管理組合法人がこれに当たるかは難しい。一方では、区分所有法3条の団体は当然に存在するとされ、管理組合法人は破産手続開始決定による解散が認められていない（区分所有法55条1項参照）[104]など、肯定的に見られる側面もある[105]。しかし、公共組合が強制権限の行使を認められることには、その事務の遂行が国家的関心の対象となっていることが前提であり、それならばその遂行に対する国家的関与が必要になる[106]。そうとすれば、①～③の要素を認めるだけでは十分でなく、区分所有関係は自生的に成立する私的関係であって④⑤に表れるような国家的関与がない以上、否定的に見ざるを得ないこととなる。

　以上の検討からは、従来の議論に従って観察する限り、建替え決議制度は、かなり根本的なところから変更しないと私法上の意思決定に留まるという位置付けは変わらず、借家権の終了を正当化する要素に欠けているということになりそうである。このような見地から今回の改正審議がどのように評価されるか、最後に考察をまとめたい。

---

102) 田中二郎『新版行政法中巻〔全訂第2版〕』（弘文堂、1976年）209-210頁、柳瀬良幹『行政法教科書〔再訂版〕』（有斐閣、1969年）66-67頁など。
103) 犬塚ほか・前掲注40) 22頁は、建替事業は行政事務ではないとして公共組合を否定する。
104) 濱崎・前掲注16) 327頁（「破産宣告を受けた場合であっても、区分所有建物が存在する限りは、法人の基礎たる三条の団体はなお存続し、かつ活動を続けなければならない」）。
105) 安本典夫「公共組合」雄川一郎ほか編『現代行政法大系第7巻』（有斐閣、1985年）292頁。ただし、同「まちづくりの担い手としての公共組合の可能性」小林武ほか編『「民」による行政』（法律文化社、2005年）188-192頁は、公共組合が必然的に無限責任を生じさせることに疑問を投げかけ、一定の限界設定が必要と主張する。
106) 松戸浩「公共組合と公権力の行使(1)」法雑60巻3 = 4号（2014年）1191-1194頁。野田・前掲注40) 210、213～215頁も参照。

Ⅳ　改正審議の評価

　補償金請求権の規定の評価についてはⅢ4(1)で述べたので、全体像に関わる点を中心に考察を述べたい。

　改正案は、建替え決議成立を契機とする借家権消滅を規定するが、その前提として、現行法上、借家人が建替えに対して妨害排除請求をすることができ、さらに存続保障制度によりその地位を消滅させられない、という理解があった。しかし、そのような状況想定は、実際に生じうることは否定できない反面、借家権が「常に」そのような内容を保障されているのかは疑わしい。妨害排除請求の成立にはそれを基礎付ける権利内容の具体的な判断を必要とし、存続保障制度も当事者双方の諸般の事情を総合的に考慮する性質から、常に建替えの事情が劣後するとは限らない。本質的な問題は、そのように借家権が「勝つこともあり、負けることもある」という私法の状況を、建替えの場面では「常に建替えが勝つ」ように"秤"を固定することの当否であると思われる。

　建替え決議制度が区分所有者の意思決定手段に留まる限り、何人集まろうと、区分所有者の集団が行う建替え行為は私人の行為にすぎない。借家権との間には私法上の調整問題が生じると考えざるを得ない。今回の改正では、建替え決議の改正も提案されており、従来通りの多数決割合と並んで客観的要件のもとで割合を引き下げたルートを設けることとされている[107]。ここには客観的要件が登場し、建物の危険性に配慮されたと見る余地もある。しかし、基本的には客観的要件を廃止した2002年改正の延長上に建替え要件を緩和するものと見ることになるだろう。すなわち、今回の改正が建替え決議の性質理解を大きく転換するものと見ることは困難であるようにも思われるのである[108]。このように、基本的には区分所有者の意思決定という観点で

---

[107] 要綱案11頁。
[108] この点、今回の改正で同じく提案されている解消決議制度（要綱案12-15頁）の方が、本来、円滑化法で要除却認定制度ありきで考想されてきた制度なだけに、区分所有法で借家権の当然消滅を規定することは（同14頁）、一層深刻かもしれない。本稿では立ち入った検討ができなかったが、疑念があることを留めておきたい。

設計された建替え決議制度に、私法上の調整問題から離れる契機を見出すことはできるのだろうか。

　この点、Ⅱ4で論じたように、建替え決議制度を取り巻く環境の変化と、関連法である円滑化法の充実により、法制上の評価の変遷が生じたと見る余地があると思われる。すなわち、今日、老朽化マンションの増加が社会問題化し、今後、人口動態に鑑みても深刻化の一途をたどることが予想される。既に円滑化法では敷地売却決議の新設・拡充の他、団地分割決議制度の新設など、マンションの解体や再生に向けた制度整備が進められてきている。建替え決議制度も、1983年に新設された当時の"暗星"的な地位から相当に変遷しており、人口減少社会の中で都市再生を担う一手段として見直しを図る必要が生じているのではないかと思われる。

　このような発想は、建替え決議制度の当事者である区分所有者や借家人を、いきなり閉じられた私法の世界から引っ張り出し、都市再生の責務を不当に押し着せるもののように映じるかもしれない。しかし、既に現在の都市法学では、地域空間管理に権利者集団を参画させ、さらには管理を委ねまでする実例を多く有している[109]。区分所有者の団体をそのような取り組みや関心から隔絶された私人の集団に押し留めておくことは、都市空間の中に閉鎖的な"私的政府"[110]を創り出す点で、かえって有害でさえあるように思われる。ドグマ的な公法私法二元論に従った観察に安住することは今日の法状況ではもはや許されず、マンションが都市空間の一画を占める現実を直視し、関係権利者にもそれに伴う責務があることを意識した法整備が必要と思われる（吉原1-2参照）。

109）角松生史「空間利用の公‐私境界」同ほか編『縮小社会における法的空間』（日本評論社、2022年）35-45頁、原田大樹『公共紛争解決の基礎理論』（弘文堂、2021年）376-378頁など。
110）エヴァン・マッケンジー〔竹井隆人ほか訳〕『プライベートピア』（世界思想社、2003年）第6章、特に209-219頁参照。また、同231頁（「私と公の区別が非常にはっきりしており、また、私的領域に付随する保護が完全であると思われている国において、デベロッパー、あるいはその後の理事会がもつ不動産の権利が人々の権利をのみこみ、公的政府がその傍観者として取り残されているという私的政府のアメリカ特有の形態もまた見出されることは、たぶん偶然の一致ではない。」）。

第 4 章
行政訴訟法から見たマンション建替え事業の安定性

堀澤明生

I　はじめに

　マンションに関する法制度の中心となるのは、もちろん区分所有法である。同法は、マンションの平時における区分所有者の権利やその関係を規律する規定だけでなく、危機時に対応する復旧や建替えに関する規定も存在している[1]。これらの規定は区分所有者を中心とした民事的な手法で完結していた。しかし、マンションをめぐる状況の変化とともに、行政介入の必要性が認識されるようになった。区分所有法だけでは建替え決議後の権利関係の不透明さが仇となって建て替えがスムーズに進まないと認識されることにより、円滑化法が制定された。また、出口としての建替えや敷地売却、リノベーションなどを見据えた平時における管理を実効的なものとするためには、行政による監督が必要となる。近年、適正化法の改正により、行政がマンション管理の伴走者としての位置づけが与えられている。こうして、「マンション公法」[2]の領域の重要性は増している。

　ところが、残念ながら筆者が属するところの行政法学において、区分所有法を中心とするマンション法体系のうちにある公法部分を参照領域[3]とする機運は現在のところ十分なものではない[4]。他方で、円滑化法導入の経緯

---

[1] 「平時」と「危機時」の用語法については、吉原1-2、42頁を参照。
[2] 丸山英氣『区分所有法〔第2版〕』（信山社、2023年）、24頁は、こうした状況の淵源を、昭和37年立法当時の区分所有法の理念と、その後の区分所有の現実との乖離に求め、後者に対応するものとして国交省やマンション公法が立つという見取り図を描く。とはいえ、区分所有法自体も数度の改正により現実に対応しようとしてきたのであり、目下の区分所有法改正の議論も現実への対応としてどの程度奏功するかという観点から検証されることになるであろう。
[3] 参照領域については、原田大樹『行政法学と主要参照領域』（東京大学出版会、2015年）1頁。

からは、行政の介入により手続が安定化する、という理解がマンション業界関係者に広まっていると思われる。確かに、後で見るように、行政法は種々の制度により、法関係を安定させようとする。しかし、行政法学は、利益侵害の現実的可能性が生じている場合には、そこに争訟可能性を確保しようとする。このため、必ずしも決議後の手続の安定性に資するわけではない議論をも行うことになる。

　以下では、マンション建替えを主な題材にして、事例を想定し、その事例のもとで起きうる紛争に対して行政法学、特に行政訴訟法の観点から現行の円滑化法の安定性を検証することで、マンション公法にささやかながら貢献したい[5]。福井秀夫はすでに現行法におけるマンションの建替え・敷地売却の体系は民事法たる区分所有法に円滑化法を接ぎ木しているため、民事法側の方で安定性が害される事情が生じると円滑化法側は存外脆いことについて警鐘を鳴らしていた[6]。これに屋上屋を架すようであるが、具体的にどうしてそうなるかについて示すことにも意味があるであろう。こうして見てとれた安定性の綻びへの対処の方向性についても考えてみたい。以下では、建替え事業を中心に扱うが、基本的な論点は特定要除却認定を経た敷地売却決議を前提に行われる敷地売却事業にも共通すると思われる。

［付記］本稿は初出においてはマンション法研究者・弁護士らのみならず、様々な立場からマンションに関係する人々に読まれるべき「マンション学」に掲載した。このため、以下では前掲注5）において断っているように、行政法学においては基礎的とされる部分の知識も適宜補いながら議論している。この点につきご理解をいただきたい。

4）福井秀夫による正面からマンション関係の法の合理性の向上を求める一連の業績はこの状況にあっての孤峰と言ってよいであろう。また、北村喜宣による地方自治法・空家法からのアプローチも重要である。
5）以下では行政法学においては基礎的とされる部分の知識も適宜補いながら議論している。
6）福井秀夫「マンション建替え・管理の法と経済分析」自治研究84巻12号（2008年）35頁。

Ⅱ　マンション建替えをめぐる紛争と行政法

1　手続の流れと検討設例

　さて、行政法的手法を定めた円滑化法を用いたマンション建替えにおいても、建替手続において建替決議という、私法上の行為の意味は極めて大きい。このことを確認しつつ、円滑化法を用いた建替事業の流れを概観しておこう。また、それぞれの手続で何を参照しつつ何を確定させていくのかということも本稿の目的である手続の安定性の検証からは意義を有するため、ややしつこいが、下位法令も含めて確認しておく[7]。

⓪　マンション建替えに必須の手続ではないが、マンションが老朽化しているだけでなく、耐震性不足などの状態の場合には、円滑化法102条の定める要除却認定を管理者等が特定行政庁に申請することが考えられる。特定行政庁は、申請されたマンションが同条2項各号の要件（耐震性不足、防火性能不足、外壁剥落、水道不良、バリアフリー不適合）に該当すると認めるときは、その旨の認定をする。要除却認定の申請は、管理行為とされており[8]、特定行政庁に対しても集会の議事録の写しを必要とする（円滑化法施行規則49条1項一号）。要除却認定の効果として、円滑化法105条に基づく容積率特例許可の申請ができるようになり、また耐震性不足、防火性能不足、外壁剥落を理由とする要除却認定の場合には、円滑化法106条以下の敷地売却事業の対象となることも効果として挙げられる。

　要除却認定の申請がどのタイミングでなされるかは制度上は明らかではないが、施行再建マンションの規模が建替えの採算性にとって重要な意味を持つ[9]以上は、容積率特例制度を利用して建替えを行おうとするならば建替

---

[7]　以下の記述にあたっては、主にマンション建替法研究会編著『マンション建替法の解説〔改訂〕』（大成出版社、2015年）、鎌野邦樹『マンション法案内〔第2版〕』（勁草書房、2017年）235頁以下及び井上治『不動産再開発の法務〔第2版〕』（商事法務、2019年）198頁以下を参照した。

[8]　マンション建替法研究会編・前掲注7）202頁参照。

え決議前に申請しておくのが通常であろう。容積率特例許可も同様と考えられる。

① 続いて、マンション建替決議を行うこととなる。この決議が行われる集会の少なくとも２カ月以上前には、決議の招集通知がなされる必要がある（区分所有法62条4項）。招集通知記載事項は法定されており、また通知事項に関する説明会の開催を行わなければならない（同法62条6項）。このように、集会決議の事前の周知について、手厚い手続が保障されている[10]。この手続違反は、重大なものであれば、決議無効を導きうるものとされる[11]。

この決議で定めるべき事項としては
㋐ 再建建物の設計の概要（同法62条2項一号）
㋑ 建物の取り壊し及び新マンションの建築に要する費用の概算額（同二号）
㋒ 建て替え費用の分担（同三号）
㋓ 再建建物の区分所有権の帰属に関する事項（同四号）

となる。決議事項について決議で定められなかった場合に無効とされた事例がある[12]。また、決議の成立要件については、区分所有者及び議決権についてそれぞれ現行法上は5分の4以上が必要とされている。

② この後、区分所有法63条に基づき、①の建替え決議に賛成しなかった者らに対して、①の決議の招集を行った者らが建替えに参加するか否かの催告を行う。この催告に対して賛成をした場合には、決議賛成者とともに、建替え合意者（64条）となる。この建替え合意者らは、マンション管理組合とは異なる団体を形成することになり[13]、建替組合の設立に向けての準備を行う。

---

9) このことは特に参加組合員となるデベロッパーにとってそうであるとされる（佐藤元弁護士の指摘に負う）。
10) 手続の整備は、「過分の費用」要件の削除と引き換えに行われ、建替え決議の合理性を担保するためのものである（吉田徹編著『一問一答 改正マンション法』〔商事法務、2003年〕76頁）。
11) 吉田編・前掲注10）82頁。なお、決議段階では具体的に定めることが困難で、決議後に調整することが合理的な事項もあるであろう。このような場合には、決議無効とするにあたらない。東京高判平成25・3・14LEX/DB文献番号25445938。
12) 東京高判平成19・9・12判タ1268号186頁。

③　こうして円滑化法の定める手続に入る。②において形成された建替え合意者らの団体のうち5人以上が共同して、定款及び事業計画を定め、組合の設立について建替え合意者の頭数及び議決権の4分の3以上の同意を得たうえで、都道府県知事等にマンション建替組合設立認可を申請することが出来る。この申請においては、添付書類として、認可を申請する者らが建替え合意者であることを証明する書面、建替え決議についての内容を記載した書類等を提出することとなる（円滑化法施行規則3条1項第一号、第二号）。事業計画は建替え決議の内容に適合したものでなければならない（円滑化法10条2項）。この事業計画については認可申請後、公衆に縦覧する（同法11条1項）。またこれに対して借家権などの権利者は意見書を提出することができる（同法11条2項）。

　この認可の要件は、申請手続が法令に違反していないことや、事業計画の決定手続や内容が法令に違反していないことなどがあげられる（同法12条各号）。事業計画が適合するべき法令の代表的なものとして、建替え決議の内容に合致していること（同法10条2項）がある。

　こうして、設立認可の効果として、建替組合の法人格（同法6条1項）が付与され、施行マンションや敷地についての権利を組合が取得して事業を行うことが出来るようになる。

④　この認可後、権利変換手続開始の登記（円滑化法55条1項）をし、権利変換計画を定める。この際には、権利変換計画の原案について建替組合員以外の施行マンション及び敷地についての権利者の同意（同法57条2項。特に借家権者の同意が必須となるのは周知のとおりである[14]）を得たうえ、建替え組合において権利変換計画の総会決議（同法57条2項柱書）を得る。こうして定められた権利変換計画について、都道府県知事等の認可（同法57条1項）を得る。

13）鎌野・前掲注7）261頁。そうすると、この建替え合意者らがどのような団体であり、どのような定款を持つのか、また建替え合意者の団体がした契約について建替え組合に引き継がせる方法（会社法における会社の設立に関する規定に相当するもの）などについて、本来は円滑化法において位置づけを与えるべきと思われる。

14）これへの対処についての区分所有法改正論議も含め、吉原知志「区分所有法上の建替えと借家権の調整」大阪公立大学法学雑誌70巻2号（2023年）275頁を参照。

権利変換計画の認可の要件（法65条各号）としては、申請手続又は権利変換計画の決定手続若しくは内容が法令に違反するものでないことや、建替え決議の内容に反していないことなどがあり、ここでも建替え決議が参照先とされる。

　権利変換計画の認可がなされると、公告をしたうえで関係権利者に対して通知がなされ、これは処分であるとされる（同法68条2項）。権利変換期日の到来により、権利変換が生じ、施行マンションについての区分所有権を建替組合が取得する。

⑤　権利変換後も出て行かない住民らに対しては明渡し請求を行う（法80条1項）。その後、再建マンションの建築工事を行い、建築工事の完了公告によって、建替えに参加した組合員らは権利を取得する。

　以上のように、段階を踏みながら、基本的に区分所有者らのイニシアティブで建替えを進めていき、その要所において、行政による認可が行われるという仕組みになっていると言える。しかも、組合の設立に瑕疵がある場合にも、行政は組合の設立を権利変換期日以前にしか取り消すことが出来ない（法98条4項）。このことや、上に見た各手続段階で認可前に意見書を提出する機会を確保するなどして、各段階の安定化を一定程度図ろうとしている。このような過程を前提として、以下のようなケースを想定する。

> 　招集通知が1週間前であったとか、事前の説明会も開かれていないなど、建替え決議に違法な点が存在していた。しかし、円滑化法上の手続が進んでいき、組合設立認可や権利変換計画の認可及びそれに基づく権利変換通知がなされている。また、建替え決議の前になされた容積率特例許可にも違法な点が存在していたが、この容積率特例によって認められた容積率でなければ建替え事業の採算性がない。
> 　この状況で、区分所有者の一人が建替え決議無効確認訴訟を提起した。また、借家人や周辺住民も出訴を検討している。

このとき、何が起きうるであろうか。また、容積率特例許可について、周辺住民が違法であると考えて、その後の再建マンションの建築確認を争うとどうなるか。円滑化法が想定している手続の分節化構造による安定化は、こうしたに訴訟にもなお耐えうるものであろうか。

2　前提となる行訴法上の概念と制度

　上記の事例について行政法上どのようなことが起きるかを検討する前に、行政事件訴訟法の基礎概念について手短に説明をしておく必要がある。

(ｱ)　行政処分と取消訴訟制度

　上記の手続中において、建替組合設立認可や、権利変換計画認可[15]や権利変換通知[16]などは、行政処分として定められている。上に見たように、これらは一定の要件を法律上定め、その要件に該当する事実があると行政が判断する場合に、行政が一定の人や物に対して法律上の効果を与えている。行政処分は「～なときは、……することができる」とか「～なときは、……

---

[15] 円滑化法が参考にしたところの都市再開発法についての逐条解説は、「権利変換手続のように一連の多くの段階が積み重ねられる手続については、その中途のあらゆる段階で不服申立て及び訴えの提起の機会を与えることは必要でなく、特定の個人に向けられた具体的な処分がされる段階において初めて不服申立て及び訴えの提起を認め、それまでの段階にいては処分を行う前に関係者に意見書を提出する機会を与え、その意見書の意見を公正に処理するという方法が妥当である」という理解をしている（都市再開発法制研究会『逐条解説　都市再開発法解説〔改訂8版〕』（大成出版社、2019年）465頁）。「権利変換計画について、この後の権利変換通知が処分とされている（注16も参照）のだから、権利変換計画認可の取消訴訟対象性を認めなくてもよいのではないか」という記述であるとも読める。行政過程における手続保障に基づき、紛争リスクをなるべく抑えるという発想自体は極めて健全であるが、認可申請における組合の申請者としての権利を保障するためにも、取消訴訟対象性を肯定するべきであろう。あくまで当該記述は「特定の個人に向けられた具体的な処分としては」本条の規定による通知が最初の処分である、というにとどまり、組合が権利変換計画認可取消訴訟を提起することは可能であると考えるべきであろう。なお、最二決平成31・2・8LEX/DB文献番号25562867は、不認可処分取消訴訟の本案判断をした下級審判決に対する上告受理申立てを不受理としている。

[16] 犬塚浩＝住本靖『新マンション建替え法　逐条解説・実務事例』（商事法務、2015年）113頁は権利変換に関する処分という円滑化法68条2項の規定の注解として、「権利の変換は『処分』という名称は使用していますが、公権力の行使ではありません」としている。これはおそらく、円滑化法上の建替組合が私人であると理解したうえで、「公権力の行使」をしていないとの趣旨と思われる。しかし、行政事件訴訟法にいう「公権力の行使」＝行政処分は、法律上、権力的に個別的な法変動をもたらす権限が授権されていれば、当該機関が行政主体に属しているか否かは問題とならない（北島周作『行政上の主体と行政法』（弘文堂、2018年）19頁参照）。

しなければならない」といった条件文で書かれるのが通常である。条件部分に来る要件を満たさない場合には、その行政処分を行う根拠を欠くことになるので、当該行政処分は違法となる。この「行政処分が違法である」ということが正確には何を意味するのかは行政法において重要な問題である。

ある行政の行為が、行政処分であるとされるということの重大な帰結として、それは取消訴訟制度の適用を受けるということがある。違法と考えられる行政処分に対して私人は、行政事件訴訟法3条2項の取消訴訟を用いることで当該行政処分を取り消し、その行政処分の存在によって発生した法効果を覆滅させることができる（このほかに、行政処分をした行政庁自身が誤りを認めた場合や、行政不服審査法による審査請求などにより上級行政庁が取り消すべきと判断した場合にも、取り消すことができる）。

このことと密接に関連することとして、行政法学においては、「違法な行政処分であっても、取り消すことのできる権限ある機関によって取り消されるまでは、行政処分はその効果を否定されない」というルール[17]が存在しているとされる（この表現においては違法と、有効／無効とが区別されていることに注意されたい）。このようなルールを、行政処分の効果として「公定力」がある、と説明することもある。典型的な現象として、取り消されていない行政処分を前提とする別の訴訟で、「当該行政処分が違法であり、それゆえその法効果はないものとして扱われる」ということを主張したとしても、それだけではその主張は排斥されることとなる。例えば、建替えに参加しなかった区分所有者に対して、建替組合が売渡請求（法15条1項）を行って民事訴訟となった場合に、被告区分所有者が「マンション建替組合の設立認可は違法である。そのため、原告自体が法人として成立していない」などと主張したとしても、この主張は「それを言いたいならば設立認可の取消訴訟の勝訴判決を受け取るなどの手段をとるべきである。取り消されていない現段階で

---

17) 塩野宏『行政法Ⅰ〔第6版〕』（有斐閣、2015年）160頁。興津征雄『行政法Ⅰ』（新世社、2023年）589頁以下及び同「〈行政処分は取り消されるまで有効〉の意味──公定力概念無用論」行政法研究47巻（2022年）125頁では、従来「公定力」という法律上規定されていない概念を導入して説明されていたこの命題を、公定力概念を用いなくとも、行政処分の存在自体を単一要件とする行政実体法の構造自体から導かれるものとして説明している。但し、以下では、一般的見解を意識して議論する。

は、建替え組合で存在していることを前提に判断する」と裁判所に指摘され、被告は（ほかに適切な反論ができないならば）敗訴することになる。

現在の学説においては、公定力は行政処分に本質的に備わった性質ではない、と説明している[18]（この観点から、以後は公定力の語を用いない）。すなわち、訴訟によって違法な行政処分の効力を取り消すには、その処分の取消訴訟を用いなければならないという、行政事件訴訟法における立法政策（「取消訴訟の排他的管轄」）の反射的効果により生じている現象であると説明する。行政事件訴訟法が明示的に取消訴訟の利用強制を書いているというわけではないが、取消訴訟の排他的管轄は行政法関係を安定させるための基本ルールとして通用している[19]。そして、取消訴訟の出訴期間制限（行訴法14条）により、期間制限を過ぎた処分の効力は原則として私人側から否定することが出来なくなる（不可争性）、ということにより、行政処分は私人の法律行為に比して、安定性において大きな特権を有することとなる[20]。

こうして、マンション法において行政法的手法を用いる円滑化法の存在は、法的安定性をもたらす契機を持つ。

(2) 行政処分の違法と無効

しかし、取消訴訟の排他的管轄はこうした行政法関係の安定という要請に基づくものであるから、安定性が当初から失われており、そのような要請を私人に対して受忍させるのが酷である場合には、この要請を押し通すことはできない。こうして、行政処分の違法がはなはだしいものである場合には、実体法上当然無効であり、取消訴訟によらずとも無効を主張できる、という取り扱いとなる。このような無効に関しては、最三判昭和34・9・22民集13

---

18) 塩野宏・前掲注17) 160頁。
19) 法解釈としては、行訴法3条2項が取消訴訟制度を用意しているのは処分を直接に攻撃するのはこの訴訟類型だけであるという趣旨と読み取ることになる。実質的理由としては、行政法関係に関する紛争解決の画一性の保障（行訴法32条など）、被告が行政主体になる（行訴法11条）ことを確保して、行政庁に処分の理由について説明する責任を負わせられること、処分による法関係を争うよりも訴訟対象が明確であること、出訴期間制限（行訴法14条）などの他の制度と合わせることで法律関係を早期に安定させられることなどがあげられる。興津・前掲注17) 591頁。
20) 塩野・前掲注17)（2023年）178頁。

巻11号1426頁により、「無効原因となる重大・明白な違法とは、処分要件の存在を肯定する処分庁の認定に重大・明白な誤認があると認められる場合を指す」という原則（重大明白性基準）が確立した。この例外として主として租税法分野で、最一判昭和48・4・26民集27巻3号629頁及びねずみ講事件・最三判平成16・7・13判時1874号58頁などにより、第三者の信頼が問題とならない事案における例外的基準として、①当該処分における内容上の過誤が処分要件の根幹についてのそれであること、②行政過程の安定の要請を斟酌してもなお、不服申立期間の徒過による不可争的効果の発生を理由として被処分者に処分による不利益を甘受させることが著しく不当と認められるような例外的な事情がある場合には、明白性の要件を問うことなく無効となる（例外的事情基準）としている。両基準は結局のところ、第三者の信頼を含めた公益を保護する行政法関係の安定と、その処分の無効を主張する者の権利利益の救済とを比較衡量していると考えられている[21]。

(3) 設立の前提となる決議の瑕疵——私人の公法行為の欠缺

このようなことを前提に、想定事案を考えてみる。設立の前提となる決議の無効判決が確定すると、まずは組合設立認可や権利変換計画認可が整合するべき建替え決議による決定事項が無効となるので、まずはこの観点から手続の安定性が害される。これに加えて、円滑化法の根本的部分にかかわる安定性の阻害事情として、区分所有法64条によって存在しているはずの建替え合意者の団体が存在しないということになる。

すると、申請者らは、「建替え合意者」としての申請資格を欠いていたことになるし、設立認可が想定している建替え合意者の団体がいない以上は、申請意思が欠缺していたともいえる。いずれにせよ、組合設立認可において想定している、私人側のイニシアティブに基づいて以後の建替え事業を行うという制度設計の前提[22]が崩れることになる。このような、私人側の申請を待って初めて行政が行政処分を行うといういわゆる申請制度について、私

---

[21] 興津・前掲注17）（2023年）600頁及び深澤隆一郎「判批」法学論叢159巻4号（2006年）107頁。

人側の申請意思に問題が生じているという事態について伝統的な行政法学は基本的に重大な違法と評価していたのではないかと思われる。

　すなわち、田中二郎は行政行為論の中でかつて「私人の公法行為」の欠缺の問題を論じた。申請制度においては私人が公法関係を形成するための行為を行っている。彼は、私人の公法行為が行政庁の行為に対していかなる関係に立つか、そしてその欠缺の程度がどの程度の問題であるかによって、行政庁の行為の帰趨を判断するべきとしている。二つの場合に分けられ、(1)私人の公法行為が単に行政庁の行政処分の動機であるにとどまり、その前提要件でない場合には、私人の公法行為の欠缺は、その重大性を問わず、行政処分の違法性・効力に何の影響もない。他方で、(2)私人の公法行為が行政庁の処分の前提条件となる場合には、私人の公法行為の欠缺が行政庁の処分に瑕疵を与え、特に私人の公法行為が全く存在しないとき又は絶対無効とされるべきときには、行政庁の処分は前提を欠く行為であるとして、存立の基礎が失われるので、原則として無効となると考えるべきである、としている[23]。

　都市法（例えば土地区画整理法や都市再開発法）における各種事業においてもこの議論は適用しうる。これらの法律における事業において組合施行の場合、当初の組合の設立にあたって、認可処分を行う。そしてこの行政処分によって設立された組合の行為として以後の手続が進んでいく。この場合に組合の設立行為自体は私人らのイニシアティブで行われるものであって、行政庁による認可は補充的である。本質的な部分として想定される私人の設立行為のうち、定款や事業計画についての所有権者らの同意を欠くことは重大な瑕疵とされることになる[24]。円滑化法でも、設立認可の前提となる建替え決議の無効及びそれにより帰結する申請意思の欠缺や建替え合意者としての地位の喪失は、制度の根幹をなす重大な違法となると考えられる。これが組合の設

---

22) 土地区画整理組合に関する仲野武志「法治国原理と公法学の課題」（弘文堂、2018年）109頁において、「設立を目指してほかの地権者の同意を取りまとめようとする者の意思自体は、内発的なものでなければならないとされている。つまり、そのような者が現れないにもかかわらず、組合が強制的に設立されることはない」という記述も参照。

23) 田中二郎『行政行為論』（有斐閣、1954年）331頁。この論点に関して近年、行政法学説を振り返った原田大樹「行政行為論と行為形式論」法学教室442号（2017年）74頁では、現状もこの時点での整理から発展していないとしている。

24) 下出義明編『土地区画整理法50講〔第2版〕』（有斐閣、1982年）91頁〔辰巳和男〕。

立認可無効まで導かれてしまうとすると、その後の権利変換通知等の行政処分が、取消訴訟の排他的管轄にも、出訴期間制限にも服することなく無効となるということになってしまう[25]。行政処分の無効が先に見たように、行政処分関係の安定を害しても当事者を救うべきかどうかという問題であったとするならば、どのような違法事由であるのかと、無効主張者が誰であるかは重要な考慮要素となる。さしあたって組合設立認可については、建替え決議自体の瑕疵に起因する違法事由の重大性は高いのではないか[26]。この場合、区分所有権帰属自体に疑義があるのに対して、その他の場合には区分所有権に変動が生じるのは区分所有者間で一応合意しているためである。

しかし、これだけでは、「重大明白基準」を満たすわけではない[27]。私人の公法行為論が主として想定してきた事例は、公務員の辞職届や、国籍離脱届出（最大判昭和32・7・20民集11巻7号1314頁）のような、第三者保護を想定する必要がない事案、納税申告のような特殊な考慮が働く事案であり、例外的事情基準の背後にある考慮が当てはまりやすいものであった[28]。このため同論点と行政処分の無効の判断基準との関係が曖昧なように思われる。

しかしいずれにせよ、私人の公法行為論からは、建替え決議の違法が設立認可にとって重大な違法と関連するものであることは確認できた。このような場合に、重大明白説における明白性要件や、例外的事情基準はどのように判断されるだろうか。

行政処分当然無効は課税処分の分野がリードしてきたが、近時の［ねずみ講事件］をもとに考えてみよう。この事案は、無限連鎖講を運営してきた被相続人Ａが税務対策のために創設した研究所Ｂが税を納付してきたところ、

---

25) 仮換地指定無効確認請求事件・最三判昭和60年12月17日民集39巻8号1821頁。
26) 角松生史「都市空間形成における行政訴訟の役割」行政法研究49巻（2023年）220頁の言うように、争訟制度発動のタイミングとして、所有権の喪失が確実になるタイミングで処分性が認められ、内容の変動はその段階ではまだ処分性を認めないというのが、救済の必要性をめぐる最高裁のメルクマールであるとすれば、実体法上の重要性にも一定程度影響を与えうると考えられる。
27) 申請制度を前提に議論する場合には、私人の公法行為の欠缺は重大なものと位置づけざるを得ないため、重大明白性基準における明白性部分で調整せざるを得なかったことは、南博方「私人の公法行為の観念と適用法理」民商法雑誌42巻4号（1960年）75頁のそのような調整に批判的な記述からも読み取れる。
28) 南・前掲注27）75頁。

各年度の納付額について過少申告を理由にした更正処分を受けた。相続財産の破産管財人Xが、これはBが誤って法人格なき社団の要件を具備すると判断したうえでの処分を行ったものであると主張し、更正処分の無効を主張した。判旨は、明白性要件を検討するにあたって、「外形的事実に着目する限り」において、団体としての「主要な点が確定しているように見える」のであって、要件を具備していると判断したことについて「それなりの合理的な理由」があるため、明白性要件を満たさないとしている。そのうえで、仮に「課税処分の根幹についての過誤があるとしても」、こうした高額の税金逃れをするためにBを設立したという経緯から、Aに対して例外的な事情が認められるわけではないとした。この判旨は、被処分者の要保護性が低い事案については、重大明白性要件のいずれかで決着をつけ、ダメ押しで要保護性の低さについて例外的事情基準についても補足するという利益衡量の構造を如実に示している。

　このうえで、マンション建替組合設立認可の無効主張は、原告の要保護性が低く、先に見たねずみ講事件のように明白性要件をあっさりと判断してもらえるのであれば、法令上、都道府県知事等が設立認可の際に受け取るべき書類において、建替決議の議事録や議案書、区分所有者らの同意書面などから、一応平穏無事に建替決議が行われ、これに基づいて建替え合意者の団体が成立していると判断することについて「それなりの合理的な理由」があると判断することも可能かもしれない[29]。他方で、建替えに反対して組合設立認可の無効を主張している区分所有者のことを、裁判所が自身の住まいに関する問題であり、原告の生活に深刻な支障が生じる場合である[30]などの事情があると評価してしまう場合には、例外的事情が認められると考える可能性もある。ただし、建替事業は関係者が多く、法律自体も上に見たようにそ

---

29) 新井隆一『行政法における私人の行為の理論』(成文堂、1973年) 193頁は、このような状況について、「行政法における私人の行為の存在を前提要件とする行政行為が、当該行政法における私人の行為の無効に因って無効であるとされるその無効原因たる瑕疵は、いうまでもなく、当該行政法における私人の行為の無効それ自体の存在にほかならないから、当該行政法における私人の行為の無効が肯認されているところでは、行政法における私人の行為の無効それ自体は明白」であると述べる。しかし、問題は私人の行為の無効が肯認されるのは行政処分時までではないであろうということであり、やはり常に明白であるとは言えないと思われる。
30) 深澤・前掲注21) 111頁。

れぞれの手続において組合員以外も含めた手厚い手続を置いていることからすれば、行政過程自体の保護の必要性も高い。

なんとも煮え切らない検討となってしまったが、行政法関係の安定を損ねかねないような無効事由を導きかねない私法との連結性が、制度上そもそもビルドインされているということについては確認できたと思われる。

(4) 違法性の承継

更に、建替え決議が無効というわけではなく、このような重大（かつ明白）な違法が認められない場合でも、行政法関係の安定性と緊張関係に立つ法理が存在する。それが違法性の承継である。違法性の承継とは、「先行する行政処分Aと後行する行政処分Bにおいて、法律上の結びつきが存在している場合に、後行する処分Bそれ自体について瑕疵がない場合であっても、先行する処分Aが違法であることを理由に、後行する処分Bも違法である」ことをもたらすという問題である。本稿においては、建替組合設立認可における何らかの違法が、権利変換に関する処分（権利変換通知）の取消訴訟に何か意味を持ちうるか、ということや、容積率特例認可が建築確認等に意味を用いうるかという問題となる。

注意するべきは、これはAが行政処分であるときにのみ問題になるのであって、Aが建替え決議のような取消訴訟の排他的管轄に服していない場合には、問題になる議論ではない。違法性の承継が問題になるのは、出訴期間内の処分Bが取り消されさえすれば、出訴期間を徒過した処分Aに不満のある私人の目的達成が可能であるという場合（処分Bが処分Aの執行にあたる場合など）に、処分Aの安定性を目指した出訴期間制限や取消訴訟の排他的管轄などの制度を潜脱するのではないか、という懸念が問題とされるのは、行政処分間関係のみにおいてであるからである[31]。

行政処分を取り消してその有効性を否定するにはその処分についての取消訴訟を強制されるという取消訴訟の排他的管轄と、この違法性の承継という問題は、本来は別の問題である。処分Bの取消訴訟で処分Bを取り消すとき

---

31) 鵜澤剛「確認的行政行為の性質と違法性の承継」金沢法学62巻1号（2019年）4-5頁。

に先行する処分Aの違法性がどのような意味を持ちうるか、というものであるので、処分Aの効力を否定していないからである。しかし、行政過程において取消訴訟の出訴期間制限の趣旨をどれほどの強度で及ぼし、どの程度処分に関係する不利益から私人を救うかという問題として、取消訴訟の排他的管轄の例外の問題であった行政処分の無効と通底する[32]。

この論点は、近年、たぬきの森事件（最一判平成21・12・17民集63巻10号2631頁）という最高裁の重要判決が出たために、行政法において活発に議論されている。最高裁の判旨においては、①実体法的観点：先行処分と後行処分との同一目的性・結合して初めてその効果を発揮すること、②手続的観点：先行処分の適否を争うための手続保障が不十分であること、後行処分段階で争訟を提起する原告の判断に不合理な点がないこと等が考慮されている。ただし、これらの要素がそれぞれ必須のものなのかどうかについて、見解が分かれている。

これらの要素は、山本隆司によれば、以下のように整理される。

「①マクロの行政手続ないし行政過程の分節度と、②ミクロの権利保護手続の保障度という枠組みにより判断すべきである。すなわち、①先行行為と後行行為が内容上又は手続上明確に区別され、先行行為の違法を是正する手続をもっぱら先行行為の段階に組み込むことが強い合理性を持ち、逆に先行行為の違法を後行行為の段階で是正する手続きをとることが、行政過程ないし行政手続の全体に著しい混乱をもたらす場合で、かつ、②先行行為の段階で、後行行為により現実化する権利利益侵害の程度に見合うだけの手続保障がなされ、先行行為をその段階で争うことを関係者に強いうるほど十分に実効的な権利保護手続が整備されている場合に、違法性の承継が否定されるのではないか[33]」

このような観点からは、Ⅱ1で見た建替事業における各段階での関係者らの意見提出機会保障や同意取得など円滑化法は手続保障をしようとする意図が読み取れるものの、これが区分所有権やその他の権利を奪う手続として十分なものなのか、十分な手続保障がなされているかが検討対象となる。また、

---

32) 山本隆司『判例から探究する行政法』（有斐閣、2012年）186頁。
33) 山本・前掲注32) 183頁及び407頁。

その際には、建替組合構成員、施行マンションに関係する借家権等の権利者、周辺住民（彼らが原告適格を有するかはのちに検討する）のそれぞれについて、各段階で手続保障のレベルが異なることにも注意がなされる必要がある。

他方で、容積率特例許可（法105条）については、建築基準法 6 条 1 項の建築基準関係規定としての同法52条の特例となる部分の先出しであり、しかも周辺に対する公告がなされるわけでもない。周辺住民は場合によっては組合設立認可時の公告において設計の概要を知りうる（円滑化法14条 1 項）が、これは容積率特例許可自体の取消訴訟判断に思い至らせるものではない。たぬきの森事件同様に、建築確認段階での取消訴訟において容積率特例許可を争う可能性は留保されていると考えるべきだろうと思われる[34]。

Ⅲ　周辺住民の紛争タイミング

1　各事業法における周辺住民の原告適格

　上記の検討は、主として区分所有者間での紛争を念頭に置いてきた。しかし、マンション建替えが、都市の中に一定の規模を占める建築物を再出現させるものである以上は、周辺住民からの紛争リスクは伏在している。

34）組合設立認可における事業計画の法令適合性判断や、容積率特例許可における交通・安全・防火上支障がないという判断自体に以後の行政過程における通用力を持たせるという発想もありえるところであるが、これは鵜澤・前掲注31) 18頁にあるように、そのような通用力を持たせるための事前手続はかなり重たいものにならざるを得ない。
　なお、たぬきの森事件は、違法性の承継が認められる結果として、「安全認定〔先行処分〕が取り消されていなくても、建築確認〔後行処分〕の取消訴訟において、安全認定が違法であるために本件条例 4 条 1 項の違反があると主張することは許されると解するのが相当である」としている。安全認定の法効果は東京都建築安全条例 4 条 1 項による建築基準法43条に対して加重された接道義務（8m）の適用を除外することである。ところで、学説は通常、違法性の承継が認められる場合には、後行処分固有の違法性がないのに先行する処分の違法性によって後行処分の違法性が認められ、取り消すと議論する。他方でこの事件の関係規定の構造は、先行する安全認定が実体法上違法であることは、後行する処分としての建築確認について加重接道義務を満たしていないということをも意味している。そして判旨は実際に「安全認定が違法であるために建築確認が違法であると主張することは許される」と述べずに上述のように述べている。つまり、学説が一般に議論してきた状況よりも先行処分と後行処分の実体法上の結びつきが強いことを前提としているように思われる。とはいえ、容積率特例認可と建築確認の関係は同様の構造と解されよう。

しかし、おそらく円滑化法自体は基本的に再建マンションの工事段階まで周辺の介入を想定していないのではないかと思われる。まず、⓪の要除却認定は申請に基づく処分なので、申請権のない周辺住民は原告適格がない[35]。ただし、要除却認定を周辺住民が求めているということは現に建物が外壁剥落等の危険を生じているということからすれば、建築基準法10条3項による是正措置命令の対象となることも考えられるだろうし、こちらの原告適格は問題なく認められるであろう。同じく建築基準法で言うならば、建築確認を経ての工事段階で周辺住民が容積率特例許可の違法性の承継を主張して出訴してきた場合に、建替え事業に対して横から痛烈な一撃を加えられることになりかねない。このタイミングでの介入は可能（千代田区総合設計許可・最一判平成14・3・28民集56巻3号613頁とほぼ同様の構図となる）であると考えられるが、仮住まいでの生活を長引かせるなど、建替事業のコストを吊り上げかねない。
　そこで、円滑化法内在的に周辺住民との紛争を処理することが志向される。ところで、各種の事業法制における、周辺住民の位置づけは一様ではない。例えば興津征雄は、都市法における各種事業のモデルとなる土地収用法における収用事業と、都市計画法を利用した各種の都市計画事業とでは、その事業により達成されようとする公益の構造が異なると裁判例は考えているのではないかと指摘する。その結果、裁判例において、周辺住民の原告適格の認められやすさもそれぞれの制度で異なっているのではないかと、「収用法上の公益／計画法上の公益」[36]として整理する。この「収用法上の公益」として、圏央道高尾山トンネル事件（東京地判平成22・9・1判時2107号22頁）を紹介する[37]。

---

35) 篠原2-1、脚注72）が紹介する久留米市の事例福岡地判平成29・4・13LEX/DB25549508と、その控訴審である福岡高判平成29・12・20LEX/DB25549507は、少数区分所有者による建基法10条1項の義務付け訴訟の適法性要件としての補充性を検討するにあたり、要除却認定申請の可能性についても検討している。しかし、周辺住民の場合には、申請権がないため利用可能性がない。

36) 角松生史「『計画による公共性』・再考——ドイツ建設法における『計画付随的収用』」原田尚彦先生古稀記念『法治国家と行政訴訟』（有斐閣、2004年）513頁。

37) 興津征雄「計画の合理性と事業の公共性」吉田克己ほか編『都市計画のガバナンスと法』（信山社、2016年）292頁。

同事件では、「〔土地収用〕法20条3号の規定は、公益的見地から一般的にこのような社会的な利益を保護しようとするものと解するのが相当であり、これを根拠に、同法が、原告らが主張する上記のような者の利益を個々人の個別的利益としても保護すべきものとする趣旨を含むと解することは、やはりできないものというべきである。」としている。これは、いみじくも同裁判所が引用する小田急最判（最大判平成17・12・7民集59巻10号2645頁）の原告適格が都市計画事業認可の要件として都市計画の適合性を要求しており、都市計画決定にあたり周辺住民の利益が考慮されるつくりになっていることと比較すると、対照的である。

2　市街地再開発事業とマンション建替え事業の非相似性

円滑化法は、その制定経緯からすると、都市再開発法を参考にしている。そして、マンション建替え事業における周辺住民の利益を検討すると、原告適格の検討にあたり出発点となるべき組合設立認可要件（12条各号）が「都市再開発法17条に相当[38]」するとされる。しかし厳密には両者は想定している公益の広がりが異なっているように見える。都市再開発法17条は事業計画の都市計画適合性（三号）により、周辺住民も参加しうる計画法上の公益を担保しているのに対して、円滑化法12条各号を通覧すると、周辺住民の利益に対してあまり関心がなく、建替え参加者らにとっての施行再建マンションを作る合理性に専ら関心があるように思われる。

このように周辺住民に冷淡であることは、各処分についての周辺住民の原告適格についての消極要素（ただし円滑化法1条は積極要素たりうる）となり、むしろ円滑化法の安定性を基礎づけるように思われるかもしれない。しかし、周辺住民の紛争リスクを後回しにしてしまうことは、取り返しがつかない段階（建築確認以降）で顕在化させることになりかねない。現行法の下では、組合設立後の事業計画の周辺住民に対する説明を丁寧に行うという対処が必要であろう[39]。

---

38) マンション建替法研究会編・前掲注7）36頁。なお、本文では検討できなかったが、関係権利者（法11条2項）が事業計画に意見書を提出できるのに対して、単なる周辺住民はそうではないという違いも重要と思われる。

Ⅳ　行政処分や決議を安定させる議論はないか

　さて、これまで見てきたところからすれば、建替え決議自体を安定化させるという議論が有り得る。建替え決議については種々の手続保障があるが、そのことによって違反リスクが存在しうる。そして、この違反については、民事法上の決議無効確認の訴えが提起できるとされるとともに、他の訴訟——売渡請求権の行使や、建替組合設立認可等についての行政訴訟——の前提問題としても主張することが出来る[40]。このため、建替え決議に違法が付着していることは、その後の手続の安定性に対する重大な脅威となる。

　この決議の効力を安定させようという主張として、出訴期間制限を設けるべきという主張が、目下の区分所有法改正に先立つ区分所有法制研究会においても取り上げられた。無効事由となるのは決議の内容が法令や規約に違反する場合又は重大な手続上の瑕疵がある場合に限られ、このような場合には期間の制限を設けるべきでないこと、また決議無効事由ごとに提訴者の熟慮に要する期間が異なることからすれば一律の期間制限を設けるべきでないこと等から、この主張は容れられなかった[41]。吉原（2023年）は最近の論攷において、ドイツ法を参照し、建替え等の紛争の一回的な解決を図るための訴訟制度構築の必要性を説いた[42]。

　この際に、大きく二つの制度設計モデルがありうるが、どちらによっても目標達成はそれほど簡単ではない。行政法関係・民事法関係が多数の当事者を巻き込む紛争類型について、訴訟による画一的な紛争解決を図るにあたっ

---

39) 立法論としては、本書の各論攷のように、都市法と円滑化法との接続が進むのであれば、より早い段階での調整が可能になる契機はある。とはいえ、本書の各論攷のようにひとまず都市再生法の立地適正化計画との接続を目指す場合には都市計画法の体系のもとでの各計画との直接の接続は弱くなるため、さらなる検討が必要となるであろう。

40) 稲本洋之助＝鎌野邦樹『コンメンタール　マンション区分所有法〔第3版〕』（日本評論社、2015年）414頁。

41) 一般社団法人金融財政事情研究会　区分所有法制研究会「区分所有法制に関する研究報告書」（令和4年9月30日公表）https://www.kinzai.or.jp/uploads/houkoku_.pdf 76頁。

42) 吉原知志「建替え・解消決議を争う特別の訴訟制度の検討」鎌野邦樹先生古稀記念『マンション区分所有法の課題と展開』（日本評論社、2023年）377頁。

ては「引き込み型」と「効力拡張型」とに分けられるとされる。引き込み型はそもそも当該訴訟に対して効力を拡張すべき者らすべてを当事者として参加させなければ不適法なものとし、その者らすべてに判決による実体法の通用力を及ぼすとともに、判決に反する主張を排除する。他方で、効力拡張型は、訴訟に参加していない者らに対しても、排除効を及ぼすが、当該排除効を否定するための制度（第三者再審）を残しておく[43]。このように当初の訴訟のコストと、当該訴訟によって達成される紛争解決の安定性とはトレードオフの関係に立っている。建替え決議を裁判所の監督の下に置き、既判力類似の効力を関係者間に及ぼそうとするとき、その参加の要求範囲次第ではむしろ建替えの取引費用を増すこととなってしまいかねない。

また、瑕疵の属人性とそれに対応した紛争解決という議論もありうる。例えば、建替え決議において事業地が特定されていなかった等の瑕疵は、どの者にとっても瑕疵であろうが、ある者に対して招集通知が届いていなかったというときに、全体を無効としないための金銭的な和解を支援するような制度を用意するという手法もありうる。

現行法の下では、行政訴訟部分に関しては事情判決（行訴法31条）によって、違法是正を法的安定性に劣後させつつ、金銭的救済を考慮するという最終手段が用意されている。しかし問題は、円滑化法内在的にどのような法的安定性を確保したいのかについて問い直す必要があるということであろう[44]。

最後に、区分所有法改正要綱案が一定の客観的な要件のもとに建替え決議の決議要件を引き下げようとしていることに関してコメントをする。これは当該客観的要件をめぐる紛争リスクをもたらす可能性がある。これに対して長谷川2-6のように、引き下げ要件に相当する事由を行政処分によって認定し、この認定の存在により建替え等の決議要件を引き下げることを強行規定として設けようとする方向性は筆者も首肯しうる[45]。他方で、この認定を前提とした決議をめぐる紛争についての交通整理が今後の課題となると思われる。

---

43) 巽智彦『第三者効力の研究』（有斐閣、2017年）270頁。
44) 巽・前掲注43）308-310頁。

V　おわりに

　マンション建替え事業は、マンションとは区分所有者間の自治的事項であるという区分所有法の想定と、幅広い利害関係者がいるという都市法の特質とに引き裂かれているように思われる。前者からすれば、区分所有権者らの合意は極めて重要なものとして想定して実現を貫徹するべきことになるのに対して、後者からすれば、幅広い利害関係者それぞれが害されるタイミングごとに十分な手続保障がされなければならない。

　かつて髙木光は「全体としての紛争処理のシステムを設計する場合には、行政過程全体で行うほうが選択の幅が広く、分野ごとの特徴に即したデザインが可能である[46]」と述べた。本稿はこれに対して行政訴訟法からの考察を行うのみで、より行政過程レベルで紛争をガス抜きしていくシステムを十分に提案できていないが、ささやかながら貢献できていれば幸いである。

【付記】
　初出：「行政訴訟法からみたマンション建替え事業の安定性」マンション学76号（2024年）129頁以下。初出時の内容に若干の修正を行った。

---

45) 強行規定としなかった場合には、この認定の法効果が円滑化法ルートによる建替え決議に及ぶのは当然として、区分所有法ルートによる建替え決議にどのような意味を持つかが問題となる。この場合には、あくまで円滑化法による引き下げ要件の認定は、円滑化法における決議の決議要件を引き下げると理解するのが穏当であろう。しかし認定を得たのに区分所有法における客観的事由による議決権の引き下げに基づく決議をしているのか、それとも円滑化法による決議をしているのか、当事者らに無用の混乱を生む可能性がある。
46) 髙木光『行政訴訟論』（有斐閣、2005年）8頁。この言葉の引用は、齋藤誠「行政過程における行政争訟の要請と除外」髙木光先生退職記念『法執行システムと行政訴訟』（弘文堂、2020年）244頁に倣う。

第 5 章
マンションに対する行政介入はどうして、いつ、どのように可能か
―― マンションをめぐる公益の多層性

堀澤明生

I　はじめに

1　人口減少と向き合う都市法

　右肩上がりの人口増のもとでの都市開発を想定していた都市法[1]は、日本社会が縮退局面に入ったことに伴い、さまざまな問題に対応を迫られている。

　こうした対応のなかで、各自治体における政策法務の、近時の成功事例は平成20年代に急速に広がった空家条例である。そしてこれは平成26年に空家対策特別措置法（「空家法」）に結実した。その後も各自治体における空家法実務の発展に即して、令和5年に空家法改正が行われた。空家法は行政法学における最先端の対処法が実現されている。空家条例及び空家法がこのように各自治体に受け入れられ、発展してきた理由の一つには、人口減少化で既存ストックとしての住居が今後は有効に活用されなくなる、場合によっては周囲に外部不経済をもたらす存在となることが危惧される状況がすでに認識されていたことがある。そして、これに対応する既存の実体法としての建築基準法と手続法としての行政代執行法とが十分な解決策を有していないことも、認識されていたことであろうとされる[2]。

---

[1]　川﨑興太「日本の都市計画法制度の問題点」『都市計画・まちづくりの基礎研究』（花伝社、2023年）66頁。
[2]　北村喜宣『空き家問題解決のための政策法務』（第一法規、2018年）53頁及び同「空き家問題解決を進める政策法務」（第一法規、2022年）169頁。

2 マンション政策の対象の多様性
――頑張るマンションと頑張れないマンション

　しかし、こうした人口減少下における財の「管理不全」問題[3]として、空き家以上に困難を究めるのが老朽化マンションや管理不全マンション[4]である。法的対処もまだ十分なものとは言えない。とはいえ、こちらも空家法に遅れながらもいくつかの法的対処が導入されてはいる。この本でも多く見られるように、マンションの建物としての性能面（ハード面）とマンションの管理面（ソフト面）に関しての法制定・改正について、2024年5月現在までの流れを概観しておこう。

　区分所有法のもと、マンションは2000年頃にはすでに国民生活に定着していた。このころには、マンションを建てるだけでなく、既に存在しているマンションについて様々な課題が認識されるようになった。

　ハード面に関しては、老朽化マンションの建替えや阪神淡路大震災に伴う再建が行われるようになってきたところ、等価交換方式による建替えの権利関係の不明瞭さから事業法的手法の必要性が認識されることで権利変換方式を導入する円滑化法が平成14年に制定された。平成26年改正においては、敷地売却事業が導入されるとともに、要除却認定制度が導入される。

　ソフト面では、マンションの管理に関する集合的意思決定が難しいために外部専門家の存在の必要性が認識され、マンション管理士資格を導入するマンション管理適正化法が平成12年に制定される。適正化法はしばらく、管理士及び管理業のための法であるという認識であったようである。ところが、近年はマンション問題における管理の重要性が認識されることで、令和2年改正のもと、マンション管理適正化推進計画を作成することなどにより各市町村がマンションの管理に介入するようになっている。

　しかし、今後のマンションは既存ストックの管理と更新だけではなく、空

3）そもそも空き家、マンションに限らず、土地所有権自体についても過少利用が認識され、対処を必要としていることは周知の通りである。

4）板垣勝彦「高齢社会における管理不全不動産の諸問題」『都市行政の変貌と法』（第一法規、2023年）202頁も、空き家をはじめとする管理不全不動産の諸問題の一つとしてマンションを位置付け、「これがマンションになると法律関係はけた違いに複雑になる」という。

き家同様に、負の外部性をもたらす存在になっていくものが、とりわけ地方都市においては現れるように思われる。また、三大都市圏や福岡市のような比較的マンションの建替えの見込みがあると言われる都市であったとしても、すでに容積率というフロンティアを使いつくしてしまっており[5]、マンションの建替事業の採算性は年々低下している[6]。これらの都市でも、行政によるヨリ積極的な行政の介入の可能性をも精査しておく必要がある。このような指摘は、区分所有法改正以前にすでに国土交通省における審議会で述べられていたところであった。

「あと10年後くらいになるかもしれませんけれども、既に、管理不全マンションで、放棄に近いのが出ていますので、そうすると事業者及び管理組合の自力再生ではもう困難になるというのがいずれ出てくると思います。そのときには行政代執行を含むような、今の一戸建て空き家対策特別法に準じるような法制が必要になってくると思います。」[7]

マンションにおける外部不経済発生の予兆を前に、立法は無策ではなかった。区分所有法改正が近時行われることが確実視されている。この改正の大きい柱として、①区分所有建物の管理の円滑化を図る方策②区分所有建物の再生の円滑化を図る方策（建替え決議要件の緩和及び建替え決議による賃貸借の終了など）などが挙げられる[8]。

しかし、こうした対処は、基本的には、マンション管理について、区分所

---

5) 砂原庸介『新築がお好きですか？――日本における住宅と政治』ミネルヴァ書房（2018年）170頁は、ヨコに広がることで拡大してきた都市が、タテの方向に拡大することが可能になったのがマンションであったが、既存のマンションが終末期になった場合に、開発利益が見込めない場合にはその更新・解消が困難になることを指摘する。
6) 一般社団法人財政事情研究会における区分所有法制研究会第4回（令和3年7月30日）東京都提出資料 https://www.kinzai.or.jp/uploads/kubunsyoyu_siryou1_20210730.pdf 12頁では、高経年マンションの多くである既存不適格マンションについて、もともと容積率違反である場合のみならず、日影規制や敷地面積により容積率緩和制度が利用しづらい等の理由により、同規模の建替えが困難なものが多いとしている。
7) 社会資本整備審議会住宅宅地分科会マンション政策小委員会第4回（2020年2月10日）https://www.mlit.go.jp/policy/shingikai/content/001333214.pdf
8) 法務省法制審議会区分所有法制部会第17回会議「区分所有法制の見直しに関する要綱案」（令和6年1月16日決定）。

有者らの自主性に任せたうえで、手続のハードルを下げて行こうとする意図が見られる。ここでは、マンション住民たちに管理や、自らの区分所有建物の去就についての意思決定をする可能性が残存しているマンション（「頑張る」マンション[9]又は「頑張ることが出来る」マンション）が想定される。上記社会資本整備審議会委員の言葉において想定されている「管理不全」マンション——この言葉も多義的であるが——とは、いくぶんマンション像が異なる。ただ、この多義的な言葉は、マンションのハード面での介入の必要性とソフト面での介入の必要性との橋渡しとなる役目を担うことができるようにも思われる。

　そこで、以下では、もはや頑張れないマンションや、放っておくと頑張れなくなってしまうマンションを念頭にする。現状の行政による介入手段を瞥見したうえで、都市法における行政介入に対する謙抑的思考が残っていることを確認したうえで、近時の空家法における積極的介入傾向と比較する。さらに、マンション問題における執行において特有の困難さをもたらしている名宛人の匿名化が困難であることについても指摘しておきたい。

II　マンションはどうして行政法の関心事になるのか

1　マンションをめぐる二層のゲーム

　マンションにおいて、マンションの建替えのように、区分所有者らの団体の意思決定が、団体の外の都市に対して影響を及ぼす場面が散見される。また、是正命令のように、都市の側からのマンションへの要求が、マンション内部の意思決定を実現のため必要とすることがある。そもそも、マンションの老朽化に立法や行政が介入するべき理由にはどのような点があるだろうか。このようなものは、いかにして、影響を及ぼされるべき者らが従わねばならない利益として立ち現れるのであろうか。このような問いはしかし、どうし

---

9) 齊藤広子「マンションを取り巻く諸問題と新たな都市自治体の役割——マンション管理適正化法・マンション建替え等円滑化法改正を踏まえて」市政818号33頁。

てそのような問いが発せられる状況にたどり着くのかを考察する必要がある。

まず、空間において一定の領域を占拠するマンションに対して個人が所有権を持つ、ということについて、角松生史の議論に即して考えてみよう。角松によれば、都市空間において人々が住み、そこに一定の所有権が割り当てられるのは以下のような理由による（脚注やかっこを略した）。

> 「同一の空間をめぐって複数のステークホルダーが存在する以上、そこにはまず権原……配分の問題が発生する。日本法上、空間をめぐるそのような権原配分は、まず地表とその上下に広がる空間の「二重の空間分割」によって行われる。……水平・垂直の「二重の空間分割」によって創設された所有権が、空間の物理的なあり方の形成とそこで行われる活動に関するバックグラウンドルールとなるのである。二重の空間分割による所有権の設定の帰結主義的な正当化は、「コモンズの悲劇」の回避の観点に求めることが出来る。個別の地片へと分割された所有地の利用について原則排他的な「権限」を与え、その利用による便益と負担を所有権者の身に帰属させれば、外部性を内部化することができるのである。つまり土地所有権者は、自らが所有する地片及びその上下の空間について、法によって第一次的な「管轄」（＝権限を持った支配）を付与されていると考えることが出来る。」[10]

このような観点からは、（不動産）所有権という法制度は、一定の空間支配を個人に任せることによって、当該個人のリソースを当該空間の維持管理のために集中的に投資させることによって、全体的な都市空間の快適さを増していくということにより正当化されることになる。

> 「しかし、このような内部化は決して貫徹しない。所有権者による空間の物理的な在り方の形成及びそこで行われる活動は、その周辺の空間に対して正／負の外部性を与えるからである。都市空間に関する法は、このような外部性に着目して、所有権者による空間形成を、「他の主体」の立場から「制御」しようとする。……ひとまず国内制定法のみに注目すれば、そのような「制御」は、複数の立法権による法制定によって行われる可能性がある」[11]。

---

10) 角松生史「都市空間管理法制における管轄と制御——空き家対策を素材として」内海麻利編『縮減社会の管轄と制御 空間制度における日本の課題と諸外国の動向・手法』（法律文化社、2024年）48-49頁。
11) 同上。

これらの議論に即したとき、区分所有権を含む共有という法制度は、やや不思議な制度になる。本来個人に個別的かつ排他的に帰責されることで当該個人が自己のリソースを投下するという設計であったはずの所有権を、区分所有権を含む共有という法制度はさらに分割してしまっている。制度設計上不可避的に、外部不経済調整が行われるべきコモンズとしての都市空間（都市のゲーム）に対して原子的に存在していたはずの個別所有権内部に、入れ子構造的なコモンズ（マンション内ゲーム）を作成してしまう[12]。そこで区分所有法はこれに対応すべく、マンション内ゲームの調整制度を設ける[13]。やはりここでも、マンション内における外部不経済への対処制度は一定程度設けられる（区分所有法57条〜60条の共同利益違反行為への対処）。このそれぞれのゲームがそれぞれのプレイヤー限りで完結的に分断的に演じられるのならば問題はない。しかし、マンション内ゲームの参加者は集合的に都市のゲームの参加者としての性格を持つ。他方で、都市のゲームの参加者からすると、個々のマンション内ゲームプレイヤーがマンション内ゲームにおいて合理的な行動をしていても集合的に都市のゲームに対して不利益を生じている場合には、都市のゲームとしての対処を行う必要が生じる。こうして、これらのゲームがどのように調整することが出来るのかという問題が発生する。また、マンション内ゲームにおける個々の区分所有者らの合理性について付言すると、マンション内ゲームのコモンズの維持に対して協力的な行動をするとは限らない。以上から、区分所有権はフルセットの所有権に比して都市とそれ

---

[12] あるいは読者は生田長人の「大公共」「小公共」の区別（生田長人「枠組み法序論」亘理＝生田編『都市計画法制の枠組み法化——制度と理論』（土地総合研究所、2016年）12頁を想起するかもしれないし、それをマンション法に慎重に転用すればマンション内に小公共を見出すことも有益だろう（こうしたものとして原田保夫「区分所有法制と都市計画法制」日本不動産学会誌34巻3号〔2020年〕28頁）。とはいえ、大公共の中には、全国の国土利用的な観点からの大公共（「大公共A」）だけでなく警察的な観点からの国家レベルの最低限度要請を企図するもの（「大公共B」）が含まれており、この「大」「小」は「それが公共的であると誰が見出したのか」という観点からの区別である。マンションの建替えの必要性の多くはこの大公共Bレベルで生じる。本稿の関心は、具体的な場面で、その公共性を具体化する意思決定がどの範囲に関わるかであり、ややズレるように思われる。

[13] 民法上の共有に対する特別法関係に区分所有法は立つが、一物一権主義からは病理現象的である共有状態を、むしろ生理現象として制度化した区分所有権にただちに当てはめるべきではないと思われる。篠原永明「マンション建替え決議制度と財産権保障」『ミクロ憲法学の可能性』（日本評論社、2023年）102-104頁。

を代表する行政による介入の必要性を宿命的に有することになる。

2　ゲームのルール

　角松の議論に即した上記の行論からは、少なくとも都市のゲームにおけるルールとしてもマンション内ゲームにおいても、外部不経済への対処がルールとして要求されることになる。また、都市において一定の利益保護のために民主的に決定されたルールは、都市のゲームの参加者において通用する[14]し、同様に、マンション内ゲームでは規約も存在する。では、これに尽きるであろうか。

　マンションへの法的介入の必要性をいちはやく検討してきた福井秀夫は、以下のようなマンションへの老朽化の社会的な問題点を指摘する。そこでは、老朽化によって、㋐居住者・周辺住民の人命、財産等への危険性がうまれること、㋑居住の快適性が損なわれること、㋒土地の有効利用が妨げられること、㋓老朽化したマンションのスラム化の危険が挙げられている。必ずしも外部不経済に限られないこれらの要素を挙げたうえで、（通常の戸建て住宅に比して）マンションに特別の介入が必要とされるのは、取引費用が大きいからであると指摘する[15]。ここまでの叙述に即して敷衍すると、福井は、通常は、これら㋐〜㋓は私人の自主的な改善努力や市場取引によって対処され、また必要な場合には建築基準法などのような法令によって介入するべきものと考えている。しかし、これがマンションの場合にはマンション内ゲームを経なければできないものであるがゆえに、意思決定手法について法令で修正するとともに（区分所有法）、これを実現することについて手を貸す（円滑化法）と理解していると思われる。これはそのような取引費用を節減するようなかたちで私的権利としての区分所有権を設計することについては正当化できるし、私人側が意思決定をした限りにおいてそれを後押しするサービスとしての事業法の設計について正しい議論であるように思われる。ただ、㋑㋒

---

14) のちに見る建基法上の集団規定や、景観計画などがこれに当たる。国立マンション事件・最一判平成18・3・30民集60巻3号948頁。
15) 福井秀夫「マンションの建替え・管理の法的隘路」浅見＝福井＝山口編『マンション建替え』（日本評論社、2012年）33-37頁。

のような局面——いわゆる「負の外部性が現実・将来確実に存在している」とは必ずしも言いえないような場面について、行政からの介入が認められるか、特に行政自身からのイニシアティブでそれが出来るかもう少し議論が必要に思われる。

マンションの老朽化という局面をいずれ廃墟化するマンションととらえ、空家法との連続性のもとに捉えた場合、高村学人の以下のような過少利用不動産の分類論が有益だろう。

「①全体論的過少利用（＝相隣に迷惑をかけていないが不動産の有効利用が立地に照らして十分になされていない状態）、②相隣侵害的過少利用（＝管理不全のため負の外部性が大きくなり相隣に侵害を及ぼしている状態）という二分類を立てる」。
「また財産の評価を行う主体に着目すると別の軸での分類も可能となる。例えば、地方から都会に出た子供が親の実家を相続することになり、本人にとって利用予定はなくとも、親戚や世間体を気にして売却はせず、義務感から年に３、４回管理のために遠い実家に通うといった場合、最低限の管理はなされるため負の外部性はさほど大きくなく、また将来売却する場合には価格がつく可能性もあるので、この状態は、所有者にとってのみ所有物が現時点で重荷となっている主観的負財と表現できる。
　反対に、地域の衰退が著しく当該不動産に対して積極的に引き受け手となる者が当面は現れそうもない物件や、建物の劣化が激しく土地の価格もゼロに近いため引き渡し時にはマイナス価格がつく物件は、客観的負財と呼ぶことができる。」[16]

このように見た場合に、相隣侵害的過少利用でかつ、誰から見ても客観的負財である状況というのは、福井の㋐㋓が典型的に当てはまる状況であり、このような状況について行政法はこれまでも手立てを用意してきたところであった。つまり都市のゲームのほうから見ても外部不経済が発生しており、集合体としてのマンションに介入する必要性が高い場合である。他方で、マンションにおいて特有の現象には、全体論的過少利用の状況においては、区分所有者間において、現在のマンションがプラスの財、主観的負財と客観的負財のいずれであるかについて見解が相違するような状況が生じる[17]。これはマンション内ゲームの対立状況の深刻さにもかかわらず、都市のゲーム側

---

16) 高村学人「過少時代における所有権論・再考」法社会学81号（2015年）67頁。

は外部不経済が発生していないためにあまり介入を行おうとしない。しかし、この状況を放置し続けると、当該マンションを主観的負財や客観的負財と考えるプレイヤーがゲームから降りてしまう。すなわち、管理に対する協力を行わなくなる。すると、実際に客観的負財になってしまい、都市のゲームへと影響を与える可能性が出てくる。

3 過少利用の改善は都市法における「公益」なのか
——収用適格事業対象性

なお、都市のゲームから見た場合に、そのようないずれ外部に影響を及ぼしうるような存在としてのマンション内ゲームに困難を抱えうるマンションを、全体論的過少利用収用であることにより排除してしまうというのは、解決策としてラディカルには存在しうる。

たとえば、土地総合研究所「人口減少下での市街地整備手法に関する提言」[18]においては、収用適格事業の拡大として「都市構造から放置できない」ものとして老朽化マンションが挙げられている。ここでは「都市計画が事前に必須」とされ、課題として「外部不経済の明確化が必要」とされる。このように、都市計画事業としてのマンション再生・解消事業が想定されるが、そのような都市計画事業を行う公共性については十分に解明されているわけではない。現行の都市計画事業は何らかの正の外部性をもたらすものを創設するために行われるものと見受けられ、負の外部性の除去を目的とする収用事業を認めうるかについてはやや躊躇を覚える。とはいえ、ここで想定される「都市計画の必要性」は、都市のゲームとマンション内ゲームの関係についてのヒントになるであろう。

---

17) 千里桃山台事件（最一判平成21・4・23判時2045号117頁）の状況はマンションの財としての性質について見解の相克が生じていると言えるであろう。また、主観的負財と認識している主体は、客観的負財と認識している主体に比して、費用を投下してでも破綻を防ぐということについて真剣さを覚えないかもしれない。

18) 一般財団法人土地総合研究所「人口減少下での市街地整備手法に関する提言」土地総合研究2022年春号8頁。

Ⅲ　現行法におけるマンションへの行政介入の検討

　先に述べたように、マンションをめぐる研究者・実務家は、マンションに対する介入について建物の物理的な側面に焦点を当てた「ハード」と、建物の管理に焦点を当てた「ソフト」という分類をすることがしばしばみられる[19]。以上の分類に対して上記の議論を当てはめるとき、基本的にはマンションという建物の外部不経済はハード面に対する関心に重なり、従来の行政法・都市法はこちらに関心を有してきた。しかし、ソフト面にあたる管理を区分所有者らに頑張らせることで、そもそも負財になることを防ごうとしたり、負財になる瞬間までに準備を自主的に備えようとさせたりすることも可能である。こうして、ハード面でのイベントである建替え・解消等に備えるためのソフト面での対策が、後退帰納法的に要請されることになる[20]。

　そもそも、不動産法制全体に視野を広げると、令和2年土地基本法改正において所有者の管理責務を法定した（同法6条）ことは、上記のゲームのルールについて、各所有者による外部不経済の防止や、土地が有する効用の増大などの管理責任という新しいルールを付け加えられる。この責務だけでは具体的な責任を発生させないものの、他の法律上の具体的な規定を嚮導する機能を有していると思われる[21]。ところが、現状のマンション法制は、管理責任のポテンシャルをまだ活かしきれていない[22]。

---

19) 国土交通省「マンションの管理の適正化の推進に関する法律第5条の2に基づく助言・指導及び勧告に関するガイドライン」（令和5年4月改訂）https://www.mlit.go.jp/jutakukentiku/house/content/001600145.pdf 12頁もこの分類法に則っており、助言・指導・勧告に対象はソフト面に限られるとする。
20) こうしたソフトとハードを連続させる必要性については、篠原永明「『マンションの出口』の現状と課題」マンション学76号（2023年）123頁にて予告されていたことであった。
21) そして土地法制においては、所有者不明土地利用円滑化法におけるように、管理懈怠及び一定の地域における効用増加のために、当該土地の利用権を設定する地域福利増進事業も用意される。とはいえ、マンションに現住者がいる限り「所有者不明」とは言い難いため、いきなりこれと同様の介入を想定するのは難しい。
22) 土地の管理責任について。平良小百合「土地所有権と憲法」秋山靖浩編『新しい土地法──人口減少・高齢化社会の土地法を描く』（日本評論社、2022年）61頁、74頁。

1 マンションへの介入のタイミング——実体的要件の設計

　上記のような観点から、既存のマンションに対する介入を見てみるときに、基本的には都市のゲームに関心を有する行政法学は、かなり具体的な危険を要求する比例原則を厳格に要求してきたものが多いように思われる。特に、不利益処分でありかつ代執行可能な行為についてはそうである。しかし、介入時期の合理性としては、やや懸念がある。具体的な危険段階になってしまった場合には当該マンションの管理状態はもはや回復不能な状態になってしまい、また区分所有者らもマンションの維持をするインセンティブを失ってしまっているためである。具体的に見てみよう。

2 建築基準法9条・建築基準法10条——タイミング・保護法益

　建築基準法9条は、建築基準法の規定に違反する建築物に対する介入として最も基本的な規定である。単体規定だけでなく、集団規定に対する違反是正も命令の対象となる。このため、単体規定と集団規定の保護法益がそれぞれ問題になる。単体規定と集団規定はそれぞれ逐条解説によれば、単体規定は「建築物を地震、火災等から守り、その建築物を利用している人々の生命、健康及び財産を守る」観点からの規制であるのに対して、集団規定は「都市の機能確保や市街地環境の確保を図ろうとするもの」である。この記述からは、単体規定は都市のゲームについては比較的狭い——相隣関係的な部分を扱うとともにマンション内ゲームをも対象とするのに対して、集団規定は比較的広い範囲の都市のゲームを扱うものであると言える[23]。

　このような範囲に介入するにあたって、当該規定自体においてゲームのルールとしての外部不経済防止と都市空間内での利益調整は反映されており、命令によって命じる内容（修繕、模様替え、除却）の必要最小限度性によって財産権を尊重しようとする。

　続いて建築基準法10条は、単体規定の適用を受けない既存不適格建物につ

---

23) 角松・前掲注10) 62-66頁を参照した。「逐条解説」は、逐条解説建築基準法編集委員会『逐条解説建築基準法』（ぎょうせい、2012年）675頁。

いての命令が行われる。行政は本条の適用をめぐって、相隣侵害的・又は利用者侵害的な建物への介入をすることが必要となる。この場合に「著しく保安上・衛生上不適当」という要件となっており、極めて抑制的な規定ぶりをしている。解説においても、既存不適格制度が本来は単体規定の適用をしないことを前提としつつ介入するものであるから、「本来的に財産上の権利としてその所有者……が自由に管理処分してよいものを行政機関が公益上の必要性を理由にこの権利をはく奪し、制限するものであるから、その判断は相当厳密なものでなければならない。また、保安上の危険又は衛生上の害についても相当高度な客観性が要求される[24]」としている。

既存の老朽化マンションについてマンション関係者は、もっぱら、40〜50年前に建築されたマンションについて議論することが多いため、通常、行政の積極的かつ強度の介入を議論する場合にはこの規定を念頭に置く。本条はしかし介入段階としてはきわめて遅く、都市のゲーム部分での外部不経済発生が高度の蓋然性をもって発生することが予見されることを要求するものと評される。

3 措置命令の発付の困難性

(1) 命令の内容

このように、マンション法にとってこれらの規定が発動する状況は極めて例外的ではあるものの、マンション内ゲームに期待できない状況に陥ってしまう場合はどうしてもありうるのである。この場合には最終的に行政がハード面に対して責任を以って対処しなければならず、マンションの法律関係の複雑性にどう向き合うかという問題を避けて通ることはできない。若干本節の話題からわき道に逸れるが、検討しておこう。

まず、いかなる命令が出来るかという問題について、福岡高判平成29・12・20LEX/DB25549507は建替命令はできないと述べる。この事案では、原告は居住しているマンションが耐震性に問題あると主張して（高裁は「保安上の著しい危険がある」と認めることはできないとしたが）、出訴したものである。

---

[24] 逐条解説・前掲注23) 128頁。

この際に、原告は建替え決議（区分所有法62条1項）を成立させるには、頭数及び議決権割合が足りないため、こうした命令を求めた。第一審及び福岡高裁は、行政としては外部不経済の除却に最低限のものを命じれば良いため、修繕命令までしか出せないとした（福岡地判平成29・4・13LEX/DB25549508）。これは比例原則の観点からの議論であるが、仮に事案の性質上何らかの命令が要求される場面になった場合に、特定行政庁は管理組合に対して命令を出すことはできるのか、という問題が理論的には存在しうる。このような名宛人の問題について次の款で検討しよう。

(2) 名宛人問題

マンションの住人が相続等により櫛の歯が抜けるように不明・連絡不能になっていく。この状態において行政代執行が機能するか、というのは空家法のアナロジーにより最終的には除却が必要と考える場合には、悩ましい問題となる。たとえば建築基準法の措置命令（9条1項）は、条文上は違反建築物の建築主、工事の請負人若しくは現場管理者若しくは建築物の敷地の所有者、管理者若しくは占有者となっている。しかし、このそれぞれであれば直ちに名宛人として有効というわけではなく、命じられた義務の内容を実現しうる権原がなければ、不能を強いる命令として無効となる[25]。

このため、措置命令の内容に対処するべき権原が複数の者に属する場合には、この権原を有する者全員に対して命令しなければならない。マンションにおいては、除却や建替えが必要となる場合には、すべての区分所有者が権原を有し、区分所有法62条以下の決議が必要ということとなるため、区分所有者全員を名宛人としなければならない。

しかし、区分所有者の高齢化と相続や、投資目的の区分所有権所有などによって、当該区分所有権の全員が行政に確知しえない場合がありうる。このような場合に、行政としては、どのようにして命令を出し、代執行をすることが可能であろうか。

---

25) 逐条解説・前掲注23) 115頁。

(3) 区分所有者の匿名化 or 財産管理人の選任

　行政としては、区分所有者らを匿名化することが可能であれば、それに越したことはない。このため、マンション管理組合があるマンションなのであれば、当該管理組合を名宛人としたいであろう。しかし、先に見たように、決議権原は区分所有者らに属しているのであって、管理組合に属しているわけではない[26]。このため、管理組合を名宛人とすることは、履行不能な名宛人とするものであり無効となってしまう。これは、マンション管理組合を法人化して法人格を与えたとしても、マンション管理法人が有する権原はマンション管理組合と変わらないので、あまり意味がない[27]。

　次の選択肢の参考になることとして、空家法実務においては、相続財産管理人などを活用することが提唱されている[28]。財産管理人を行政が申し立てることが出来るかについて、所有者不明土地利用円滑化法42条のように、所有者不明土地については利害関係人として選任することが想定されている。これは土地利用の流動性を高めることが公益と考えられるからであろう。これに対して、区分所有法改正要綱案では、専有部分管理人制度が提案されているものの、地方公共団体による選任請求権の明示がやや不十分なきらいがある。解釈上利害関係人とすることを模索すべきである。

　空家に対する代執行においては、このような財産管理人の選任請求をするにあたってのハードルとして、実務的に管理人報酬のための予納金を立てる必要があることが述べられている[29]。マンションの場合に、地方公共団体がこの予納金を立てたうえで、予納金から管理人報酬を支払った場合に、当該報酬相当額を管理組合の管理費用から支弁することを請求できるか、という

---

[26] 管理組合の地位について、吉原知志「管理組合の位置づけと課題」吉原3-1、214頁。
[27] この検討は、差し当たり、名宛人と法的効果を受ける者の関係を一致させるという前提を執った場合による。しかし、土井翼『名宛人なき行政行為の法的構造』（有斐閣、2021年）248頁からの考察からは、行政行為の法的効果を受けるべき不特定多数者と、その効果発生をその者の受領によらしむるべき者（＝意思表示の名宛人）とを区別することが考えられる。ただし、マンションの場合、措置命令の義務者は不特定多数ではなく、現実的に行政が特定したうえで確知することにコストがかかるにすぎず、実際には特定多数者である。
[28] 板橋区都市整備部建築指導課編＝宇那木正寛監『こうすればできる　所有者不明空家の行政代執行』（第一法規、2019年）27頁。
[29] 宇那木監・前掲注28) 29頁。

問題が残るであろう。

4　かつての建替え勧告制度（旧円滑化法102条）

　話をマンションへの介入のタイミングに関する議論に戻そう。現在は後述の理由により廃止されてしまったが、行政側からのイニシアティブで老朽化マンションに対処することが想定できたものに、円滑化法102条の建替え勧告制度があった。これは「市町村長は、構造又は設備が著しく不良であるため居住の用に供することが著しく不適当なものとして国土交通省令で定める基準に該当する住戸が相当数あり、保安上危険又は衛生上有害な状況にあるマンションで国土交通省令で定める基準に該当するものの区分所有者に対し、当該マンションの建替えを行うべきことを勧告することができる。」とするものであり、区分所有者が勧告をするよう要請することも可能であった（同2項）。ここでは、「保安上危険又は衛生上有害な状況」として、建基法10条の措置命令よりも若干早い段階での介入が想定することができる。

　この制度は実際には行政による賃借人への代替建築物の提供又はあっせんの負担（旧103条）の負担が重いために利用されなかったが、建替え勧告の基準[30]においては基本的にマンション内ゲーム、建物内部における危険発生を想定しつつ、マンション周辺における都市に対する外部不経済を防止することを目的としていた。すなわち、同勧告の基準の考え方においては、「保安上などにおいて危険な状態にあるマンションが存続することを避け、その再生を促進すること」とされ、これは「居住者の生命の保護や周辺への外部不経済の発生の抑止を目的とするもの」[31]であった。2よりマンションのハード面に対する若干の早期介入を目的とするが、その具体的な措置はマンション内の意思決定に委ねるものであった。

5　要除却認定（現円滑化法102条）

　現行円滑化法102条は「要除却認定」制度を置いている。①耐震基準②耐

---

30) この基準の作成にたずさわった長谷川洋自身より紹介されている。長谷川洋「行政法（円滑化法）に基づく『老朽化マンションの解消制度』の提案」マンション学56号（2017年）151頁。
31) 長谷川・前掲注30）150頁。

火基準違反③外壁剥離・崩落④給排水設備損傷⑤バリアフリーなどに基づき認定される。特に①②③の場合は「特定要除却認定」として円滑化法に基づく敷地売却制度にも接続する。①②③は円滑化法だけではどのような保護法益なのかわからないが、震災・火災予防に関する単体規定だけでなく、特定防災街区整備地区における基準なども参照することとされており、都市のゲーム・マンション内ゲーム双方における外部不経済を想定している。ここでは、マンションは、区分所有者内部のみならず都市の中で外部不経済を生命・身体の危険をも含めてもたらす施設であることが認識されている。このため外部から内部へと介入し、この認定を受けることで敷地売却事業・建替え事業の利用可能性を高めることとしている。

　しかしこの制度の最大の弱点は、認定に当たっては区分所有者からの申請を必要としているということである。軸足はあくまで内部の意思決定の円滑化のほうにあり、都市から見た外部不経済に対する警察的介入の論理で物事を動かそうとする制度にはなっていない。介入のタイミングとしては、三号の外壁剥落は「周辺に危害を生ずるおそれ」としており、上記制度よりは早い段階での介入を想定しているかにも思える。

　このように、マンションのハード面に着目する各制度は、周辺住民への生命・身体の危険をもたらす外部不経済の発生が具体的にならなければ積極的な介入が正当化されないと考えている一方で、それ以前の介入は不利益的な処分とならないように設計している[32]。しかし、区分所有者らの申請を期待する制度においては、住み潰すつもりのマンション住民しかいない場合には機能しないように思われるし、この段階での介入が合理的であるとも思われない。それぞれのマンションごとに最適な介入タイミングは、外部不経済の発生段階ではなく、ある区分所有者から見て、「他の一定数以上の区分所有者が『やる気がない』ので、自身ももう管理にリソースを割かなくても良い」という行動が最適戦略となってしまうタイミングのはずである。このような発想からは、ソフト面、すなわち管理に対する戦略が必要となる。

---

[32] 北村喜宣「縮小社会における地域空間管理法制と自治体」上智法学64巻1＝2号（2020年）17頁。

6　マンション管理適正化指針に即した助言・指導・勧告
（適正化法5条の2第1項・2項）

　そのようなソフト面からのアプローチをしているのは、適正化法5条の2における、マンション管理適正化指針（国交省作成の指針のみならず、当該都道府県等において管理適正化推進計画が定められている場合には、その計画内にさだめられた指針をも含む）に即した助言・指導・勧告である。

　これは、見た目上要件において管理が「著しく」不適正とされているとしても、ソフト面に対するものであるため、実質的にはこれまで見てきた制度に比べて早期の介入が可能となる。ここで想定されている著しく不適正な類型としては、管理組合が存在していないとか、修繕費用の積み立てがないだとかのようなものであり、周辺への外部不経済が発生していない段階でも介入が可能である[33]。とはいえ、勧告を経ても何も行わない場合には他の手段に移行するしかなく、その際にはこれまで見てきた制度の発動段階まで待つしかないとすれば、強制力のある手段を用いようとすると管理がなされてないマンションをみすみす許してしまうこととなる。

　このような設計になっているのは、管理面はマンション内ゲームに過ぎない問題であって、都市との関係が十分に捉えられていないことが原因であるように思われる。このようなマンション内ゲームの問題を、都市のゲームから関心を持たざるを得ないことを捉えうる言葉が、民事法において既にみられ[34]、空家法においても採用された概念である「管理不全」であると思われる。以下に見てみよう。

---

33) 各都道府県等が作成しているマンション管理適正化推進化計画内における適正化指針内においても、ソフト面についてのみ触れるようになっている。
34) ただし、民法における管理不全建物管理命令（民法264条の14）における「管理不全建物」と、空家法13・14条における「管理不全空家」とは、若干概念が相違している。前者は、当該概念において外部不経済の発生を要求するのに対して、後者は、「特定空家」が外部不経済の発生段階であることを前提に、それを早めるものである。とはいえ、いずれも、管理の懈怠が、外部不経済につながることを認めている。

IV　マンションへの介入の早期化を可能とする提案の検討
　──管理不全マンションへの指導・勧告

1　「管理不全空家」＝外部不経済未発生段階での介入

　令和5年改正前空家法（以下「旧空家法」）においては、措置の対象となる「特定空家」（2条2項）について、(a)そのまま放置すれば倒壊等著しく保安上危険となるおそれのある状態(b)著しく衛生上有害となるおそれのある状態(c)適切な管理が行われていないことにより著しく景観を損なっている状態(d)その他周辺の生活環境の保全を図るために放置することが不適切である状態にあると認められる空家としたうえで、(a)(b)については旧空家法14条における助言・指導／勧告／命令のうち、除却をも可能とするのに対して、(c)(d)については除却の対象としない[35]。しかし、勧告でも地方税の特例措置が解除される（地方税法349条の3の2第1項）。

　このような区別からは、生命・身体等への危険性がある相隣関係的外部不経済については除却を含めて対処するものの、それ以外については除却の必要性までは認識していないということとなる[36]。このような、周辺住民への生命・身体等への危険性をメルクマールとしようとする姿勢は、要除却認定と特定要除却認定との区別を想起させる。また、この要件を建基法10条3項と比較すると、「おそれ」段階での介入が正当化されていることが分かる[37]。ここでは、空家になっているために、被処分建物所有者の居住等の利益を想定しなくてもよいことから、事前の介入が正当化されている。

　さて、すでに見たように空家法は現在の基礎自治体における重要な政策法務分野となり、空家法施行後約2万戸に対して措置が行われている。するといきおい、「特定空家」になる前での介入が現場からは要求される。そして、①空き家が個人財産である一方、外部不経済を発生させる場合には「地域の

35）角松・前掲注10）60頁。
36）角松・前掲注10）59-60頁。
37）角松・前掲注10）63頁。

問題」であること、②地方公共団体の人的資源不足によって、特定空家等になってからの介入では遅いこと、③特定空家等への発生抑制策がこれまで不十分だったことなどが背景として、「管理不全空家」[38]への介入が要求される。こうして、「適切な管理が行われていないことによりそのまま放置すれば特定空家等に該当することとなるおそれのある状態」にある空家を「管理不全空家」として介入することとなり、令和5年空家法改正において、管理不全空家に対する助言・指導勧告（空家法13条）とともに、管理不全空家管理命令（空家法14条3項）が設けられた。

　空家法改正に関して、宇賀克也は「周囲に外部不経済をもたらす前の段階で、空き家を適切に関したり有効活用したりする施策を総合的に推進することを提言する内容になっている」と紹介する。ここで注目すべきはこの「外部不経済」に付されて脚注において、「これらの外部不経済は、周辺の不動産の資産価値を減少させるのみならず、外部不経済が申告になればなるほど、その対策のために投じられる工費も増大する傾向があり、他の公務に振り向けることが可能であった公費が費消されることになる」[39]としている部分である。

　このような外部不経済に至らない段階での積極的介入は、これまで見てきたものに比してやや異質なものに映る。しかし、以下の理由から過大な行政介入には当たらないという。①管理不全空家としての指導の対象となるのは、改正空家法5条「空家等の所有者又は管理者……は、周辺の生活環境に悪影響を及ぼさないよう、空家等の適切な管理に努めるとともに、国又は地方公共団体が実施する空家等に関する施策に協力するよう努めなければならない。」の責務を履行していないと認められる空家等に限られること、②指導の対象・内容が同6条1項の基本指針に示されており、予見可能性が確保されていること、③指導は法的拘束力を有しないこと、④特定空家等の除却コストを防止することは行政・周辺住民、空家等の所有者の三者によいこと

---

38) 国土交通省住宅局住宅総合整備課住環境整備室「空家対策の推進について」日本不動産学会誌37巻3号（2023年）32頁。
39) 宇賀克也「空家等対策の推進に関する特別措置法の改正」行政法研究50号（2023年）5頁。
40) 宇賀・前掲注39) 29頁。

であること[40]。

　この宇賀の紹介からは、外部不経済をもたらす前の段階で介入することが、外部不経済発生の防止において有益であること及び、この段階ですでに建物所有者の「責務」の不履行状態にあること③予測不能な不利益を受けないことが理由として挙げられている。このような議論は、近時の土地法制におけるように、都市空間において一定の範囲を占める土地という財の所有者に一定の義務を課し、この義務の不履行状態に介入の根拠を見出そうとする方向性と軌を一にするものと言える。既に、都市のなかで、外部性の管理により防止することはゲームのルール化しているのである。

　勧告を受けた場合にすでに地方税法第349条の3の2第1項括弧書きは、同本文の地方税の特例を遮断する効果を有する不利益的法効果を設定している[41]。しかもこうした連結は取りまとめ段階で想定されていた[42]。これはつまり、ソフト面での問題がいずれハード面に問題をきたし、都市のゲームにも影響を与えることを想定できる適切な関与ポイントがあり、その実効性も確保してよいというものである。では、これを管理不全マンションにこれをスライドすることが許されるか検討が必要となる。

2　管理不全マンションへの介入への転用可能性

(1)　管理と外部不経済防止の関係の明記の必要

　まず、マンションについて、空家同様の責務が区分所有者らに課せられていると言えるのかという問題がある。管理責任は適正化法に示されているが、同法5条1項は一時的な責務者を管理組合とし、管理組合は管理指針の定めるところに留意して、適正管理責務を有する、そして区分所有者らはこの管理組合の一員としての役割を適切に果たすように努めるとある。

---

[41]　空家法における特定空家に対する勧告（現22条2項、旧14条2項）について、北村喜宣『空き家問題解決を進める政策法務』（第一法規、2022年）52頁は、処分性があると判断される可能性があるとする。このことからすると、同様の法的地位に立つことになる管理不全空家に対する勧告も処分性があるとする可能性がある。

[42]　国土交通省社会資本整備審議会住宅宅地分科会空き家対策小委員会「社会資本整備審議会住宅宅地分科会空家対策小委員会とりまとめ——今後の空き家対策のあり方について」11頁（2023年2月）。

これは、改正空家法5条が、管理責任の一内容としての外部不経済発生防止を明確にしているのに比べると、マンション内のことにしか興味がない規定ぶりである。国交省の定めたマンション管理適正化指針を見ると、指針の前書きとして、老朽化マンションの都市における外部不経済の発生に対する懸念が述べられる[43]ものの、「マンションの管理の適正化の推進のために管理組合が留意すべき基本的事項」においては、マンションによる外部不経済発生防止に関する記述は登場しない。この点は、今後、適正化法または円滑化法などの行政介入を必要とする法制度において明確化しておく必要があるように思われる。

(2) 介入の強度──不利益的措置を設けることは可能なのか？

マンションに対して、現状よりもさらに段階で介入することは合理的であり、空家法同様に、管理不全に対する指導・助言・勧告を整備することは必要性があるように思われる。現状、上記の管理適正化指針上は、ソフト面での介入が必要な場面を述べる。しかし例えば、総会の実施がなされていないことや、修繕積立金が積み立てられていないことなどは、ハード面に対する影響に直結しうると思われる。この蓋然性が管理不全空家の荒廃化の蓋然性に匹敵するならば、より積極的な介入の必要性があるように思われる。

とはいえ、これらの指導や勧告に従わないことについて、何らかの不利益的な措置を設けることについては、ややその実効性に問題を感じないではない。板垣勝彦が空き家対策とゴミ屋敷対策について対処法を変える必要性を説くように[44]、空家ではなく居住者がいる管理不全マンションについて、簡単に管理不全空家に関する措置を転用することはできない。たとえばマンシ

---

[43] 「特に、今後、建築後相当の年数を経たマンションが、急激に増大していくものと見込まれることから、これらに対して適切な修繕がなされないままに放置されると、老朽化したマンションは、区分所有者自らの居住環境の低下のみならず、ひいては周辺の住環境や都市環境の低下など、深刻な問題を引き起こす可能性がある」。
[44] 両者は対象が住宅であること、何らかの代執行措置が可能であることについては問題を共通するとしつつも、以下のような相違点があるという。空家は物理的な対処で問題を対応することが出来るが、ゴミ屋敷は問題の処置には居住者の性質に対するアプローチが必要であるという点を挙げる。板垣勝彦「空き家条例とごみ屋敷条例」都市住宅学104号（2019年）27-33頁、28頁。

ョンと空家とでは、管理不全状態に不利益的な法効果を与えることにより人々が動かされる方向性が大きく異なる。空家所有者にとって空家は非居住的な財である。これの経済性が失われれば解体することで土地としての流動性を高めようとすることが期待しうる。ところが、マンションの現住人に経済的不利益を与える場合には、直ちに経済性がないとして出ていけるものもいれば、どれほど市場性を失ったとしても住み続けようとするものもいる。この場合、空家法としての手出しは難しいし、マンション法制のほとんどの制度が管理組合に属する区分所有者による対処に期待していることとは整合しないものとなる。こうして不利益によるインセンティブはあまり現実的ではなく、居住者による管理それ自体を向上させるような仕組み——マンション管理士との連携をより積極的に行わせる仕組みを比較的穏当なものとして各自治体が目下導入しようとしている[45]。

V　おわりに——都市のゲームによるヨリ積極的な介入

　以上では、外部不経済又はその防止をルールとして都市がマンションに介入することを見てきた。では、都市のゲームから見たときに都市施設の適正配置を理由に、マンションを調整することは正当化できるであろうか。
　都市のゲームを扱う都市計画法において、収用適格事業についてはこれまでも拡大してきた[46]。ここでは、収用適格事業に関する公益について、公共用私用収用のことを思い出しておく。市街地開発事業として認められている〔住宅市街地開発事業や工業団地造成事業〕でみられる「公共性」とは、「個々の施設の公共性とは全く性質を異にするものであり、都市問題または大都市問題を解決するための広義の都市計画または大都市圏における土地利用計画を実現するための一手段として、すなわち、より大きな「計画の一

45　最終的には管理不全不動産同様に、マンション内ゲーム自体を都市のゲームのもとに従わせるような、管理組合に代わる管理者を外部から送り込む、という手法も想定しうる。篠原3-2、240頁参照。
46　以下の計画による公共性論について、角松生史「『計画による公共性』・再考——ドイツ建設法における計画付随的収用」」三辺夏雄ほか編『原田尚彦先生古稀記念　法治国家と行政訴訟』（有斐閣、2004年）513-549頁。

環」として「公共性」をもつといった性格のものであるといわなくてはならないのである[47]」。周知の「計画による公共性」論であるが、これに対する懸念として、藤田宙靖はそれぞれの事業の公共性を実体的に基礎付けることを目指す[48]が、遠藤はまさに計画の一環として定められることにより公共性が確保されるということを認める[49]。公共的私用収用がそうであるように、そのような計画に基づく公共性がありうることが法律上確認されることが必要であるが、外部不経済の発生・未然防止よりもかなり不確かな目標設定により「公共性」が認められている。

　このような中で、都市のゲームとしての全体的土地利用の合理性の観点から、マンションのゲームのルールに影響を及ぼそうとする提言として、本研究会の参加者らから出されている都市再生法上の立地適正化計画とマンションの建替え・解消の接続がある[50]。これらは収用までの強度の介入を提言するものではない。とはいえ、現状の立地適正化計画に基づくコンパクトシティへの各種の誘導は、税制上の優遇や財政支援、容積率緩和（94条の２）などの優遇措置によるものであって、規制的なものは居住誘導区域外での建築等についての届出義務とそれに対する勧告（都市再生法88条）及び居住調整地域指定（89条）に留まる。この観点からは、都市のゲームの側からマンション内ゲームに対して外部不経済やそれの前倒しとしての管理不全への介入を強度なものとすることについては依然として課題が残っている部分がある。しかし、正のインセンティブによる介入を設ける方向性は考えていくべきと思われる。

　マンションに対する行政的介入は、民事法及び都市法をめぐる各種の法発展の応用問題という様相を呈している。本稿の検討も不十分な点が多いと思われるが、行政法学からの検討が筆者以外からも多数寄せられ、本稿をたたき台にしてもらえれば幸いである。

---

47) 遠藤博也「土地収用と公共性」『行政過程論・計画行政法』（信山社、2011〔初出1990〕年）396頁。
48) 藤田宙靖『西ドイツの土地法と日本の土地法』（創文社、1988年）173頁。
49) 吉原１-２、34頁も参照。
50) 長谷川洋「マンション再生の円滑化に向けた事業制度のあり方に関する試論」長谷川２-６、201頁、吉原知志「マンション法制の都市法的把握と課題」吉原１-２、38頁。

第6章
マンション再生の円滑化に向けた事業制度のあり方に関する試論

長谷川　洋

Ⅰ　はじめに

　国土交通省の推計によると、令和4年（2022年）末時点のマンションストック総数は約694.3万戸である。このうち、築40年以上のマンションは約125.7万戸存在し、この数は10年後には約2.1倍の260.8万戸、20年後には約3.5倍の445.0万戸に増加すると見込まれている[1]。

　こうした建築後相当の年数が経過したマンションでは、区分所有者の高齢化・非居住化や建物の物理的又は社会的な老朽化が進行しているものが少なくない。老朽化を抑制し、周辺への危害等を防止するための維持管理の適正化や老朽化が進み維持修繕等が困難なマンションの再生に向けた支援制度等の強化が喫緊の課題となっている。

　このため、法務省においては、法制審議会区分所有法制部会を設置し、区分所有法制の見直しに向けた検討が行われてきた。17回に及ぶ議論を経て、令和6年1月16日に「区分所有法制の改正に関する要綱案（以下「要綱案」という。）」が決定された。

　今後、要綱案を踏まえた区分所有法の改正が予定されているところであるが、マンション（団地を含む。以下同様とする。）の再生の促進に向けては、区分所有法による権利調整のしくみ（決議の多数決要件、決議の反対者に対する売渡し請求等による合意の擬制）に加えて、事業を円滑かつ安定的に実施するための事業制度の整備が必要不可欠となる。また、住宅・まちづくり政策の観

---

[1] 国土交通省「今後のマンション政策のあり方に関する検討会とりまとめ　参考資料集」（令和5年8月10日）5頁、8頁

点から、再生を支援する制度の整備も欠かせない。

　そこで本論では、事業法である円滑化法の整備を中心とした事業制度のあり方について試論を展開する[2]。論点は以下の二つである。第一は、マンション管理組合の自発的な取り組みを支援するため、要綱案に基づいて予定されている区分所有法改正を踏まえた事業制度のあり方である。第二は、自発的な取り組みが困難であり、管理不全状態やさらに危険・有害な状態に至る可能性のあるマンションに対する事業制度のあり方である。

Ⅱ　区分所有法制の改正に関する要綱案における再生制度の概要

　要綱案には、区分所有建物の再生や更新の円滑化を図る方策として、①建替え決議の多数決要件の緩和及び建替え決議がされた場合の賃貸借の終了等の規律の創設、②多数決による建物・敷地の一括売却や建物取壊し等の規律の創設、③多数決による建物更新に関する規律の創設等が盛り込まれた。また、団地の再生や更新の円滑化を図る方策として、④団地内建物の一括建替え決議及び団地内建物の建替え承認決議の多数決要件の緩和、⑤団地内建物・敷地の一括売却決議の規律の創設、⑥団地内建物の全部又は一部が全部滅失した場合における団地の管理や再生決議の円滑化に係る規律の創設等が盛り込まれた。

　これらの建替え、建物・敷地の一括売却や建物取壊し、建物更新等に係る決議の多数決割合については、基本的な多数決割合を5分の4以上としたうえで、一定の客観的事由（Ⅲ1(2)で後述する令和2年円滑化法改正で拡充されたマンション敷地売却制度の要除却認定の対象の5項目のいずれかに該当）が認めら

2）本論は、次の拙稿をもとに、その後の検討・考察を加え、再構成したものであり、提言している制度は、筆者の一研究者としての見解である。
・長谷川洋「団地の建替え・解消制度および敷地分割制度を考える──事業法制度の整備の観点から」マンション学76号（2024年2月）66-73頁
・長谷川洋「マンション再生に係る事業制度を考える─区分所有法改正を見据えて再生のさらなる促進に向けて─」（マンション学77号、2024年4月）23-31頁
・長谷川洋「集約型都市構造の実現に向けた持続可能な居住再編とマンション政策」マンション学66号（2020年4月）14-22頁

れる場合は、多数決決割合を4分の3以上に緩和して決議（以下「緩和決議」という。）をすることができるものとされている。

Ⅲ 予定される区分所有法改正を踏まえた事業制度のあり方について

1 現行制度における区分所有法と円滑法の関係性について

まず、現行のマンション再生に係る制度における区分所有法と円滑法の関係性について概観しておく。

(1) 平成14年区分所有法改正・円滑化法制定による建替え制度

建替えが大きな社会的問題となりつつある中で、建替えの対象となるマンションは、物理的状況からして不良な状況にあるものから、物理的には一定の老朽状況にあるものの、むしろ機能面での陳腐化を理由に建替えが決定されるべきものまで多様である。このため、平成14年の区分所有法改正においては、透明性を持った情報提供に基づく区分所有者間での議論と合意を尊重することとし、従来の決議の前提となる要件（老朽要件及び費用の過分性要件）が撤廃され、区分所有権及び敷地利用権の各5分の4以上の多数決のみで建替え決議をすることが可能となった[3]。

一方で、建替え決議が成立したとしても、私法である区分所有法は事業法的な内容を持たないため、決議成立後の建替え事業の実施段階においては次の①から③に示すような課題があった。①建替えを実施する団体は、民法上の組合又は組合類似の関係を構成すると考えられているが、この団体には法人格がない。このため、建替え事業に必要な契約は個々の建替え参加者の民

---

3 一方で、建替え決議に至る手続き規定が強化された。具体的には、建替え決議を会議の目的とする集会の招集通知において、①建替えを必要とする理由、②建物の建替えをしないとした場合における当該建物の効用の維持又は回復（建物が通常有すべき効用の確保を含む。）をするのに要する費用の額及びその内訳、を通知することが必要とされた。また、集会の開催日より少なくとも1月前までに、当該招集の通知事項について区分所有者に対して説明を行うため○説明会の開催が義務づけられた。

事契約の積み重ねになるなど、事業主体が法的に不安定である。②事業の円滑な遂行を担保する法的枠組みがない。③抵当権者、借家人等の区分所有者以外の第三者との権利調整等を事業の中で処理する仕組みがなく、その合意取り付けコストが非常に大きい。

このため、建替え決議成立後の建替え事業の円滑化を図るため、平成14年に円滑化法が制定され（平成14年6月19日公布、平成14年12月18日施行）、法人格を有する建替え組合の設立、行政処分（権利変換）による関係権利の移行等のしくみが措置された。

円滑化法は、区分所有法に基づく建替え決議等の合意が行なわれたマンションに幅広く適用される事業制度として創設されたものである。このため、現行の建替え制度は、私法である区分所有法と公法である円滑化法のいわば「接ぎ木システム」となっている。これは老朽化の程度やプロジェクトの優位性（公益性の大きさ）を評価して対象を限定的に適用する制度ではなく、建替えの合意が得られたマンションに普遍的に適用される法制システムであるといえる。

(2) 平成26年・令和2年円滑化法改正によるマンション敷地売却制度

巨大地震発生の可能性が高まる中で、耐震性不足の老朽化マンションの更新が喫緊の課題であるため、平成26年に円滑化法が改正され（平成26年6月25日公布、平成26年12月24日施行）、耐震性不足のマンションについてのマンション敷地売却制度が創設された。特定行政庁が、地震に対する安全性に係る基準に適合していないことによる除却の必要性に係る認定（以下「要除却認定」という。）をしたマンションについて、区分所有者、議決権及び敷地持分割合の各5分の4以上の多数で、マンション・敷地を買受人（デベロッパー）に一括売却できる制度である。

さらに、老朽化が進み維持修繕が困難なマンションの更新の円滑化のため、令和2年に円滑化法が改正され（令和3年12月20日施行）、マンション敷地売却制度の対象が拡大された。すなわち、要除却認定の対象として、従来の①耐震性の不足に加え、②火災に対する安全性の不足、③外壁等の剥落により周辺に危害を生ずるおそれ、④給排水管の腐食等により著しく衛生上有害と

なるおそれ、⑤バリアフリー基準への不適合が追加・拡充された。要除却認定を受けた場合には、マンションの建替えの際に容積率の緩和特例の適用対象となる。加えて、①から③の生命・身体に危険性があると認められる項目に対する認定を「特定要除却認定」と位置づけ、特定要除却認定を受けた場合には、区分所有者、議決権及び敷地持分割合の各5分の4以上の多数で、マンション敷地売却決議が実施できることとされている。

マンション敷地売却制度は、(区分所有法に基づく決議ではなく)円滑化法の枠組みにおいて特定行政庁による要除却認定に基づき決議を行い、決議後にマンション敷地売却の事業を円滑に行うしくみである。建替え制度が区分所有法と円滑化法の接ぎ木システムであるのに対し、マンション敷地売却制度は「円滑化法における決議・事業実施の一体化システム」であるといえる。

2　予定される区分所有法改正を踏まえた円滑化法の整備の考え方

要綱案に基づき予定されている区分所有法改正を踏まえた、今後の円滑化法の整備の考え方と論点について、試論を展開する。

(1)　円滑化法の整備の方向性

要綱案では、区分所有建物の再生の円滑化を図る方策として、建替えに加えて、建物・敷地の一括売却、建物取壊し、建物更新等の様々な再生・更新に係る決議制度の創設と、一定の客観的事由が認められる場合は、緩和決議をすることができる旨の取りまとめが行われた。こうした点を踏まえ、今後の円滑化法の整備の方向性として、次の提案をしたい。

　提案①：除却等の必要性に係る認定(以下「要除却等認定」という。)[4]を受けたマンションについては、建替え、建物・敷地の一括売却、建物取壊し、建物更新等について緩和決議することができる旨の規定を円滑化法に設ける。

---

[4]　要綱案では、建物更新決議についても、令和3年の円滑化法改正で拡充されたマンション敷地売却制度の要除却認定基準の5項目のいずれかに該当する客観的事由が認められる場合は緩和決議ができる規定を設けることが謳われている。建物更新は、建物を除却する行為ではないため、5項目の基準のいずれかへの適合性の認定を「要除却等認定」と称することとする。

提案②：居住政策との連携を強化し、代替建築物等提供計画の実効性を高める。

提案③：区分所有建物のうちマンションについては、緩和決議をしようとする場合は円滑化法の適用を強行規定とする。

すなわち、緩和決議によるマンションの再生・更新事業については、要除却等認定を受けることを前提とし、現行のマンション敷地売却制度で採用している「円滑化法における決議・事業実施の一体化システム」を適用しようという提案である。その理由は、緩和決議によるマンションの再生・更新事業では、「決議の安定性の確保」と事業不参加者等に対する「居住の安定の確保」がより強く求められるからである。以下では具体的に説明する。

(2) 決議の安定性の確保

現行のマンション敷地売却に係る円滑化法の枠組みでは、要除却認定に係る調査・判定を行う建築士等の調査資格者が定められている（同法102条2項に基づく令和3年国土交通省告示第1522号「除却の必要性に係る認定に関する基準等を定める告示」）。調査資格者による調査結果をもとに、マンションの管理者等が特定行政庁に対し要除却認定の申請を行い、特定行政庁は基準への適合が認められるときは要除却認定をしなければならないこととなっている。

ところで、要除却認定に係る項目の中には、調査する建築士の知見や経験等によっては判断が左右される可能性のある項目（基準）も含まれる。このため、区分所有法の規律のみでは客観的事由の要件充足の有無をめぐって訴訟になる可能性があり、決議の安定性の点で大きな問題を生じかねない。緩和決議をしようとする場合、要件充足の有無に係る判断の安定性を高める観点から、特定行政庁による認定に至る一連の手続きを適用することが望ましい[5]。その必要性は次の二点にある。

一点目は、事業主体側からみた必要性である。認定は行政処分であり、こ

---

5) 区分所有法の規律において要件充足の有無をめぐる判断の円滑化のためには、非訟事件の手続を設けて、裁判所の確認を経ることとする考え方もある。しかし、円滑化法制における行政の認定手続が既にある点や、後述する事業不参加者等に対する居住の安定確保を図るための措置の必要性等に鑑みると、行政法（円滑化法）の規律における対応とすることが望ましいと考える。

れに不服がある場合には、行政不服審査や行政訴訟で争うことが可能であるが、行政行為に対しては、行政事件訴訟法3条2項の取消訴訟の排他的管轄に基づく「公定力」が働くため、（民事での手続きに比べて）事業を進めるうえでの安定性をより確保できると考える。

　二点目は、円滑化法に基づく一連の認可手続きを行う行政側からみた必要性である。区分所有法と円滑化法の接ぎ木システムとした場合、区分所有法に基づく緩和決議の後に、都道府県知事等（市の区域内にあっては、当該市の長。以下同様とする。）に対して、円滑化法に基づく組合設立の認可申請が行われる。この認可にあたっては「申請手続が法令に違反するものでないこと」（法第12条第1項）が前提となる。このため、緩和決議の要件である要除却認定基準に合致することや決議をめぐるトラブルが生じていないことの確認がなされない限り、行政庁は認可をすることが難しく、その手続きコストは大きなものとなってしまう。

　以上のことから、円滑化法の枠組みにおいて、特定行政庁が要除却等認定をした場合には、緩和決議ができる規律を整備し、行政の認可手続き等に基づく決議及び円滑な事業実施ができるようにする必要がある。

　なお、緩和決議ができる要件は、要綱案に基づき予定されている区分所有法改正と整合を図るため、現行の要除却認定基準（①耐震性の不足、②火災に対する安全性の不足、③外壁等の剥落により周辺に危害を生ずるおそれ、④給排水管の腐食等により著しく衛生上有害となるおそれ、⑤バリアフリー基準への不適合）のいずれかに該当する場合に拡充を図る（前掲注3）のとおり、「要除却等認定」基準という。）。

(3) 事業不参加者等に対する居住の安定の確保

　今後建替え期を迎える高経年マンションでは、建替えに有利な事業性に恵まれたケースが少なくなることは必至である。建替えの成否を決める事業性は地価と建替え前後の容積倍率に規定され、建替えの可能性があるのは、地価が高く、容積倍率が大きく、マンションの床需要が大きい立地が中心となる。これまでの建替え事例の多くは、延床面積の大きいマンションに再建し、保留床を創出・売却することで事業を成功させてきた[6]。しかし今後は、こ

うした手法を採用できる事業条件はより限定的になることから、緩和決議を採用しようとしても、経済的理由により賛成できない者が増え、合意形成が難しくなる事態が想定される[7]。

　また、建替えが難しい場合には、マンション敷地売却による処分が一般化するものと考えられるが、同様に地価の問題が事業上の課題となる。これまでのマンション敷地売却事例は、開発利益が織り込まれることで高額で売却可能な都心部の事例が中心であるが[8]、今後は建物と区分所有者・居住者の２つの老いが同時に進行するマンションが、都心部だけでなく、地価水準が相対的に低い大都市郊外部や地方都市中心部も含めて各地で増加する見込みである。例えば、図１はa)首都圏、b)近畿圏、c)中京圏、の市区ごとに一定の条件下で平均的なマンション敷地売却額を試算したものである[9]。３大都市圏においても、都心以外の立地では売却価格が1,000万円に満たない立地が少なくないことが示唆される。このように売却価格が低額となる立地では、代替住居の確保が難しいなどの理由で、マンション敷地売却の合意形成が難しくなる事例の増加も懸念される。

　以上のことから、緩和決議を有効に機能させるためには、円滑化法の枠組

---

6) マンション再生協議会のHP（https://m-saisei.info/tatekae/enkatsukajirei_index.html）に掲載されている円滑化法の制定以降の同法適用による建替え実現事例を分析したところ、平均住戸数は建替え前後で98.4戸／件から172.9戸／件へと約74戸の増加となっている（把握可能な141事例）。また、建替え前後の延床面積の平均増加倍率は2.5倍となっている（把握可能な126事例）。

7) 従来の建替え事例では、経済的負担力の小さい者に対しては取得しやすい小規模な住戸を用意するなどの計画面での配慮や、再建マンションの取得が難しい者に対しては借家人の立場として継続居住できるようにする工夫（当該住戸を規約共用部分として賃貸する事例、区分所有者が取得し低家賃で賃貸する事例等）が行われてきた。しかし、事業主体によるこうした対策のみでは限界がある。

8) 従来のマンション敷地売却事例の特徴としては、①立地の用途地域は商業系地域が多く、住居系地域でも容積率指定の高い（400％等）地域となっている。②従前マンションはすべて単棟型で、20～30戸以下の小規模マンションが半数程度を占める。③近傍地点の地価公示はm2あたり30万円強（坪あたり100万円）程度の地域もあるが、m2あたり300万円以上（坪あたり1000万円以上）の地域が半数を占める。④売却後の土地の新たな建物用途はマンションと判明しているのは５事例と半数以下で、オフィスビルや賃貸マンションを建築する事例も少なくない。

9) 各区分所有者の土地面積が50m2、各区分所有者の建物面積（専有部分及び共用部分）が20坪、解体除却費が９万円／坪と仮定し、公示地価（住宅地・平均価格）をもとに、各市の平均的なマンション敷地売却額（建物価格は０とし、建付減価で解体費を減額）を算出している。

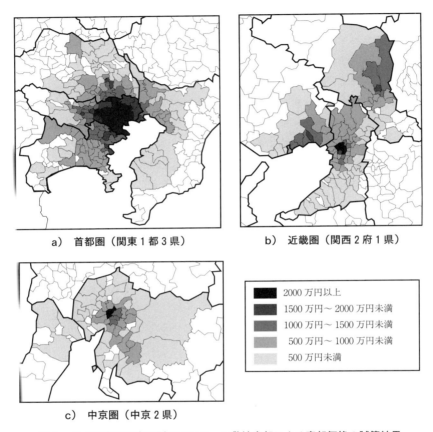

図1　3大都市圏の市区別のマンション敷地売却による売却価格の試算結果

みに、居住の安定確保を図る制度を組み込むことが必要不可欠である。その方法として「代替建築物提供等計画」の認定制度の強化が考えられる。現行のマンション敷地売却制度に規定されている「代替建築物提供等計画」制度は、マンション敷地売却決議に先立って認定を受ける「買受計画」に位置づけられるものである。このため、決議前の「意向未定・不明」も含まれた計画となっている。買受計画を認定した都道府県知事等は、買受人が代替建築物提供等計画に従って代替建築物の提供等を実施していない場合、同計画に従って実施するよう勧告することができる（法第114条）ことになっているが、

「意向未定・不明」を含む計画については、適切な代替建築物の提供等について指導・勧告することも難しい。

そこで、「代替建築物提供等計画」の実効性を高めるため次の制度改正を提案する。①「代替建築物提供等計画の認定」を、マンション敷地売却のみならず、建替え、建物取壊し、建物更新等のすべてのマンション再生・更新に係る決議制度に位置づける。②「代替建築物提供等計画の認定」は、「買受計画の認定（マンション敷地売却の場合）」と分離し、かつ「分配金取得計画の決定・認可」と連動して決議の成立後に行うしくみとする[10]。③②の前提として、各決議を会議の目的とする区分所有者集会（以下「決議集会」という。）を招集する際の通知において、「代替建築物提供等の方針」及び「買受の方針（マンション敷地売却の場合）」を通知することとする[11]。④「代替建築物提供等計画」では、決議後の区分所有者及び借家人[12]の個々のニーズに1対1で対応する形で代替建築物の提供又はあっせんの具体的な方法・内容を記載するものとする。⑤都道府県知事等は、代替建築物提供等計画の認定をしたときは、建替え実施者、居住支援協議会、居住支援団体等と連携して、代替建築物提供等計画に位置づけられた代替住居の提供又はあっせんをしなければならないものとする。

なお、代替住居の提供又はあっせんについては、区分所有者や借家人の意向確認の結果を踏まえ、多様な方法で実施するものとする。例えば、従来行われている不動産会社（デベロッパーの系列会社等）からの物件紹介や公的賃貸住宅の募集情報等の提供等に加えて、公営住宅等の公的賃貸住宅の優先入

---

10) 代替建築物提供等計画の認定を決議後にすることは、同計画の実効性を高めることのほか、区分所有法に基づいて原則決議をしたマンションが決議後に円滑化法を適用する場合の制度接続の分かりやすさの点でも効果がある。
11) 決議集会の招集通知に記載する「代替建築物提供等の方針」は、区分所有者や借家人の希望に最も近い立地、規模、購入・家賃水準等の代替建築物の提供又はあっせんをどのような方針で実施するかを記載する。また、「買受の方針」は、当該要除却等認定マンションの買受け及び除却の予定時期、当該要除却等認定マンションの買受け及び除却の資金計画の概要、当該要除却等認定マンションを除却した後の土地の利用等の方針等を記載するものとする。
12) 要綱案では、建替え決議等が成立した場合の借家人への賃貸借の終了請求の制度化が謳われており、借家人は賃借している専有部分の明け渡しにあたって補償金の提供を受けることができる。しかし、補償金が低額の場合も想定されるため、事業の円滑な実施の観点から、借家人も代替建築物提供等計画の対象に位置づけることが望ましい。

居、居住支援協議会や居住支援法人等の連携による住宅確保要配慮者の入居を拒まない民間賃貸住宅等への入居のあっせん、サービス付き高齢者向け住宅の紹介など、対象者のニーズに応じた多様かつ柔軟な方法で居住の安定の確保を図るものとする。

(4) 円滑化法に基づく再生・更新事業の制度スキーム

上記の考察を踏まえ、円滑化法に基づく再生事業の制度スキームを提示する。建替えの基本的な事業スキームを図2に、マンション敷地売却の基本的な事業スキームを図3に示す。

i) 円滑化法に建替えの基本スキーム

①特定行政庁による要除却等認定、②要除却等認定に基づく建替え決議（区分所有者及び議決権の各4分の3以上。決議を目的とする集会の招集通知事項に「代替建築物提供等の方針」を追加）、③代替建築物提供等計画の認定、④定款及び事業計画の策定、⑤法人格を有する建替え組合の設立、⑥組合による建替え不参加者への売渡し請求、⑦組合による賃借権の終了請求[13]、⑧権利変換計画の決定、⑨権利変換期日における権利変換、⑩建替え工事、となる。

ii) 円滑化法に基づくマンション敷地売却の基本スキーム

①特定行政庁による要除却等認定、②要除却等認定に基づくマンション敷地売却決議（区分所有者、議決権及び当該敷地利用権の持分の価格の各4分の3以上。決議を目的とする集会の招集通知事項に「買受の方針」及び「代替建築物提供等の方針」を追加）、③買受計画及び代替建築物提供等計画の認定、④法人格を有するマンション敷地売却組合の設立、⑤組合による反対区分所有者への売

---

13) 要綱案に基づく区分所有法での賃貸借の終了請求では、建替え決議等に賛成した各区分所有者（催告により建替え等に参加する旨の回答をした者を含む）等が借家人への賃貸借の終了請求をすることが想定されている。円滑化法において賃貸借の終了請求を制度化するうえでは、賃貸人たる区分所有者が補償金の支払い義務を負う一方で、終了請求をした組合もその支払いに連帯責任を負う旨を規定することが必要と考えられる。

なお、現行の円滑化法では、建替えに係る施行マンションの借家権を有する者で、権利変換計画を希望しない旨の申出をした者に対して支払われる補償金の算定基準が設けられている。当該基準を参考に補償金の算定基準を設ける必要がある。

2-6 マンション再生の円滑化に向けた事業制度のあり方に関する試論　187

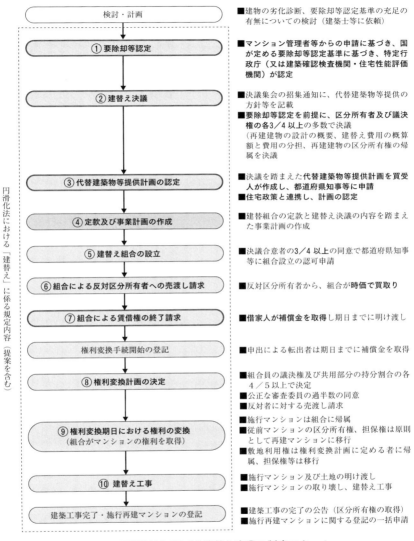

図2　円滑化法に基づく建替え事業の制度スキーム

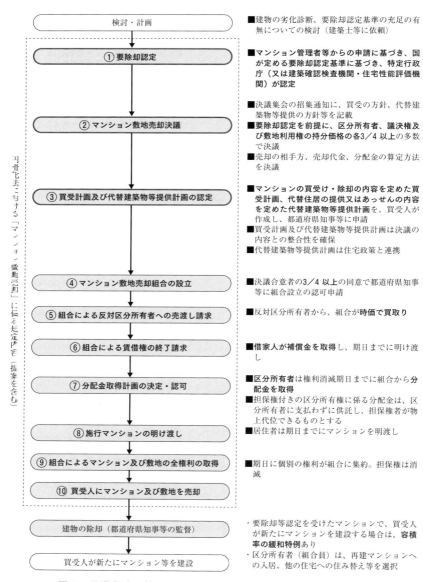

図3 円滑化法に基づくマンション敷地売却事業の制度スキーム

渡し請求、⑥組合による賃借権の終了請求、⑦分配金取得計画の決定・認可、⑧施行マンションの明け渡し、⑨組合によるマンション及び敷地の全権利の取得、⑨買受人にマンション及び敷地の売却、となる。

　以上のように、制度スキームの詳細は再生・更新の内容によって詳細は異なるが、要除却等認定に基づく決議、居住の安定確保に係る計画の認定制度、法人格を持つ組合の設立、行政処分に基づく事業実施等を可能とすることで、マンション再生・更新の円滑化が期待できる。

(5) 円滑化法適用の強行規定と区分所有法との関係

　区分所有建物のうちマンションにおいて緩和決議をしようとする場合は、円滑化法の適用を強行規定とし、要除却等認定を必ず受けるものとすることを提案したい[14]。

　この点に関して、すべての再生・更新に係る緩和決議についての要除却等認定を特定行政庁が行うことになると業務量の増大が危惧されるが、国土交通大臣が指定する指定確認検査機関又は指定性能評価機関の活用で対応が可能と考えられる。具体的には、要除却等認定の申請を受けた特定行政庁は、指定確認検査機関又は指定性能評価機関に基準への適合の確認を依頼し、その技術的確認結果を得て、所要の認定を行うことができるものとする。

　一方、区分所有法に基づく原則決議（5分の4以上）をするマンションについては、現行の建替え制度と同様に円滑化法の適用は任意とするが、決議後の事業の円滑な実施のために円滑化の適用が求められる場合も少なくないと考えられる[15]。この場合は、決議成立後の段階から（例えば、建替えの場合は図2の③代替建築物提供等計画の決定・認定の段階から、マンション敷地売却の場合は図3の③買受計画及び代替建築物提供等計画の決定・認定の段階から）円滑化

---

14) 緩和決議に係る要件充足の有無についての争いが生じるおそれのないマンションや小規模なマンション等において迅速に事業を進めようとする場合は、区分所有法による緩和決議を行い、円滑化法を適用せずに事業を進める場合も想定される。このため、区分所有法による決議制度と、円滑化法による決議制度を併存させ、制度の選択を管理組合の私的自治に委ねるという考え方もある。しかしここでは、事業の実施の安定性を高める観点から、緩和決議をしようとするマンションの場合は、円滑化法の適用を強行規定とすることを提案している。

法の適用を申請することができるものとする。

　なお、マンション以外の区分所有建物については、現行において円滑化法は適用されないため、新制度でも円滑化法による事業スキームを想定しない[16]。区分所有法に基づいて決議を行い、事業を進める必要があるが、緩和決議をする場合に、2(2)で指摘した「決議の安定性の確保」が課題となることは、マンションの場合と変わらない。このため、緩和決議の実施に先立ち、指定認定機関や指定性能評価機関が客観的事由の要件充足の有無を技術的かつ客観的に確認することができるしくみ（任意制度）を準備する必要があると考える。

V　管理不全マンション及び危険・有害マンションに対する事業制度のあり方

1　管理組合運営の適正化に係る助言・指導及び勧告

　令和2年に適正化法が改正され（令和2年6月24日公布）、マンションの管理の適正化の推進のため、国による基本方針・指針の策定、地方公共団体による管理適正化推進計画の策定、管理組合の運営に対する指導・助言及び勧告の制度等が創設された（令和4年4月1日施行）。

　指導・助言及び勧告については、都道府県知事等（市区にあっては当該市区、

15　現行のマンション建替え制度では、建替え決議成立後の円滑化法の適用は任意となっている。マンション再生協議会のHPに掲載されている建替え実現事例を分析したところ、円滑化法を適用した事例（https://m-saisei.info/tatekae/enkatsukajirei_index.html）の建替え前の平均住戸戸数は97.4戸／事例で、30戸未満の事例は21.0％である。これに対し、円滑化法を適用していない事例（https://m-saisei.info/tatekae/sonotajirei_index.html。都市再開発法に基づく建替え事例は除く）の建替え前の平均住戸戸数は52.1戸／事例で、30戸未満の事例が45.4％と半数近くを占める。円滑化法を適用することで、行政の認可手続き等により、事業実施の公平性・確実性を高めることができることや、決議後の手続きを多数決で進めることが可能となるため、一般的には、規模の大きなマンションほど円滑化法を適用する傾向にある。

16）マンション以外の区分所有建物は、都市再開発法に基づく市街地再開発事業による更新（建替え）のケースが想定される。一方、市街地再開発事業を適用しない区分所有建物（マンション以外）の再生については、ニーズ等について引き続き調査検討し、円滑化の適用化など必要な対策を講じていく必要がある。

町村にあっては都道府県。以下同様とする。）は、適正な管理が実施されていない管理組合の管理者等に対し、管理の適正化を図るために必要な助言及び指導をすることができるとしている（法第5条の2第1項）。また、管理組合の運営が著しく不適切であることを把握したときは、管理組合の管理者等に対し、適切な管理を行うよう勧告することができるものとしている（同条第2項）。

　ここでいう適正な管理とは、国の「マンションの管理の適正化の推進を図るための基本的な方針（令和3年9月28日国土交通省告示第1286号）」に位置づけられているマンション管理適正化指針及び都道府県知事等マンション管理適正化指針に即した管理をいう。また、助言・指導及び勧告は、①管理組合の運営（管理者の選定、年1回以上の集会の開催）、②管理規約の作成・改正、③管理組合の経理（管理費と修繕積立金の区分、適正な管理）、④長期修繕計画の策定及び見直し（修繕積立金の積み立て）など、ソフト面でのマンションの管理・運営を対象に実施されるものである。

2　ハード面での管理不全マンション及び危険・有害マンションに対する措置の提案

(1)　新たな制度の必要性と提案の概要

　現行の管理組合運営の適正化に係る助言・指導及び勧告制度は、適切な管理組合運営を促すことでマンションの老朽化の抑制を図るための措置を都道府県知事等が法的な根拠をもって能動的に実施できることを目指した制度である（「助言・指導及び勧告に関するガイドライン」（令和6年6月7日改訂））。しかし、勧告に対する実施期間が過ぎても勧告の内容が実施されないマンションに対しては、それ以上の措置は制度上存在していない。また、ソフト面の管理組合運営の適正化が現行制度の対象であり、ハード面での管理不全等の問題のあるマンションに対して、その状態を解消するための直接的な働きかけができるような制度は用意されていない[17]。

　今後、区分所有者の高齢化や不在所有者化等により、管理組合が十分に機能せず、修繕や改修がなおざりにされ、物理的に管理不全の状態にあるマンション（以下「管理不全マンション」という。）や、管理不全の状態がさらに進

行し、危険・有害な状態となったマンション（以下「危険・有害マンション」という。）が増加することが予想される。こうしたマンションが増加することで、当該マンション居住者の危険のみならず、周辺の住環境や都市環境の悪化を引き起こすことが懸念される。

　このため、円滑化法において、次のようなしくみを整備することが必要と考える。なお、管理組合等の適切な修繕等の実施に係る責務規定、管理不全マンションの修繕等による改善に係る助言・指導・勧告及び行政代執行に係る制度については適正化法に規定を設けるという考え方もあるが、現行の適正化法における適正管理に係る助言・指導・勧告がソフト面での管理を対象としていること等を踏まえ、ハード面での改善に係る事項については円滑化法に規定するという考え方を採っている。

(a) 管理組合等の責務の規定

　管理組合等のハード面での適正な管理や再生の取組に対する責務として、次のような規定を設けることが考えられる。①マンションの管理不全等により居住者の生命や周辺の生活環境等に悪影響を及ぼさないよう、管理組合はマンションの適切な修繕や再生に取り組むよう自ら努めるべきこと。②マンションの区分所有者等は、マンションの適切な修繕や再生に関し、管理組合の一員としての役割を適切に果たすよう努めるべきこと。

(b) 都道府県等に対する調査権の付与

　都道府県等に次のような調査権を付与する旨の規定を設けることが考えられる[18]。①都道府県等は、ハード面での適正な管理の実態把握等に必要な調査を行うことができること。②都道府県等は、前記の調査に必要な範囲で当

---

17) 空家法では危険又は有害な状態にある特定空き家に対する行政代執行までできる制度が措置されているが、全戸が空家とならなければ適用できない。また、建築基準法においては、「保安上危険な建築物等の所有者等に対する指導及び助言」（第9条の4）、「著しく保安上危険な建築物等の所有者等に対する勧告及び命令」（第10条）が可能であるが、転出区分所有者等の居住の安定確保など住宅政策との連携が弱い。このため、建築指導行政と連携しつつも、マンション法制（円滑化法）において制度を構築する必要があると考える。
18) 空家法第9条の「立入調査等」の規定を参考にすることが考えられる。

2-6 マンション再生の円滑化に向けた事業制度のあり方に関する試論　193

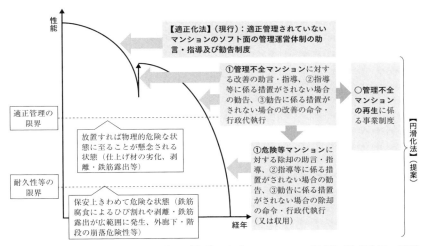

図4　管理不全マンションの改善及び危険・有害マンションの除却に係る助言・指導、勧告、命令・行政代執行に係る制度体系

該職員等をマンション敷地内又は建物内の立ち入らせることができること。③管理組合等は都道府県等による前記の調査に協力しなければならないこと。

(c)　改善・除却に係る助言・指導・勧告及び行政代執行に係る制度

　(a)、(b)を前提として、管理不全マンションのハード面での改善や危険・有害マンションの除却について、都道府県知事等が助言・指導や勧告、さらに命令・行政代執行までできる制度の創設が考えられる[19]。制度提案の全体的枠組みを図4に示す。

(2)　**管理不全マンションの改善の助言・指導、勧告及び行政代執行に係る制度**

　ソフト面での最低限の管理組合の運営体制が構築されていたとしても、ハード面での建物管理が適正に行われなければ、マンションの老朽化等が進行し、周辺に危害を及ぼす事態を招きかねない。そこで、管理不全マンションを対象とし、次のような制度の整備を提案する。

(a)　改善助言・指導制度

都道府県知事等は、適正管理の限界には至っていないものの一定の管理不全の状態にあるマンションの管理者等（管理者又は区分所有法の規定により置かれた理事をいう。管理者等が置かれていないときは、当該管理組合を構成するマンションの区分所有者。以下同様とする。）に対して、相当の期限を定めて、当該箇所の改善（修繕。以下同様とする。）に必要な助言又は指導することができる。

b) 改善勧告制度

都道府県知事等は、助言又は指導をした場合において、なお管理不全の状態が改善されないと認めるときは、当該マンションの管理者等に対し、相当の期限を定めて、当該箇所の改善を行うべきことを勧告することができる。

(c) 改善命令制度

都道府県知事等は、改善勧告を受けた当該マンションの管理者等が正当な理由がなくてその勧告に係る措置をとらなかった場合において、特に必要があると認めるときは、その者に対し、相当の期限を定めて、その勧告に係る措置をとることを命ずることができる。

(d) 改善行政代執行制度

---

19 併せて、ソフト面での管理組合運営が適正でないマンションに対する措置も強化する必要がある。例えば、勧告に対する実施期間が過ぎても勧告の内容が実施されないマンションに対しては、都道府県知事等が登録専門家を外部管理者として派遣し、この者に管理組合の運営等の管理行為や共用部分の保存行為等を行う権限を与えることが考えられる。

　ところで、要綱案では、管理不全の共用部分の管理に特化した新たな財産管理制度として「管理不全共用部分管理制度」の創設が謳われている。この制度において管理不全共用部分管理命令の請求権者は、「利害関係人」とされているが、それに該当するのは共用部分の管理が不適当であることにより被害を受ける近隣住民や区分所有者であると説明されており、国や地方公共団体については該当しない。国や地方公共団体については、マンションの管理の適正化の推進を図る観点から、利害関係がなくても管理不全共用部分管理命令の請求をすることができる旨の特例を設けることも考えられるが、マンション管理法制の観点から別途検討する必要があるとされている（「区分所有法制の改正に関する中間試案の補足説明」資料）。

　このため、ソフト面での管理組合運営が適正でないマンションに対する命令措置等のしくみを機能させる前提として、適正化法に規定されている「管理組合等の努力」規定（同法第5条）の内容を一歩踏み込んだ、より強制力のある規定に見直すことも必要と考えられる。今後の検討課題である。

表1　管理不全マンション及び危険・有害マンションの基準並びに勧告・命令等の対象

項目 ※1	評価基準 ※1	管理不全マンション	危険・有害マンション
耐震性	建築物の耐震性能が不足しているもの（0.3≦Is＜0.6）	○	◎
	建築物の耐震性能が著しく不足しているもの（Is＜0.3）		◎
火災安全性	建築基準法の防火規定に不適合で、簡易な修繕で適合させることが困難なもの（防火区画、界壁・小屋裏隔壁等の不備）		○
	建築基準法の避難規定に不適合で、簡易な修繕で適合させることが困難なもの（2以上の直通階段、非常用昇降機等の不備）		○
構造等の劣化損傷	外壁・柱・梁・屋根版等のコンクリート表層の劣化（ひび割れ、エフロレッセンス・白華や仕上げの劣化等）が多くみられるもの	○	
	外壁・柱・梁・屋根版等のコンクリートの著しい劣化（鉄筋に沿ったひび割れ、錆汁、浮き又は剥離、鉄筋露出等）が多くみられ、剥落の危険性が高いもの	◎	◎
	床版や屋根版のたわみ又は変形が大きいもの		○
	基礎の変形又は不同沈下が大きいもの		◎
	屋外の仕上げ材に著しい劣化が多くみられ、剥落の危険性が高いもの	◎	
設備の劣化	電気設備の不備、著しい劣化等により安全上支障があるもの	○	
	給水設備の不備、著しい劣化等により衛生上支障があるもの	○	
	給水設備の不備、著しい劣化等により衛生上支障があるもの	○	

※1　**ゴシック**は、マンション敷地売却決議の要件となる要除去認定基準に該当する項目
※2　◎は、行政代執行の判断基準に該当する項目

　都道府県知事等は、必要な措置を命じた場合において、その措置を命ぜられた当該マンションの管理者等がその措置を履行しないとき、履行しても十分でないとき又は履行しても同項の期限までに完了する見込みがないときは、行政代執行法の定めるところに従い、自ら義務者のなすべき行為をし、又は第三者をしてこれをさせることができる。第三者としては、要綱案で示されている「管理不全共用部分管理人」を選任し、この者に行わせることが考えられる。

　なお、ここでいう管理不全マンションの基準としては、**表1**の「管理不全マンション」欄に○又は◎（◎は行政代執行の判断基準に該当する項目。以下同様とする。）を付している項目を想定する。修繕による改善を促す対象であるため、主に「構造等の劣化・損傷」や「設備の劣化」が著しいものを想定する。具体的には、「構造等の劣化・損傷」については、「外壁・柱・梁・屋根版等のコンクリート表層の劣化（ひび割れ、エフロレッセンス・白華や仕上げの

劣化等）が多くみられるもの」や「外壁・柱・梁・屋根版等のコンクリートの著しい劣化（鉄筋に沿ったひび割れ、錆汁、浮き又は剥離、鉄筋露出等）が多くみられ、剥落の危険性が高いもの」、「屋外の仕上げ材に著しい劣化が多くみられ、剥落の危険性が高いもの」などが考えられる。また、「設備の劣化」については、「電気設備の不備、著しい劣化等により安全上支障があるもの」や「給排水設備の不備、著しい劣化等により衛生上支障があるもの」が考えられる。

(3) 危険・有害マンションの除却の助言・指導、勧告及び行政代執行に係る制度

老朽化がいっそう進行したマンションについては、居住者や周辺への危険を抑止するためのより強力な措置が必要となる。そこで、危険・有害マンションを対象とし、次のような除却に係る制度の整備を提案する。

(a) 除却助言・指導制度

都道府県知事等は、老朽化が進行し危険・有害な状態にあるマンションの区分所有者に対して[20]、相当の期限を定めて、当該マンションの除却に必要な助言又は指導することができる。

(b) 除却勧告制度

都道府県知事等は、助言又は指導をした場合において、なお危険・有害な状態が改善されないと認めるときは、当該マンションの区分所有者に対し、

---

20) 管理不全マンションの改善に係る助言・指導・勧告等は、現行の適正化法の管理不全マンションの助言・指導・勧告制度に合わせて、客体を「管理者等」としている。これに対して、危険・有害マンションの除却に係る助言・指導・勧告等については、客体を「区分所有者」としており、また、「一部の区分所有者は、都道府県知事等に対し、当該マンションの他の区分所有者に対して、除却の勧告をするよう要請することができる。」という規定を提案している。これは、マンションの除却にあたっては多数の区分所有者の合意形成が必要であるところ、一部の区分所有者で自発的な除却に向けた検討が行われているにもかかわらず、合理的な理由がなく検討に参加していない区分所有者がいる等の理由で事業化の見通しが立たない場合に、行政による助言・指導・勧告等の措置と居住の安定確保の措置を講じることで、自発的な除却を促進するために本制度を活用できるようにするためである。

相当の期限を定めて、当該マンションの除却を行うべきことを勧告することができる。また、当該マンションの一部の区分所有者は、都道府県知事等に対し、当該マンションの他の区分所有者に対して、除却の勧告をするよう要請することができる。

(c) 除却命令制度

都道府県知事等は、除却勧告を受けた当該マンションの区分所有者が正当な理由がなくてその勧告に係る措置をとらなかった場合において、特に必要があると認めるときは、その者に対し、相当の期限を定めて、その勧告に係る措置をとることを命ずることができる。また、当該マンションの一部の区分所有者は、都道府県知事等に対し、当該マンションの他の区分所有者に対して、除却の命令をするよう要請することができる。

(d) 除却行政代執行制度

都道府県知事等は、必要な措置を命じた場合において、その措置を命ぜられた当該マンションの区分所有者がその措置を履行しないとき、履行しても十分でないとき又は履行しても同項の期限までに完了する見込みがないときは、行政代執行法の定めるところに従い、自ら義務者のなすべき行為をし、又は第三者をしてこれをさせることができる。第三者としては、「改善行政代執行制度」の場合と同様、「管理不全共用部分管理人」を選任し、この者に行わせることが考えられる[21]。

なお、ここでいう危険・有害マンションの基準としては、表１の「危険・有害マンション」欄に○又は◎を付している項目を想定する。除却の対象と

---

21) 要綱案で示されている管理不全共用部分管理制度では、「管理不全共用部分管理人」が共用部分の処分行為をするためには、全区分所有者の同意を経て、裁判所の許可を得なければならないこととされている。一方、本スキームにおいて、(除却命令に係る措置を履行しないマンションを対象に) 管理不全共用部分管理人に権利を集中させて除却の行政代執行をさせるためには、裁判所の許可要件・全区分所有者の同意要件を不要とするしくみが必要となる。このためには、円滑化法において定めるべき「管理組合等の責務の規定」(ハード面での適切な管理・再生に係る責務の規定。2(1)(a)参照) を努力規定ではなく、より強制力のある規定にすることが必要と考えられる。今後の検討課題である。

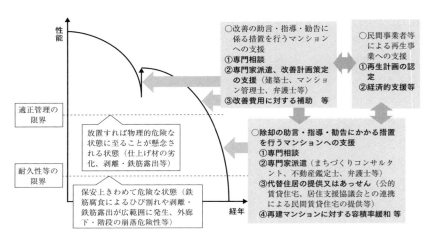

図5　助言・指導、勧告等に係る措置を行うマンションへの支援措置の体系

なるマンションであるため、現行のマンション敷地売却制度の要除却認定基準との整合を図り、「耐震性の不足」、「火災安全性に係る法不適合」や「構造等の劣化・損傷」が特に著しいものを想定する。具体的には、「耐震性」については、「建築物の耐震性能が服即しているもの（0.3≦ Is 値<0.6）、又は著しく不足しているもの（Is 値<0.3）」を想定する。また、「火災安全性に係る法不適合」については、「建築基準法の防火規定に不適合で、簡易な修繕で適合させることが困難なもの（防火区画、界壁・小屋裏隔壁等の不備）」や「建築基準法の避難規定に不適合で、簡易な修繕で適合させることが困難なもの（2以上の直通階段、非常用昇降機等の不備）」を想定する。さらに、「構造等の劣化・損傷」については、「外壁・柱・梁・屋根版等のコンクリートの著しい劣化（鉄筋に沿ったひび割れ、錆汁、浮き又は剥離、鉄筋露出等）が多くみられ、剥落の危険性が高いもの」や「床版や屋根版のたわみ又は変形が大きいもの」、「基礎の変形又は不同沈下が大きいもの」などを想定する。

(4)　助言・指導、勧告及び行政代執行の基準

　管理不全マンションの基準に該当するものは、修繕による改善の助言・指導や勧告の対象となるが、命令や行政代執行の対象となるのは、コンクリー

ト片や外装材が剥離し、落下することにより周辺に危害を生ずるおそれがあるものを想定する。例えば、「外壁・柱・梁・屋根版等のコンクリートの著しい劣化（鉄筋に沿ったひび割れ、錆汁、浮き又は剥離、鉄筋露出等）が多くみられ、剥落の危険性が高いもの」、「屋外の仕上げ材に著しい劣化が多くみられ、剥落の危険性が高いもの」などが考えられる（表1）。

また、危険・有害マンションの基準に該当するものについても、除却の助言・指導や勧告の対象となるが、命令や行政代執行の対象となるのは、災害時の建物倒壊や外壁等が剥離し、落下することにより居住者の生命・身体に危険性があるものや周辺住民・歩行者に危害を生ずるおそれがあるものを想定する。例えば、「建築物の耐震性能が著しく不足しているもの（Is＜0.3）」、「外壁・柱・梁・屋根版等のコンクリートの著しい劣化（鉄筋に沿ったひび割れ、錆汁、浮き又は剥離、鉄筋露出等）が多くみられ、剥落の危険性が高いもの」、「基礎の変形又は不同沈下が大きいもの」などが考えられる（表1）。

⑸　助言・指導、勧告等に係る措置を行うマンションへの支援

助言・指導、勧告等の実施の法律効果として、助言・指導、勧告等に係る措置を行うマンションへの支援措置の制度化を提案する。支援制度の全体イメージを図5に示す。

改善の助言・指導・勧告に係る管理不全マンションにおいて改善が行われようとする場合については、①技術的内容についての専門相談、②専門家（建築士、マンション管理士、弁護士等）の派遣による改善計画策定支援や合意形成支援、③改善費用に対する補助等の支援が考えられる。

また、除却の助言・指導・勧告に係る危険・有害マンションにおいて除却が行われようとする場合については、①専門相談、②専門家（まちづくりコンサルタント、不動産鑑定士、弁護士等）の派遣による合意形成支援、③除却に伴い転出する区分所有者（低所得者等）や借家人に対する代替住居の提供又はあっせん（代替建築物等提供計画に基づく公的賃貸住宅や民間賃貸住宅等への入居支援等。Ⅲ2⑶参照）、④除却後の敷地にマンションが建築される場合の容積率緩和等の支援が考えられる。

(6) 民間事業者等による再生事業への支援制度

　管理不全マンションの再生については、助言・指導・勧告等の行政措置による取り組みに加えて、民間事業者等の主導による再生事業を促進することも重要となる[22]。管理不全の状態に至る可能性のあるマンション又は管理不全状態に至ったマンションを対象とする事業のため、区分所有マンションとしての再生を図る方法に加えて、事業者が所有権を集約化しつつ、賃貸住宅や福祉施設等の他用途に再生していく方法も考えられる。ただしこの場合、事業者による所有権の集約化が、いわゆる「悪質な地上げ」行為とならないよう、従前居住者の居住の安定確保の観点も含めて、一定のルールの整備が求められる。

　そこで、管理不全マンションについて、民間主導での「適切な再生」を促進するため、以下のしくみを提案する。

a)　再生事業者の指定制度

　一定の要件を満たす民間事業者等（民間事業者に加え、UR 都市機構、地方住宅供給公社等を想定する。）を都道府県が再生事業法人として指定する。

b)　再生事業計画の認定

　再生事業法人からの申請に基づき、都道府県知事等は、現マンションの実情を踏まえた再生事業計画の妥当性の認定を行う[23]。再生事業法人が専有部分の取得を行う場合はその手続きや売買価格等の妥当性について検証する。

---

[22] 要綱案で謳われている「管理不全専有部分管理制度」や「管理不全共用部分管理制度」における管理人の権限は、保存行為及び管理対象部分の性質を変えない範囲内におけるその利用又は改良を目的とする行為であり、それらの行為の範囲を超える行為をするには裁判所の許可が必要とされている。また、処分行為についての裁判所の許可を得るためには、管理不全専有部分管理制度では当該区分所有者の同意、管理不全共用部分管理制度では全区分所有者の同意が必要とされている。こうしたことから、管理不全マンションの再生を民間事業者の主導で円滑に進めるための制度を、行政法（円滑化法）の枠組みで整備する必要性が大きいと考えている。

[23] フランスでは、荒廃マンション解消のための制度の一つとして「保護プラン」制度があり、県行政長官が設置する専門委員会でソフト及びハードの計画作成を行い、県行政長官が計画承認をするしくみとなっている。次の文献に詳しい。

・寺尾仁＝阿部順子「フランスにおける新たな「不適切住宅」の実態と対策の研究」一般財団法人住総研編『住総研研究論文集・実践研究報告集 No.44 2017年版』49-60頁

なお、都道府県知事等は、再生事業計画の妥当性を認定するうえで、審査会を設置することができるものとする。

(c) 認定再生事業計画に基づく事業実施に対する経済的支援

認定された再生事業計画に基づく事業実施に対して、低利融資、補助等の経済的支援を行う。

V 都市計画と連携したマンション政策の必要性

従来のマンション政策は、マンションの立地誘導など都市計画との連携が弱かった。都市のコンパクト化を推進していく上で、高密度な居住形態で、都市インフラへの負荷も大きいマンションの立地論は重要な課題となる。このため、立地適正化計画と連携したマンション政策が求められる。

1 立地適正化計画・居住誘導区域内における土地利用方針等の設定の必要性

立地適正化計画は、「コンパクトなまちづくり」と「公共交通によるネットワーク」の連携の観点から、居住や医療・福祉・商業、公共交通等の様々な都市機能を対象に、都市全域を見渡した高度な市町村マスタープランである。住民の暮らしの質の向上や都市の経営力の向上を図ることなどを目標に、都市を積極的に「マネジメント」するという「攻め」の視点で、様々な都市機能の立地の誘導や利便性向上を図ることをねらいとするものである。

立地適正化計画の策定内容については、計画対象とする区域（都市計画区域全体とすることが基本）と、当該区域内に「都市機能誘導区域」と「居住誘導区域」を定めることが必須である。「都市機能誘導区域」は、医療・福祉・商業等の都市機能を都市の中心拠点や生活拠点に誘導し集約することにより、これらの各種サービスの効率的な提供を図る区域である。都市機能誘導区域は、居住誘導区域の中に定めることが必要とされており、また、都市機能誘導区域ごとに、立地を誘導すべき都市機能増進施設を定めることが必須とされている。一方、「居住誘導区域」は、人口減少の中にあっても一定

エリアにおいて人口密度を維持することにより、生活サービスやコミュニティが持続的に確保されるよう、居住を誘導すべき区域である。

この「居住誘導区域」については、区域の指定のみが必要とされており、区域内の地区ごとの土地利用方針や立地を誘導する居住機能の種類（以下、土地利用方針等）を定めることは必要とされていない。しかし、居住誘導区域であっても、細かな地区ごとに求められる都市居住像や土地利用方針等が異なるのが一般的である。そこで、より戦略的かつ効果的な居住機能の誘導を図るため、居住誘導区域内の土地利用方針等をきめ細やかに定め、市町村（都市計画）マスタープランと連動して運用するしくみが必要と考える。例えば、居住誘導区域内に次のような区域を定めることが考えられる[24]。

① 「中高層集合住宅型」：マンション等の中高層集合住宅の誘導による高密度の人口密度を目指す区域。

② 「中低層集合住宅・戸建住宅共存型」：中低層集合住宅と一定の居住環境を有する都市型戸建住宅の誘導による中高密度の人口密度を目指す区域。

③ 「既存団地活用型」：既存の住宅団地を再生して地域の拠点として中高密度の人口密度を目指す区域。

④ 「戸建住宅型」：一戸建て住宅の誘導による低中密度の人口密度を目指す区域。

2　立地適正化計画と連携したマンション政策

「攻めの立地適正化」の観点から、居住誘導区域の設定を細分化した上で、

24　居住誘導区域を細分化している既存の先行的事例の一つとして、札幌市が挙げられる。「第2次札幌市都市計画マスタープラン」において、市街地の土地利用を詳細に区分し、幹線道路や地下鉄の沿線、拠点のJR駅等の周辺を「複合型高度利用市街地（集合型の居住機能と多様な生活利便機能が集積して形成される住宅市街地）」と定めており、これを受けて「札幌市立地適正化計画」では、居住誘導区域の類型として、複合型高度利用市街地の区域を基本として「集合型居住誘導区域」を設定している（その他、開発時期の古い郊外住宅地を中心に、持続可能な地域コミュニティの形成を目指す「持続可能な居住環境形成エリア」を設定）。集合型居住誘導区域は、区域内の居住機能のすべてを集合型にすることを目指すものではないが、人口密度の維持・増加を図るため、土地の高度利用を基本とした集合型の居住機能が集積することを目指す区域である。

表2 老朽マンションに対する支援制度と立地適正化計画と連動の考え方

措置	支援制度	立地適正化計画上の立地 制限なし（全域）	制限あり※
①円滑化法の規定に基づく建替え・マンション敷地売却等	容積率の緩和	×	○
	優良建築物等整備事業（マンション建替えタイプ）の適用	×	○
②管理不全マンションに対する措置	助言・指導・勧告	○	×
	助言・指導・勧告に係る措置に対する専門相談・専門家派遣・代替住居のあっせん	○	×
	助言・指導・勧告に係る措置に対する補助	×	○
	命令・行政代執行	×	○
③危険・有害マンションに対する措置	助言・指導・勧告	○	×
	助言・指導・勧告に係る措置に対する専門相談・専門家派遣・代替住居のあっせん	○	×
	助言・指導・勧告に係る措置に対する補助、再建マンションに対する容積率緩和	×	○
	命令・行政代執行	×	○
④民間事業者等による再生事業への措置	再生事業計画の認定、認定再生事業計画に基づく事業への経済的支援	×	○

※「都市機能誘導区域内」、「中高層集合住宅型・居住誘導区域内」、「中低層集合住宅・戸建住宅共存型・居住誘導区域内」に立地する場合。

立地適正化計画と連動したマンション政策を展開することが必要と考える（表2）。

具体的には、円滑化法に基づく、老朽化マンションの建替えやマンション敷地売却により再建されるマンションに対する支援制度を立地適正化計画と連動させる必要がある。例えば、建替えやマンション敷地売却により再建されるマンションに対する容積率の緩和特例、優良建築物等整備事業（マンション建替えタイプ）の適用による建設費補助等の支援制度については、「都市機能誘導区域」又は「集合住宅型・居住誘導区域」に立地するマンションに限定して実施することが考えられる。

また、管理不全マンション及び危険・有害マンションに対する措置についても立地適正化計画と連動させる必要がある。例えば、管理不全マンションの改善や危険・有害マンションの除却に係る助言・指導及び勧告については、助言・指導・勧告という行政措置と、従前居住者への居住の安定確保のための措置や経済的支援とを組み合わせることで、区分所有者の自発的な取り組

みを促進しようとするのがねらいであるため、立地を限定しない一般的制度として実施するべきと考える。しかし、管理不全マンションの改善や危険・有害マンションの除却に係る命令及び行政代執行については、行政処分を行うためのより高い公益性が求められることから、建物の物理的な状態に加えて立地性を考慮し、立地適正化計画の「都市機能誘導区域内」、「中高層集合住宅型・居住誘導区域内」、「中低層集合住宅・戸建住宅共存型・居住誘導区域内」に所在するものに限定すべきと考える。ここでいう公益性とは、安全性の確保（防災性の向上）に加えて、土地の高度利用の推進、都心居住の推進の観点も重視するものである。すなわち、安全性に係る物理的不全に加えて、居住性に係る機能的不全が生じている老朽化マンションが都市機能や居住機能の誘導を図るべきまちなか地域に存在しており、都市の希少な土地が高度（有効）利用されていない場合に、その解消により土地の高度利用や都心居住の推進を図ることが公共の利益に合致するという考え方である。

さらに、助言・指導及び勧告に係る措置を行うマンションに対する支援制度についても立地適正化計画と連動させることが考えられる。例えば、改善や除却に係る専門相談や合意形成に向けた専門家派遣、代替住居のあっせん等は、立地を限定しない一般的制度として実施するべきと考える。しかし、改善に対する補助制度や除却の後に再建されるマンションに対する容積率緩和については、立地を限定として実施すべきと考える。

加えて、民間事業者等による再生事業への支援制度についても、立地適正化計画との連動を図り、再生事業計画の認定等の措置は「都市機能誘導区域内」、「中高層集合住宅型・居住誘導区域内」、「中低層集合住宅・戸建住宅共存型・居住誘導区域内」に立地するものに限定することが考えられる。

このように、マンションの立地に応じたメリハリのある行政措置の運用や支援等を通じて、都市のコンパクト化に資するマンションの再生や立地誘導を促進させることが重要であると考える。

Ⅵ　解体費用の積立制度及び行政代執行費用の確保

　管理組合が自発的に老朽化したマンションの除却を進めることができるた

めの制度の整備も必要である。例えば、次のような制度が考えられる。

　一つ目は、「マンション解体積立金制度」である。マンションの超長期の修繕計画の策定等と連動させ[25]、同計画で設定した現建物の利用中止の時期（目安）に基づいて、管理組合で解体費用の計画的な積立を行うものである。毎月の積立額、積立期間は管理組合で定めるものとし、利用中止の時期が延伸した場合は、解体積立金の修繕積立金への繰り入れを可能とする。

　二つ目は、「マンション解体保険制度」である。貯蓄型の保険制度を創設し、マンションの構造や規模等に応じた保険料を設定することで、保険に加入しているマンションに対し、解体に必要な費用を保障するものである。

　三つ目は、住宅金融支援機構（以下「機構」という）による「マンション解体費用融資制度」である。機構による低利での解体費用の融資であるが、「独立行政法人住宅金融支援機構法」（以下「機構法」という。）における機構の目的や業務の範囲には、「建物の解体」に対する必要な資金の貸し付けは含まれていない。このため、制度の実現のためには機構法の改正が必要となる。

　また、命令に係る措置が行われない管理不全マンションや危険・有害マンションに対する措置を的確に実施するためには、行政代執行費用の確保が可能となる。行政代執行を実施せざるを得なかった管理不全マンションや危険・有害マンションの区分所有者から行政代執行に要した費用を回収することは一般的に難しい。このための対策として、固定資産税・都市計画税に解体費用を上乗せ徴収し、税収を基金化して財源を確保することが考えられる。なお、空家法に基づく特定空家の行政代執行等に際しても利用できるよう、マンションに限らず全ての建築物を対象に一体運用できるようにすることが望ましい。

---

25) 超長期の修繕計画の例として、筆者は「長期マネジメント計画」を提唱している。高経年マンションでは現建物の利用年限を仮定的に想定（時間経過の中で時期を柔軟に見直す）し、想定利用年限までのマネジメントに係るハード・ソフト両面の方針や実施内容を位置づけた計画である。筆者の提案を踏まえ、平成30〜令和元年度に（公財）マンション管理センターで研究会を立ち上げ、長期マネジメント計画の普及に向けた検討を実施（筆者座長）し、成果は次に公表されている。https://www.mankan.or.jp/09_research/research.html

Ⅶ　おわりに

　本稿では、マンションの再生の円滑かつ安定的な実施と、老朽化したマンションの解消を図るための制度システムの整備に向けて、以下の観点からの制度検討の論点と試論の提示を行った。
　第一に、区分所有法改正で定められる予定の再生・更新に係る決議制度を円滑化法にも整備し、事業法に基づいて決議及び事業実施を円滑に行う行政措置を設けるとともに、従前居住者への居住の安定確保のための措置等を強化することで、マンション管理組合の自発的な再生に向けた取り組みを支援する制度について提案した。
　第二に、自発的な取り組みが困難であるマンションに対する改善や除却に係る助言・指導・勧告制度とこれらに対する措置を行うマンションに対する支援制度の構築、さらには命令・行政代執行の行政処分を通じて、管理不全状態やさらに危険・有害な状態に至る可能性のあるマンションの解消を促進するための制度について提案した。
　今後、提示した試論について、より詳細な検討・精査を行い、法制度の整備・改善につなげていきたいと考えている。

第 3 部

マンションの管理の諸論点

第1章
管理組合の位置付けと課題

吉原知志

I　はじめに

　本書掲載の各論考を貫く問題意識は、区分所有法を中心とした現行のマンション法制の基本的な法設計が、現在必要とされるマンション運営のあり方と適合しておらず、公的機関の関与も組み入れた総合的な見直しが必要であるという点にある。現行のマンション法制の最大の問題点は、マンションの管理・再生を私人である区分所有者のイニシアティブにほとんど委ねてしまっていることにある。しかし、区分所有者のイニシアティブに委ねられるといっても、区分所有者は団体を構成すると規定されており（区分所有法3条。以下、同条の「団体」を「3条団体」と称する）、団体的運営を想定する以上、個々の区分所有者の意思が貫徹されるようにはできていない。言わば、区分所有者には元々一定の「不自由」を強いる法形式となっている。こうした法形式のもとで、従来から実現できてきたことと、本来的に限界を抱えていたことの両面があったはずであり、本書が構想する将来的な法設計においても、既に実現できていたことについては踏まえる必要があるだろう[1]。

　本稿では、区分所有法3条の「団体」、「管理者」、「理事長」、「管理組合」など、区分所有に関わる団体関係上の基本概念を通じて現行法の団体的構成の要点を押さえた上で、やや思い切った私見を掲げることで本書の目指す法設計の論点を幾分かでも見えやすいものにすることを目指す。

---

[1] 福井秀夫『行政訴訟による憲法的価値の確保』（日本評論社、2022年）368-373頁は、区分所有関係を私人の集団関係として徹底させ、組織の設計を自由にし、関係権利者がそのように設計された法律関係を了解して加入するものと構成することで、都市再生の円滑化を図ろうとする。徹底して団体法ないし私法としての事業法に還元する考え方と言える。この考え方も検討に値すると思われるが、本稿はさしあたり従来の法制の充実を図る方針で検討を進めた。

Ⅱ　区分所有法の団体的構成

1　区分所有法上の「団体」の意義

　区分所有法は、1棟の建物を区分して所有し、共用部分を共有し、敷地や附属施設を共同使用するという構造をとる。そのため、これらの物の共同管理の仕組みとして、共用部分、敷地、附属施設の管理・変更、管理者の選任を集会の多数決により行い（17条、18条、21条、25条1項）、あるいは、これらの物の管理・使用に関して規約を定め（30条1項）、その設定・変更についても集会の多数決で行い（31条1項）、集会決議・規約は全区分所有者を拘束する（46条1項参照）と定めている。同法3条は、「区分所有者は、全員で、建物並びにその敷地及び附属施設の管理を行うための団体を構成」すると定めるが、これは、区分所有者の地位にある限り以上の仕組みによる拘束から免れることができないことを確認的に明らかにすることが趣旨とされている[2]。

　ここで注意すべきは、以上の説明は、区分所有者となることで集会決議や規約に拘束される地位に置かれることを「団体」という言葉で言い表しているにすぎないということである。言わば、3条の「団体」とは団体「関係」にすぎず、同条から直ちに何らかの法人やそれに準じる法主体が設立されるわけではないのである[3]。これに対し、会社法やその他の法人法など一般に団体法と呼ばれる法分野では、私人が何らかの目的を掲げ、それに適合した法人類型を選択し、積極的に設立する、という契機が存在する（土地区画整理組合などいわゆる公共組合であれば別に論じうるが、3条団体がこれに該当するわけではない）。このような対比から見える3条の特殊な趣旨は、同条の制定された1983年改正の際の議論で、「所有」と「管理」の問題を概念的に区別し

---

[2] 濱崎恭生『建物区分所有法の改正』（法曹会、1983年）108-109頁。学説では、遠藤浩編『マンション』（青林書院、1985年）304頁［稲本洋之助］、丸山英氣『区分所有法〔第2版〕』（信山社、2023年）27-28頁が同旨の指摘をする。

[3] あらかじめ多数決の仕組みが明確である点で、意思決定の規律を解明すること自体が課題となる入会団体の問題状況と反対ともいえる。以下、同じく財産管理の意欲低下が問題となっている集団関係として、入会団体との比較を適宜脚注で示し、理解の補助線としたい。

て全員の一致が必要か多数決でよいかを考える仕方を採らず、何が解決すべき問題かを個別に直視して機能的な規律を設ける発想が強調されたこと[4]が影響を与えていると見られる。

　他方で、何らかの団体を運営する場合は運営費用の徴収が必要となるが、その仕組みも用意されている。区分所有者は、その地位にある限り集会決議または規約により定まるいわゆる「管理費」の支払義務を負うことが、区分所有法19条、21条を根拠に認められている[5]。19条の沿革をその淵源である民法旧208条から詳細にたどった研究は、考察の帰結として、同条に基づく管理費の徴収根拠を①区分所有者全員が管理組合の構成員であることと、②建物等の価値・経済的利益が区分所有者に帰属していること、に求めている[6]。①の構成員であることの意味は、区分所有者が上記のように当然に団体的拘束を受ける地位にあることを指すと解すれば、結局、区分所有者の地位にあることによって建物の管理に伴う利益を当然に享受し負担を負うことの表れとして説明できるだろう。そして、管理費については、特定承継人への追及が認められ（8条）、管理費滞納を理由に区分所有法59条の競売請求が認められるなど、法律上あるいは裁判実務上の補強が図られている[7]。

　集会決議、規約の仕組み、管理費の法的根拠の存在など、一見、区分所有法上の団体の存在は明瞭である。しかし、それでもあくまでこれらは建物という物の管理の仕組みであるにすぎない。すなわち、法人法ではなく物権法の範囲に留まると見るのが素直である。民法の共有の規定でも、集団的意思決定の仕組み（251条、252条）、共有物に関する負担についての定め（253条）

4）区分所有建物管理問題研究会編『区分所有建物の管理と法律』（商事法務研究会、1981年）123、124、129、185頁［星野英一、平井宜雄、加藤一郎発言］参照。同40頁［星野報告］では、団体法化することを「所有権」の制限から「所有者」の制限への転換として説明する。

5　後出の標準管理規約〔単棟型〕25条はこの理解を前提とした規定とされる。稲本洋之助ほか編『コンメンタール マンション標準管理規約』（日本評論社、2012年）85頁［篠原みち子］参照。同条1項2号で修繕積立金も明示されている他、経費対象費目を定める同規約27条、管理費の額が決議事項であることを定める48条3号なども参照。

6）佐藤元「配偶者居住権とマンションにおける管理費等支払義務」専門実務研究14号（2020年）55-61頁。

7）2021年改正民法264条の8、264条の14の建物管理命令制度の利用も考えられる。佐藤元「『区分所有法制の改正に関する要綱』の解説 第2回」マンション管理センター通信2024年5月号（2024年）2頁参照。

が存在する。区分所有法の規定は、1棟の建物を区分して所有し、共用部分を共有し、敷地その他の施設を共同使用するという特殊な所有の形態に応じて、物の管理の仕組みを充実させたものと理解できる。

2　区分所有関係と当事者論

　3条団体の置かれる趣旨が一般的な団体法から見て曖昧であるという事情は、3条団体は私法上のいかなる団体であるのか、という私法学からの関心を掻き立ててきた。すなわち、3条団体に権利・義務が帰属するのか、3条団体は訴訟の当事者となるのか、管理者、理事長と3条団体の関係はどうなっているのか、という私法上の解釈問題が、「権利能力のない社団」論や共同所有の議論と交錯する形で論じられてきたのである（なお、本稿は紙幅の都合から、これらの議論に関する文献の網羅的掲載は行わない）。

　実務上特に深刻であったのは訴訟当事者論であり、裁判例では、管理者、理事長、管理組合のそれぞれが、請求する権利の種類、授権を行う集会決議・規約の存否と相俟って、当事者性を一見場当たり的に否定されている状況にある。例えば、東京高判平成2・5・28判時1354号100頁は、担保権実行によって共用部分が喪失したことに対する管理会社の責任を追及するための管理組合の理事長による損害賠償請求について、原告適格を欠くとして訴えを却下したのに対し、東京高判平成8・12・26判時1599号79頁は、共用部分のひび割れを補修するための費用を分譲業者に請求する管理組合の訴え提起を適法としている。説明は様々に試みられているが、訴訟の適法性が一見して見通しの悪い状況であったことは疑いない。

　このような混乱の原因はいくつかあり、訴訟当事者論に限定して見れば、区分所有法が管理者の制度を採用しているにもかかわらず、管理者の権限の定め方が曖昧にされてきたことが指摘できる。管理者の権限については改正により順次手当がされてきており、管理者の権限を明確にした1983年改正で、26条現4項が管理者に規約または集会決議によって職務に関して訴訟追行権を与えることができると定め、実体法上も、2002年改正で共用部分上の「損害保険契約に基づく保険金額並びに共用部分等について生じた損害賠償金及び不当利得による返還金の請求及び受領」については管理者に職務上の代理

権を与える同条2項が規定された。現在の改正審議では、区分所有権の譲渡にかかわらず管理者は同項の代理権を有すると規定することが提案されている[8]。このように管理者の権限規定が拡充されてきたことを踏まえると、管理者の選任がされている限り（25条1項では任意設置）、当該管理者が訴訟当事者になることで不透明性はかなり解消されるとの見通しが立つ[9]。

　他方で、さらに根本的な原因として、区分所有関係上の管理を担う法主体について十分に整理がされないままであることが指摘できるだろう。区分所有法は集会決議で選任された管理者が区分所有者全員の職務上の代理人として管理を行う管理者による管理の方式（以下、「管理者方式」）を採用したが、実際には、区分所有者が団体を結成して共同管理を行う管理組合による管理の方式（以下、「管理組合方式」）が採用されることも多い。3条が規定された1983年改正当時は、任意で管理組合を設立して共同管理を行うこと、すなわち管理組合方式が普及しており、同条はこの現状を追認する趣旨を込めて規定された[10]。しかし、1962年の区分所有法制定時以来、区分所有法が想定してきたのは管理者方式の方である[11]。同条制定の背景認識と、区分所有法の基本構造との関係が整理されないままであることが、管理を担う主体の曖昧さを生じさせている[12]。

3　「管理組合」の意義の整理

　結局、区分所有関係の運営は誰が担っているのだろうか。

　まず3条ないしそこに現れる「団体」という文言自体は、区分所有者がその地位に基づき団体的拘束を受けることを表すものにすぎない。しかし、区

---

[8]　「区分所有法制の見直しに関する要綱案」9頁。
[9]　前掲の東京高裁平成2年判決の理事長は管理者を兼ねていたが訴えは却下された。これに対し、平成8年判決では管理者でない管理組合であっても当事者適格は認められるとされている。管理者の権限が拡充されることで平成2年判決のような却下の事例が減る可能性について検討が必要である。
[10]　濱崎・前掲注2）105-107頁。管理組合法人を設立する基礎とする意義もあった。
[11]　管理者の原義は、川島一郎「建物の区分所有等に関する法律の解説（下）」曹時14巻8号（1962年）1240頁を参照。組合の関係すら前提としない個々の区分所有者の代理人として設計されている。
[12]　丸山・前掲注2）8-9、23-27、101-102頁参照。

分所有者が「管理組合」などの名称をもつ団体を積極的に設立し、区分所有法の規定に従った運営を行う限り、「権利能力のない社団」の成立[13]を認めることができる。理事長は、このようにして設立された「権利能力のない社団」の代表者、理事はその役員たる機関にそれぞれ当たる。したがって、理事長が裁判上・裁判外でどのような権限行使をできるかは「権利能力のない社団」としての団体の内部規則に従う[14]。また、管理費については、「権利能力のない社団」が設立されていれば、その会費として規約に基づき徴収することが考えられるが、1で見たように「権利能力のない社団」が設立されていなくとも区分所有法19条、21条を根拠に徴収は可能である。徴収された管理費の帰属形態は、各建物の状況によるだろう[15]。

他方で、法定の管理主体である管理者の権限は、上に見たように改正ごとに拡充されている。理事長が管理者を兼ねる場合（後出の標準管理規約〔単棟型〕38条2項はそのように定める）、権限の隙間が生じることはかなりの程度解消されてきていると見られる[16]。

以上によれば、「権利能力のない社団」である管理組合が設立されていれば管理組合とその代表者である理事長、さらに管理者が選任されていれば管理者が管理を担う主体として扱われることになる。理事長は管理者を兼任す

---

13) 最一小判昭39・10・15民集18巻8号1671頁（「団体としての組織をそなえ、そこには多数決の原則が行なわれ、構成員の変更にもかかわらず団体そのものが存続し、しかしてその組織によって代表の方法、総会の運営、財産の管理その他団体としての主要な点が確定しているもの」）。なお、本稿は管理組合法人が設立された場面をいったん度外に置くが、3条団体と管理組合法人は連続的な存在であり、団体の存立意義に関する考察も基本的には共通する。
14) 管理者でも訴訟追行権につき個別の授権を要するとされていることからすると、明文の規定もなく理事長に包括的な権限があると解することは困難であろう。一般法人法との比較を含め、佐藤元「マンション管理組合における理事会の権限の拡大とその限界」マンション学61号（2018年）77頁参照。後出の標準管理規約〔単棟型〕38条1項1項は、理事長の権限に「規約、使用細則等又は総会若しくは理事会の決議」の根拠を必要としている。
15) ①「権利能力のない社団」としての管理組合が存在し、当該「権利能力のない社団」としての管理組合の財産とされる場合（これも総有の場合と合有の場合がある）、②「権利能力のない社団」としての管理組合は存在するが、それとは別に管理業者などの預託財産として管理されている場合、③「権利能力のない社団」としての管理組合が存在せず、単に特定の区分所有者や管理業者に預けられている場合が考えられる。
16) 丸山・前掲注2）140頁は、この兼任が理事長の権限と管理者の権限の「混迷」をもたらしたと批判するが、管理組合の権限と管理者の権限の間の調整と見れば、この批判は当たらないと思われる。

ることが多い。この整理のもとで、次の検討課題が残ることになる。

　まず、私法上の重要な解釈課題として、管理組合（および理事長）が存在するとしても、管理の対象となる「建物並びにその敷地及び附属施設」の権利は、明白に区分所有者に所有ないし共有の形式で帰属しているということとの関係の整理がある。管理組合が何らかの権利行使をしようとしても、それは管理組合の権利ではないという理由で請求が棄却されてしまう可能性が残るのである[17]。この点、管理者の権限は拡充されてきており、実践的には管理者制度を正面から位置付けた管理のあり方を検討することが求められる。さらに根本的な課題として、「権利能力のない社団」の要件を満たさない運営しかされていなかった場合はどうなるのか[18]、管理者が選任されていなかった場合はどうなるのか、など、管理がされていなかったり形骸化している場合にはどうなるかという疑問は残されている。すなわち、私法の道具立てでは、基本的に私人が積極的に管理を行う場面しか拾うことができず、管理の必要に迫られる場面については曖昧なままなのである。次の項目で掘り下げて見たい。

Ⅲ　管理組合に関わる議論の課題と限界

一　区分所有関係上の権利の帰属の仕方と管理の担い手の関係

　区分所有法は、区分所有者に専有部分の所有権、共用部分の共有持分権、敷地利用権が帰属するとしており、これらの不動産の権利が管理組合に帰属する余地はない（管理組合が区分所有者となる可能性は別論である）。さらに、徴収された管理費についても、上に見たように必ず「権利能力のない社団」である管理組合に帰属するとは限らない。一見管理組合に帰属するようでも、実際は持分が観念される合有財産にすぎない（清算時に払い戻される）と見る

---

17) 入会団体であれば、入会財産は構成員の「総有」とされるか、入会団体自体に帰属するとされるため、団体があくまで「他人」の権利を行使するここでの問題状況と区別される。
18) 全国マンション問題研究会編『マンション紛争の上手な対処法〔第4版〕』（民事法研究会、2014年）66頁〔橋場弘之〕参照。

余地も残されている。「権利能力のない社団」として管理組合が存在するとしても、管理組合に帰属する権利・義務とされるのは、管理組合の財産であることが明確である場合の管理費と、管理組合が当事者となって結んだ契約上の権利・義務に留まる[19]。そこで、管理組合にも管理者の権限に準じて、集会決議または規約で共用部分上の権利行使を認めるとすることが考えられるが[20]、その次の課題となるのは、特に規約で管理組合・管理者に強い権限が与えられていた場合に、①管理が形骸化していて管理組合・管理者が積極的に動かない、あるいは、②区分所有関係外の者から関係をもつ際に誰を相手方としたらよいか外部から判明でないときにどうするかである。

　①の場面は、規約で区分所有者の共用部分に関わる権限を管理組合・管理者に専属させてしまうと、管理組合・管理者が動かない限り区分所有者は手も足も出せないことになる、という問題である。学説上は区分所有者の持分権は少なくとも保存行為は制約できないなどの解釈も示されるが[21]、区分所有者間で対応のあり方に意見のばらつきがある場合や、管理のため権利行使の成果としての利益を共同行使すべき場合（例えば、共用部分の修繕のための費用の支払を受けた場合）に、個別の区分所有者の意見が押し通されることによる不都合も考えられる。管理組合・管理者に権限を集約する仕組みが、合理性を全く欠いて検討に値しないとは言えないだろう。そうすると、次の段階として、集約された管理組合・管理者の権限の行使をどのように枠付けるかということが課題となる[22]。

　②の場面も、①の規約による権限設定が可能な範囲と関係する。なぜなら、仮に区分所有者の持分権を制約できないのであれば、区分所有関係の外部者からの権利行使や義務の履行についても、明確性の観点から区分所有者のみが相手方となるという解釈が一応の帰結となりうるからである。この論点は、

---

19) 反対に言えば、このような財産が帰属する可能性がある以上、管理組合には「権利能力のない社団」が成立するための財産的基礎があるとは言える。
20) その場合の法律関係の解明について、拙稿「区分所有法における権利行使主体としての『団体』（6・完）」論叢186巻2号（2019年）52頁で取り組んだ。
21) 丸山・前掲注2) 130頁参照。
22) 入会団体では、集団的に財産管理を行い、使用収益権は各構成員の固有権として保障されるとの理解が有力であるが、ここでの議論は管理に対する各構成員（区分所有者）の権限をどれほど残すかということが問題となっている点で議論の重心が異なる。

管理組合が給排水管の漏水に関する土地工作物責任を負うことを否定した東京高判平成29・3・15判時2384号3頁をめぐって議論されており、管理組合の実質的な法主体性を重視して管理組合の民法717条1項の「占有者」性を肯定する見解[23]と、占有者の範囲の明確性の考慮を重視して区分所有者のみが「占有者」にあたるとする見解[24]とが対立している。事案に立ち入った評価はここでは行わないが、区分所有関係と土地工作物責任の関係は、近時、建物の敷地である崖地の崩落による通行人の死亡事件にかかる横浜地判令和5・12・15裁判所ウェブサイトにおいて、まさに外部者である被害者による請求の相手方がどうなるかということが深刻な問題となっており、責任主体の明確性の観点は重要である。したがって、この問題は管理組合、管理者、区分所有者それぞれの「建物並びにその敷地及び附属施設の管理」に対する責任を、実体法上明確にしていくことを通じて解決されるべきであろう。

2　適正化法、各条例、標準管理規約上の「管理組合」

ここまでの検討では、随所で、管理組合ないし管理者が存在しないか、存在しても活動が形骸化している場合には、私法学の議論の射程が及びにくい事情が見られた。そのように必要な管理を怠っている（以下、この状態を便宜的に「管理不全」と称する）マンションへの対応としては、公的機関が区分所有関係の外部から区分所有者に対して管理へのインセンティブを与えるか、あるいは管理不全に対するディスインセンティブを与える政策が考えられる。

2000年に制定された適正化法は、法律上はじめて「管理組合」という言葉を用いて（2条3号）、マンション管理士や管理業者の登録制など管理のサポート体制を整備した。ただ、「管理組合」とは言うものの、3条団体のことと定義されているのみで、必ずしも上記の管理組合方式に照準が定められて

---

[23] 稲本洋之助ほか『コンメンタール マンション区分所有法〔第3版〕』（日本評論社、2015年）2頁、金丸義衡「判批」山野目章夫ほか編『マンション判例百選』（有斐閣、2022年）51頁、伊藤元「マンションの共用部分から生じた損害に関する責任」専門実務研究16号（2022年）13-15頁、同「共用部分から生じた損害に関する管理組合の賠償責任の実務」マンション学72号（2022年）19頁。

[24] 平成29年判決の他、伊藤栄寿「共用部分から生じる債務」山野目章夫ほか編『マンション区分所有法の課題と展開』（日本評論社、2023年）172頁。本文に示した観点から、「管理組合を占有者とするためには、区分所有法に特別な定めを置くべき」とする。

いるわけではない。各種措置の名宛人とされる「管理者等」（2条4号）は基本的に管理者を指し、各条文では管理者等が置かれている場合と置かれていない場合との両者を規定しているので、実際には、管理組合方式と管理者方式の両者を区別せず包含する規律となっている。適正化法は2020年の改正で管理計画認定制度と、自治体の関与の規定を入れたが、自治体による関与は、条例による対応が先行した（北見3-4Ⅳ参照）。

　適正化法の対応にもかかわらず、本稿のここまでの検討を踏まえれば、適正化法の現状は管理不全マンションに対する実効的な措置とはなりにくいと思われる。なぜなら、適正化法の「管理組合」は3条団体を基礎とし、さらに「管理者等」が置かれていない場合も規定しており、管理組合方式でも管理者方式でも管理されていない形骸化したマンションも対象に入る規定となっているが、マンション管理士や管理業者などのサポート体制の仕組みにしろ、管理計画認定の制度にしろ、積極的に管理に動くマンションでないと関与の糸口がないからである（篠原3-2Ⅳも参照）。2020年改正法では自治体の関与の条文も入ったが、管理状況の一般的な届出義務が採用されなかったため、行政による管理状況の把握に難点が残されている。管理不全マンションのことを想定するならば、むしろ管理状況の届出義務を課して状況把握に努めることがまずされるべき施策だったとも思われる。

　目指されるのは、行政が広くマンションの管理状況を把握した上で、一定の管理の担い手のあり方を踏まえて、その範型に沿って管理がされるよう介入を図ることである。そのような範型の定め方として、国土交通省が作成・公表しているモデル規約である標準管理規約があり、介入の手法としても標準管理規約を通じて区分所有者の意思決定内容を補完するという方法が存在する。標準管理規約は「管理組合」の言葉を用いており（単棟型6条参照）、管理組合を単位とした一定の政策誘導の手段となる。そこで、あるべき管理の担い手のあり方を明確にした上で、標準管理規約をその方向に修正していくことが考えられる。

Ⅳ　管理の担い手の方向性

1　課題の整理

　ここまでの考察を踏まえ、今後検討すべき課題を整理しよう。

　マンション法制は、区分所有法が管理者方式を採用する一方で、管理組合方式での管理の仕方が普及し、適正化法や標準管理規約などの施策がある程度までそうした現状を追認する形で整備されてきた。このため、マンション法制が最も重視する管理の担い手が誰なのか、ということは、意外にも十分には明らかにされてこなかった。3条団体の曖昧な位置付けはこうした現行法の状況を体現しており、管理組合や管理者の権限の隙間を生じさせる原因（ないし遠因）として作用してきた。マンションの管理の担い手を明確化し、そうした権限の隙間を生じさせないようにすることは、第一に想起される重要な課題である。

　しかし、管理の担い手に関する課題はその裏側からも考える必要がある。上記の第一の課題は、さしあたり区分所有者が積極的に管理を行う場合を念頭に置いた整理から見えてくるものと言える。なぜなら、「権利能力のない社団」にしろ組合にしろ、私法上の団体が存在を認められるためには何らかの運営がされている状況であることが（暗黙の）前提であり、全く担い手となる主体のいない状況を想定した理論枠組みではなかったからである。しかし、区分所有者が管理に意欲を見せず管理体制が形骸化している場合であっても、責任追及の相手方を見定めるため管理権限の所在は（むしろ重要な）問題となる。本書が特に焦点を当てるのは、このようなマンションである。管理の形骸化したマンションにおいて権限の所在が問題となるのは、私法上は特に区分所有関係の外部に被害者がいる土地工作物責任が追及される場面であり、公法上は危険・有害状況かその前段階にあるマンションへの行政措置の名宛人が検討される場面である（堀澤2-5の検討を参照）。そこで第二に、そうした管理形骸化状況も念頭に、管理の権限ないし責任の所在をはっきりさせることが課題となる。

以上の第一と第二の課題は、管理の担い手を法令上明確にするという課題に集約される。もちろん、積極的に管理を意欲しているが権限の隙間が障壁となっている「頑張る管理組合」と、そうした権限のあり方が課題として認識すらされない「頑張れないマンション」とでは[25]、管理の担い手のあり方を別に考えるということも検討の選択肢とはなる。しかし、団体の機関の権限は、外部からも明確であることを前提に、積極的に権限を行使する場面と受動的に法的行為の相手方となる場面とが統一的に規律されていることが望ましい。権限の所在と責任の所在とがばらばらであれば、規律の明証性が損なわれ、むしろ混乱の元ともなると考えられるからである。

　管理の担い手としては、管理組合、管理者、区分所有者が候補となる。ある程度の機関設計の余地を認めるとしても、まずは管理の第一次的責任を負う者が明示され、権限の所在を変更することは外部者の信頼を害さない限りで可能と解される。適正化法をはじめとするサポート体制や、本書が課題とする危険・有害マンションへの行政関与の体制も、管理の第一次的責任者を中心に捉えて整備することになる（現行適正化法の「管理組合」と「管理者等」の二元体制の解消）。

2　「空の器」としての管理組合と第三者管理

　まずは、現行の区分所有法が既に前提としている管理者方式の充実化である。この観点では、近時採否が議論されている第三者管理方式の当否を考える必要がある。既に2016年の標準管理規約改正では、管理者の資格要件として組合員であることの定めを削除し、外部管理者が可能となる方向に一歩踏み出していた[26]。管理者に就任する管理業者を実効的に監督する仕組みが求められるものの[27]、管理組合方式がそもそも成り立ちにくい大規模なマンションなどでは適合的とも見られる[28]。

　第三者管理の合理性を認めるならば、管理者を必置機関化して、管理者を

---

25)「頑張る管理組合」、「頑張れないマンション」の表現は、国土交通省社会資本整備審議会住宅宅地分科会マンション政策小委員会第4回（2020年2月10日）議事録18-19頁の匿名委員発言から借用した。
26) 浅見泰司ほか『2016年改正 新しいマンション標準管理規約』（有斐閣、2017年）19頁。

通じた管理の統制を図ることも制度形成の選択肢となる。その場合、管理者に管理の権限を集約化し、土地工作物責任を負う「占有者」を管理者とすることも可能となるだろう。しかし、管理者を必置機関とし、さらに2020年の法改正で管理者の権限を集約化したドイツでは、小規模なマンションでかえって管理者の成り手がないという問題が見られ[29]、このような混乱の発生は日本でも同様に懸念されるだろう。大規模マンションに特化した標準管理規約を策定するなどして第三者管理の普及を目指すとしても、必置機関化までにはなお大きな径庭がある。

そこで、視点を移して、管理組合の存在意義についても改めて検討してみよう。管理組合が「権利能力のない社団」の実体を備えない場合、管理組合を主体として実効的な措置を行わせることは期待できない。それに、区分所有関係の外部者は、従前取引などの関係があれば管理組合の運営状況を認識できるが、あらゆるマンションないし外部者についてそのような認識を求めることは難しい。他方で、適正化法や各条例は「管理組合」を単位として規定しており、現状では管理組合の実体を備えさせることを強制するまでの措置は用意されていないが、区分所有者に対して、集団的な管理への取り組みを促すこと（管理組合方式か管理者方式かは問わず）は目指されていると言える。このような法令の状況に鑑みれば、管理組合には次のような役割を持たせることは考えられるのではないだろうか。

どれほど管理が形骸化しているマンションであっても、区分所有建物である以上は、個々の区分所有者の権利の行使に一定の制約がかかるだけでなく共同で管理を行うことに義務付けられるのであり、団体的な権利の行使、義務の履行が求められる。「権利能力のない社団」としての管理組合が設立されていたり、外部の専門家を管理者に選任しているマンションであればそう

---

27) 監督体制のあり方としては、従来言われてきた理事会または総会による監督（浅見ほか・前掲注26）11-17頁）、各区分所有者の解任請求（25条2項）の他、区分所有者に適正な管理行為を求める請求や不適正管理行為に対する損害賠償請求をする代表訴訟を提起できるようにする構成もありうるだろう。"濫訴の弊"により管理者の成り手が減るとの反論もあろうが、株主代表訴訟のように訴訟要件での絞りをかけることで調整が可能だろう。
28) 丸山・前掲注2）104頁。
29) 拙稿「建替え・解消決議を争う特別の訴訟制度の検討」山野目ほか編・前掲注24）386頁。

した共同管理の法律関係が見えやすいが、そうでなくても事情は変わらない。むしろ、外部とのやりとりのことを考えると、管理の形骸化しているマンションほど窓口となる管理の担い手の明確性が求められているとも言える。3条の趣旨が区分所有者が団体的拘束を免れないことを明らかにするものだとすれば、この趣旨からは、どんなに管理の形骸化したマンションであっても区分所有建物である限りはひとまず「空の器」[30]として法的行為の受け皿となる機構が設置され、団体的拘束のもととなる法律関係の中継地点が置かれるとの理解も可能と思われる。

　この「空の器」としての管理組合は、以上のように団体的な管理を推進するための機構であることから、「建物並びにその敷地及び附属施設の管理」という目的の範囲で当事者として受けた法的行為（法律行為、訴訟行為、行政行為）の効力は区分所有者に及ぶこととなり、そこにこの機構が用意されることの主眼が置かれる[31]。つまり、管理組合は法的行為の受け皿となり、その効果は「器」から各区分所有者に及んでいく[32]。区分所有法29条は管理者が職務上第三者と行った行為の負担は分割して各区分所有者が負うと定めるが[33]、同条は、「器」としての管理組合が債務を負った場合に、当該債務が（分割して）各区分所有者に及んでいくことも趣旨として含むと解釈できる。そして、「権利能力のない社団」である管理組合が設立されていれば、当該

---

[30] 拙稿「区分所有法における権利行使主体としての『団体』(1)」論叢183巻1号（2018年）49頁。

[31] 「空の器」には、区分所有者の権利を集約し、その行使の便宜を図る趣旨も含まれる。拙稿・前掲注20) 66-68頁は、こちらの側面からの検討の結果である。なお、「機構」という言葉は、山木戸克己『破産法』（青林書院、1974年）80-83頁の「管理機構人格説」を意識している。

[32] 「権利能力のない社団」ですらない存在に対してどのように訴訟を起こすのか（その上さらに判決効の拡張をもたらす訴訟が正当化されるのか）、という疑問が生じるだろうが、まず、3条団体の当事者能力は、区分所有法3条を民事訴訟法29条の特則と解釈して認められる。区分所有者の訴訟関与機会の実質的な保障としては掲示による通知（区分所有法35条4項）との連結が考えられ、3条団体の代表者としては、最低限、特別代理人（民事訴訟法35条1項）の選任が考えられる。区分所有者の範囲は特定が可能であり、全く実体の掴めない存在ではない。所在地も建物の限りでは特定されている。区分所有者は訴訟係属を認識した場合、（共同訴訟的）補助参加により自己の主張を尽くすことができる（能動的な権利行使の局面で、拙稿・前掲注20) 67-68頁で検討した）。

[33] 濱崎・前掲注2) 232頁は、同条を「区分所有者の団体の実質ないし解釈論により結論が左右されることは適当でなく、団体の実質いかんにかかわらず統一的にこれ〔筆者注：各区分所有者の債務ないし責任〕を明定するのが適当」との趣旨の規定として説明する。

管理組合に3条の趣旨が及んでこの「器」の役割を当然に兼ねると見ることができる（管理組合法人も同様）[34]。この「器」としての管理組合が民法717条の「占有者」ともなるかは判断を留保したいが[35]、少なくとも、共用部分か建物の敷地に起因する不法行為訴訟の被告の地位に就いて区分所有者のために争うことができると解する[*]。なお、このような「空の器」としての管理組合が存在すると理解することは、筆者は3条の解釈として可能であると考えるが、同1箇条からそこまでの理解を引き出すことは困難ではあり、現行の同条の趣旨を明確にする形で立法論として、以上に見た3条団体の法主体性と、その構成員である各区分所有者との法律関係を規定することが望ましいと考える[36]。

3　団体の時的射程

1・2の考察をまとめれば、区分所有法の構造から、管理の形骸化したマンションであっても少なくとも「空の器」としての管理組合の存在は必ず肯定され、これを相手方とすることで区分所有関係の外部者には便宜が図られる。なぜなら、この「空の器」を相手方としてされた法的行為の効力は各区分所有者に及ぶからである。その先に、適正化法や各条例の要請として、区

---

[34]　「権利能力のない社団」が債務を負う限り構成員は債務を負わないとする解釈も有力だが（最三小判昭和48・10・9民集27巻9号1129頁）、団体と構成員の法律関係の趣旨から附従的に構成員が債務を負うとする解釈は可能だろう。

　　なお、反対にこのような3条の解釈を挟まない限り、「権利能力のない社団」が受けた法的行為の効力を構成員である各区分所有者に及ぼすことは難しいと思われる。管理組合法人も53条により同様に解される。

[35]　金丸・前掲注23）51頁の指摘を踏まえれば、管理組合が実質的な危険の支配者となることが必要となる。危険の支配者性の認定にあたっては、佐藤・前掲注23）マンション学15-19頁が示す実務対応があるか否かが手がかりとなるだろう。適正化法や標準管理規約で管理組合ないし管理者等にそのような役割を規定すれば、これと適合的に占有者を解釈するというのが1つの方向である。

[*]　校正中に、規約の解釈として管理組合が民法717条1項の損害賠償債務の履行義務を負うとした東京地判令4・12・27判時2591号21頁に接した。本稿に示した考え方との関係は改めて考えてみたい。

[36]　このように団体の法主体性を広げて捉える見方は、古積健三郎『法人格のない団体の権利主体性』（弘文堂、2023年）118-121頁が、民法上の組合にも権利能力を認めるとの主張と類似するが、古積の見解は組合が取引主体として積極的に相手方から法主体として認められる場面を想定しているのに対し、ここでは運営の形骸化した団体であっても3条の解釈として法主体性を肯定するとの立論である点で、状況が異なる。

分所有者は管理者制度を活用して適正な管理を行うことが求められる。適正な管理が行われる限り、管理組合が「権利能力のない社団」と認められることが通常だろう。

　以上の整理は、あくまで区分所有法上の管理が行われる場面の限りでのものである。本書が重視するマンションの「再生」の場面では、もう一段の考慮が必要となる。なぜなら、建替えにしろ解消にしろ、建物の取壊しを内容に含む区分所有法上の決議がされた後は、建替えであれば区分所有法64条に基づく建替え賛成者の団体（民法上の組合と解されている）が別に立ち上がるとされており、いわば「平時」の管理組合はいったん消滅すると解されているからである（佐藤3-3参照）。この結果、再生に向けて区分所有者を義務付ける行政行為を法定し、管理組合を名宛人としてこれを行ったとしても、その法的効力は継起的に立ち上がる上記の建替え賛成者の団体や、事業法上のマンション建替組合、マンション敷地売却組合には引き継がれないことが問題となる（「名宛人問題」。堀澤2-5Ⅲ3参照）。

　いくつか解決策は考えられるが、ここでは、上記の「空の器」としての管理組合論から考えてみたい。物には生成と消滅の局面があり、土地と建物を基盤とする区分所有関係も、成立と終了の場面を観念することができる。「空の器」としての管理組合という特殊な団体関係は、1棟の建物を区分して所有するという構造から編み出されたものであるから、3条団体の運命も建物の運命と共にすると解される。関係の終了の仕方としては、区分所有法上は建替え決議制度のみが用意されてきたが、全員合意により建物を取り壊したり、土地・建物を一括して売却して区分所有関係を解消することも含まれるだろう。今回の改正審議で解消決議制度も提案され、このような区分所有関係の終了があることはさらに見やすくなった。3条団体は区分所有建物と運命を共にする存在であり、解消のために一定の事業が必要な場合、その事業団体の成立する基盤となることまでも、団体の目的に含まれると解される。このように解釈すれば、建替え・解消の過程に従前の管理組合の法的地位が引き継がれない名宛人問題は克服できるだろう。

　従前、建替え・解消決議の成立後に管理組合が解消されると解されてきたのは、建物の管理を目的とする「権利能力のない社団」は、目的も構成員も

大きく変動する以上、解散せざるを得ないとの理解があったように思われる（佐藤3-3参照）。本稿では、上記の「空の器」の理解を活かし、「権利能力のない社団」としての管理組合は建替え・解消の決議後に消滅するとしても、管理組合を媒介として各区分所有者が受けた法的効果は持続し、各区分所有者の地位を基礎として建替え・解消の団体・事業組合も立ち上がるという解釈を提案したい。

V　おわりに

　本稿の考察の結果は、区分所有法3条の「団体」を、運営の内実を問わず外部からの法的行為の受け皿の役割を果たす「空の器」なる法主体として肯定し、これに「平時」の管理だけでなく建替え・区分所有関係の解消という「再生」まで含めて建物の運命全体について法律関係の媒体としての役割を与える、という従来の議論には見られない甚だドラスティックなものである[37]。ドラスティックではあるが、区分所有法をあくまで民法の物権編に関わる特別法として見る、という同法の起源・位置付けからは努めて素直な解釈を示したつもりである。団体法としての位置付けをはっきりさせないまま生活の共同体であるかのように団体の活動範囲を広げて理解することは、かえって法律関係を不明確なものにし、事態の混乱を深めると考える。

　本稿の考察結果は直ちに通説化したり制度に採用されるものではないだろう。しかし、民法上の共有関係ですら共有物分割請求による法律関係の解消が憲法上の要請とされるにもかかわらず、それより複雑な区分所有関係で解消への実効的な措置が考えられてこなかったこれまでの状況に鑑みれば、少なくともこれからの議論に潤いをもたせる意義までは期待してもよいのではないだろうか。議論の不足してきた原因は、従来のマンション法学、就中それを担ってきた私法学が、「頑張る管理組合」を支援することにばかり視線

---

37) 穏当な行き方としては、3条を、管理組合が「権利能力のない社団」として設立されている場合にのみ、当該社団の「平時」の権限を強化する規定として解釈する方法が考えられよう。これに対し、私見は、管理の形骸化状況も含めて「建物並びにその敷地及び附属施設の管理」の団体的な責任は免れないことを重視して立論を行った。

を注ぎ、もはや立ち行かない「頑張れないマンション」をどう処理するか、という問題から目を背けてきたことが指摘できる。建替え・解消という「再生」の場面はもはや私法でなく公法であるとの主張[38]も実践的理解としては一理あるが、再生局面を公法が主導するからといって、私人の集団的な意思決定を組み込んだり責任負担を定める検討が不要となるわけではない。単純に私法からの考察を投げ出すことは、かえってそれもまた無責任な態度であると評さざるを得ない。本稿の提案はマンションの最期まで私人ないし私法の役割を残す点で、私人ないし私法の責任を相当に重く見るものであるが、さらに具体的な制度提案を検討していく中でその当否を振り返って考えてみたい。

---

38) 丸山・前掲注2) 469頁。

第2章
マンション管理の適正化と行政の関与

篠原永明

I　はじめに

　本章は、適正化法の2020年改正を素材として、マンションの管理の適正化に向けた行政の関与の仕組みの現状と課題について整理を行うものである。以下では、本章の問題関心を敷衍したうえで（Ⅱ）、適正化法が定める関与の仕組みについて整理し（Ⅲ）、それに続けて、現行制度の課題と見直しの方向性について簡単ながら検討を行うこととする（Ⅳ・Ⅴ）。

Ⅱ　管理組合の自律的決定の限界と行政の関与の必要性

　区分所有権は、物理的に不可分な1棟の建物の一部を客体とするものであり、専有部分以外の建物部分や敷地を他の区分所有者と共同利用することによってしか効用を発揮することができない[1]。そこで、区分所有法3条は[2]、区分所有関係に入る以上、区分所有者は当然に、「建物並びにその敷地及び附属施設の管理を行うための団体」を構成し、この団体が「この法律の定めるところにより、集会を開き、規約を定め」、建物等の管理を行うとしている。この団体は一般に「管理組合」と呼ばれる（適正化法2条3号も参照）。
　管理組合の意思決定は集会での多数決による。区分所有法は、集会の議事

---

1 ＊　以上の区分所有権の性質については、佐久間毅『民法の基礎2物権〔第3版〕』（有斐閣、2023年）242頁の他、最一小判平成21・4・23判例時報2045号117頁を参照。
2　区分所有者の団体（管理組合）に関する規定が整備されたのは、1983年の区分所有法改正においてである。その趣旨については、法務省民事局参事官室編『新しいマンション法』（商事法務研究会、1983年）40-45頁、稲本洋之助ほか『コンメンタール マンション区分所有法〔第3版〕』（日本評論社、2015年）25-27頁などを参照。

は「区分所有者及び議決権の各過半数」で決することを原則としつつ（区分所有法39条1項）、例えば、区分所有建物の管理に関する自主ルールたる規約の設定・変更・廃止（同法31条）、共用部分の変更（同法17条）[3]、区分所有建物が大規模一部滅失した場合の復旧（同法61条）[4]、区分所有建物の建替え（同法62条）などについては特別多数決議によることとしている。

　以上のように、区分所有法は、区分所有者間の合意形成を通じてマンションの管理や建替え等を行うことを予定しているが、区分所有者の多くは管理や建替え等に関する法的・技術的な専門知識・経験に乏しく、適正な管理の維持、更には適時適切な建替え等の実施を管理組合の自律的決定に期待することには限界がある。しかも今日では、"マンションの高経年化に伴い、区分所有者の高齢化や非居住化が進行することで、集会の運営や議決が困難になっている"、"マンションの大規模化に伴い、管理の専門性・複雑性が増す一方、区分所有者の集会への出席率が下がるなどして、マンションの管理に係る合意形成が困難になっている"等といった問題も指摘されている[5]。

　しかし、マンションの管理に係る合意形成が適切になされず、物理面の劣化が進行しても修繕がされないとなると、外壁剥落等の重大な外部不経済が発生する可能性がある。そして、この外部不経済を行政代執行等によって除去するとなれば、多大なコストがかかることになる[6]。それゆえ、外部不経済の発生を防止するためのマンション管理の適正化は、行政にとっても大きな関心事とならざるをえない。もちろん、区分所有者の非居住化や集会への

---

[3] 共用部分の変更は、原則として「区分所有者及び議決権の各4分の3以上」の特別多数決議を要する。但し、「形状又は効用の著しい変更を伴わない」変更（軽微変更）は集会における普通決議で可能である（区分所有法17条1項）。

[4] 「建物の価格の2分の1以下に相当する部分が滅失した」場合（小規模滅失）には集会の普通決議で復旧が可能である（区分所有法61条1項）。それを超える大規模一部滅失の場合は、「区分所有者及び議決権の各4分の3以上」の特別多数決議を要する（同法61条5項）。大規模一部滅失の復旧の場合、決議に賛成しなかった区分所有者は、決議に賛成した区分所有者の全部又は一部に対し買取請求権を行使し、区分所有関係から離脱することができる（同法61条7項）。

[5] 以上については、山本一馬「マンションの管理の適正化と再生の円滑化の推進を図る」時の法令2114号（2021年）4-8頁を参照。更に、国土交通省Webページ「社会資本整備審議会マンション政策小委員会」(https://www.mlit.go.jp/policy/shingikai/s204_mannsyon01.html) に掲載された、「とりまとめ（2020年2月17日）・本文」5-6頁も参照（最終閲覧2024年6月4日）。

出席率低下等の合意形成上の問題を踏まえ、管理に係る合意形成が適切になされるよう区分所有法の見直しを行うことも必要である[7]。しかし、それによってもなお管理が適切になされない場合に備え、行政の関与の仕組みについても考えておかなければならない。

III　適正化法が定める関与の仕組み

1　2020年の適正化法改正

それでは、まず、適正化法が定める、マンション管理に関する行政の関与の仕組みを見ていこう。

適正化法は、当初はマンション管理士の資格やマンション管理業者の登録制度について定め、マンション管理の適正化を図ってきた。その一方で、「国及び地方公共団体は、マンションの管理の適正化に資するため、管理組合又はマンションの区分所有者等の求めに応じ、必要な情報及び資料の提供その他の措置を講ずるよう努めなければならない」というように（2020年改正前の適正化法5条）、管理についての行政の役割は受動的なものにとどめられていた。しかし、「適正化法制定以降、マンションの老朽化や大規模化等により区分所有者間の合意形成が一層困難となって、マンション管理士への相談や管理業者への委託を適切に行うことができない管理組合も増加してい

6）山本・前掲注5）5-6頁も参照。なお、滋賀県野洲市では、空家法を適用し行政代執行により区分所有建物の除却を行った例があるが、代執行には実に118,132,460円もの費用がかかっている。国土交通省近畿地方整備局のWebページ「近畿住宅政策連絡協議会　空き家分科会」（https://www.kkr.mlit.go.jp/kensei/jutaku/ol9a8v0000035gqj.html）に掲載された、「令和2年度第2回空き家分科会会議資料：資料6『区分所有建物の空き家に対する行政代執行の事例について』」を参照（最終閲覧2024年6月4日）。

7　現在、区分所有法の改正に向け、法制審議会区分所有法制部会の「区分所有法制の見直しに関する要綱案」（以下、「要綱案」）が公表されている。そこでは、「区分所有建物の管理の円滑化を図る方策」として、所在等不明区分所有者の決議の母数からの除外や出席者多数決といった「集会の決議の円滑化」の仕組み（「要綱案」第1-1）、「区分所有建物の管理に特化した財産管理制度」（同第1-2）、「共用部分の変更決議及び復旧決議の多数決要件の緩和」（同第1-3）などが提案されている。法務省Webページ「法制審議会－区分所有法制部会」（https://www.moj.go.jp/shingi1/housei02_003007_00004）に掲載された「『区分所有法制の見直しに関する要綱案』（令和6年1月16日開催決定）」を参照（最終閲覧2024年6月4日）。

ることから、これらの制度だけではマンション管理の適正化を図ることが難しくなりつつある」という問題が指摘されていた。そこで、2020年の適正化法改正では、マンション管理に対する行政、特に地方公共団体の関与の強化を図るべく、管理組合に対する助言・指導・勧告の制度や、管理計画の認定制度が設けられることとなった[8]。

　以下では、この2020年の適正化法改正で導入された、管理組合に対する助言・指導・勧告の制度と管理計画の認定制度について、簡単ながら見ていくことにしよう。

2　管理組合に対する助言・指導・勧告

　適正化法の2020年改正によって、「都道府県等」（同法3条の2第1項を参照）は、「マンション管理適正化指針」に即し、「管理組合の管理者等」に対し、マンションの管理の適正化を図るために必要な助言・指導をすることができるとされた（同法5条の2第1項）。また、「都道府県知事等」は、「管理組合の運営がマンション管理適正化指針に照らして著しく不適切であることを把握したとき」は、当該管理組合の管理者等に対し、マンション管理適正化指針に即したマンションの管理を行うよう勧告することができることとなった（同法5条の2第2項）[9]。

　国土交通省の関係者によれば、「立案過程においても、基本的には私的自治の範疇にあると考えられるマンション管理に行政がどこまで関与できるのか、マンション管理にどこまでの公益性があるのかといったことが論点とされた」が、「マンションの管理不全が周辺の生活環境にまで悪影響を与え、さらに放置されたマンションへの対応には多大な社会的コストがかかるという経験を得て、外部不経済を防ぐために行政が能動的に関与すること、すなわちマンション管理には私的自治の範疇に止まらない公益性があることが法制的に認められるに至った」とされる[10]。

8）以上につき、立岩里生太「令和2年マンション管理適正化法・建替え等円滑化法改正にみるマンションの公益性と市場価値」日本不動産学会誌34巻3号（2020年）22頁を参照。2020年の適正化法改正の背景については、更に、矢吹周平「マンション管理適正化法改正の背景と概要」マンション学70号（2021年）5-6頁・7頁も参照。
9）管理組合に対する助言・指導・勧告の制度については、山本・前掲注5）13-14頁も参照。

なお、国土交通省の策定したガイドラインによれば、この「助言・指導及び勧告は、マンションの管理・運営といったいわゆるソフト面に着目して行われるものであり、建物の設備及び構造の老朽化や朽廃といったいわゆるハード面の状況を理由とした助言・指導及び勧告は、本制度の射程外である」[11]。同法5条の2を根拠として「建替えを積極的に推奨するような助言・指導及び勧告」を行うことは、制度趣旨に合致せず「適切でない」とされる[12]。外壁剥落の危険等を理由に修繕の助言・指導及び勧告を行うことも、同様に「適切でない」ということになろう。国土交通省関係者の解説では、助言等の具体例としては、「補助制度等の支援策の活用、管理規約の策定・見直し、管理者の設置、集会の開催等の提案等」が挙げられている[13]。

　この管理組合に対する助言・指導・勧告の制度は、マンションが外部不経済を発生させる状況に陥らないよう、不適切な管理を適正な水準に引き上げることを狙いとしたものといえる[14]。もっとも、勧告に従わない場合の、実効性確保手段を伴う更なる行政措置は用意されていない[15]。国土交通省の担当者は、国会における審議の中で、この助言・指導・勧告の制度は「強制力がある制度」ではないものの「公的団体からの一定の関与ということで一定の効果はあろう」と述べているが[16]、実効性確保についてはなお検討を要し

---

10) 立岩・前掲注8) 22-23頁を参照。なお、どのような「外部不経済」を想定するかという点は一つの論点となるが、国土交通省関係者による別の解説では、「マンションが適切に維持管理されない場合、戸建て住宅に比べ、その規模ゆえに周辺の居住環境に与える影響が大きく、外壁の剥落など看過できないほどの外部不経済を発生させるような状況に至ったマンションストックが形成された場合には、行政代執行による対応など膨大な財政的・人的負担等が発生することが懸念される」と述べられていることからすれば（山本・前掲注5) 5-6頁を参照）、典型的には、周辺住民等の生命・身体・財産への危険の発生がここで問題にすべき外部不経済として想定されているのであろう（関連して、円滑化法1条の「地震によるマンションの倒壊、老朽化したマンションの損壊その他の被害からの国民の生命、身体及び財産の保護」という法目的も参照）。

11) 国土交通省Webページ「マンション管理について」(https://www.mlit.go.jp/jutakukentiku/house/jutakukentiku_house_tk5_000052.html) に掲載された「マンションの管理の適正化の推進に関する法律第5条の2に基づく助言・指導及び勧告に関するガイドライン（最終改正令和5年4月）」（以下、「ガイドライン」）8頁（最終閲覧2024年6月4日）を参照。

12) 前掲注11)「ガイドライン」8頁を参照。

13) 山本・前掲注5) 13頁を参照。更に、第201回国会衆議院国土交通委員会議録第18号（令和2年6月12日）7頁［政府参考人眞鍋純発言］も参照。

14) 助言・指導・勧告の実施については、前掲注11) の「ガイドライン」4-5頁も参照。

よう。更には、上記の助言・指導・勧告を行うためには、前提としてマンション管理の実態把握が必要不可欠であるが、適正化法上、そのための間接強制調査等の仕組みは特に用意されていない。行政の情報収集という点でもそれで十分か疑問が残る。

3　マンションの管理計画の認定

　続いて、マンションの管理計画の認定制度についてみていこう。「都道府県等」は、国が定めた基本方針に基づき、マンション管理適正化推進計画を策定できる（適正化法3条の2）。そして、この推進計画が策定された場合には、管理組合の管理者等は、「当該マンションの修繕その他の管理の方法」等を記載したマンションの「管理計画」を作成し、「マンション管理適正化推進計画を作成した都道府県等の長」（以下「計画作成都道府県知事等」）の認定を申請することができ（同5条の3）、当該申請に係る管理計画が「マンションの修繕その他の管理の方法が国土交通省令で定める基準に適合するものであること」等の基準に適合すると認めるときは、計画作成都道府県知事等はその認定をすることができるとされた（同5条の4）[17]。

　この管理計画に基づいた管理の実効性を確保するため、報告徴収や改善命令の仕組みも整備されている。計画作成都道府県知事等は、管理計画の認定を受けた者（以下、「認定管理者等」）に対し、管理計画認定マンションの管理の状況について報告を求めることができる（同5条の8）[18]。また、計画作成都道府県知事等は、「認定管理計画に従って管理計画認定マンションの管理を行っていないと認めるとき」は、認定管理者等に対し、改善に必要な措置

---

15) 現行制度のもとでは、都道府県等としては、勧告に従わない者に対して行政指導等の働きかけを粘り強く継続するほかない。前掲注11)の「ガイドライン」6頁も、「勧告の実施期限が過ぎても勧告の内容が実施されない又は実施の報告がない場合は、改正法に基づくこれ以上の措置は存在しないが、その実施状況については経過観察、現地調査、専門家の派遣を行う等の働きかけを継続的に行うことが望ましい」としている。
16) 第201回国会衆議院国土交通委員会会議録第18号（令和2年6月12日）7頁［政府参考人眞鍋純発言］を参照。
17) なお、この認定は5年ごとの更新制とされている（適正化法5条の6）。
18) 報告をしなかった場合、または虚偽の報告をした場合については、罰則も設けられている（適正化法109条1項1号）。

を命ずることができ（同5条の9）、認定管理者等が当該命令に違反した場合には、認定を取り消すこともできる（同5条の10第1項1号）。

　この管理計画の認定制度については、上述の助言・指導・勧告の対象とならないマンションについても、「その管理水準の維持向上を図り、将来的に管理不全に陥り外部不経済を生じさせるような状況を未然に防止する必要があること」、「都道府県等が多数に及ぶマンションに網羅的に指導等することは現実的ではないこと」を踏まえると、「各管理組合による自主的な取組を誘導するための施策が必要である」ため、「認定を取得したマンションが市場で評価されることを通じて、区分所有者全体の適正な管理への意識の向上や管理水準の維持を図ることとした」と説明がされている[19]。管理計画の認定の制度は、適正な管理の水準を維持し、あるいは更にそれを向上させることを狙いとしたものといえるが、行政資源の限界も踏まえ、マンション一般に関する仕組みとしては、このレベルでの行政の関与は、管理組合の申請を前提にした受動的な関与にとどめたということであろう[20]。

Ⅳ　現行制度の評価と課題

1　現行制度の評価

　以上、2020年の適正化法改正で採用された行政の関与の仕組みについてみてきた。とりわけ、外部不経済の発生を防止するため、マンションの管理に関する行政の能動的関与の仕組み（管理組合に対する助言・指導・勧告の制度）が設けられたことの意義は大きいであろう。不適正管理不動産への対応が社会的に重要な関心事となった今日、外部不経済の発生を防止するための管理に関する関与の仕組みは空家法においても採用されているが（2023年改正後

19）山本・前掲注5）14頁の他、矢吹・前掲注8）7－8頁も参照。
20）なお、本稿執筆時点において、公益財団法人マンション管理センターのWebページに掲載された「管理計画認定マンション一覧」によれば（https://publicview.mankannet.or.jp/）、認定を受けたマンションとして828件のマンションが紹介されているにとどまる（最終閲覧2024年6月4日）。少しずつ増えてはいるものの、管理計画の認定制度が十分に利用されているとにいえないように思われる。

の同法13条を参照)[21]、特にマンションという財の性質に鑑みると外壁剥落等の外部不経済が発生してからの対応には限界があることからすれば、こうした制度の必要性は否定し難いように思われる。

　しかし、やはり、マンションの管理については、管理組合の自治への配慮や行政資源の限界といった点から、行政の関与を認めることには非常に抑制的な態度が採られているということは否定できない。適正化法上、上記の勧告に従わない場合の、不適正な管理を是正するための実効性確保手段を伴う更なる行政措置は用意されていない。また、管理組合に対する助言・指導・勧告の前提になる管理の実態把握のための調査権限についても、特段の規定が設けられているわけではない。更に、適正な管理水準の維持・向上という点では、行政の関与は、管理組合からの申請を前提にした受動的なものにとどめられている（管理計画の認定制度）。例えば豊島区マンション管理推進条例で注目されたような、管理組合等に管理状況の届出義務を課し行政に情報を集めるとともに（同条例11条）、管理規約や長期修繕計画の作成を義務づけ（同条例12条・19条）、その履行確保のための行政措置を設ける（同条例27条・28条）というところまでは至っていない[22]。

21）空家法は、当初、周囲に著しい悪影響を及ぼす「特定空家等」（空家法2条2項）への対応に主眼を置き、「特定空家等に対する措置」等について定めていた（改正前の空家法14条：現22条）。しかし、行政資源の不足等から特定空家等になってからの対応には限界があるため、特定空家等になる前の段階での発生抑制、活用や適切な管理を促進することの重要性が認識されるようになった。そこで、2023年の空家法改正によって、管理不全空家等の所有者等に対する行政措置が追加されることになった。市町村長は、「空家等が適切な管理が行われていないことによりそのまま放置すれば特定空家等に該当することとなるおそれのある状態にあると認めるとき」は、管理不全空家等の所有者等に対し、国土交通大臣及び総務大臣が定める基本指針に即し、当該管理不全空家等が特定空家等に該当することとなることを防止するために必要な措置をとるよう指導をすることができる（空家法13条1項）。また、この指導をした場合において、「なお当該管理不全空家等の状態が改善されず、そのまま放置すれば特定空家等に該当することとなるおそれが大きいと認めるとき」は、修繕や立木竹の伐採等の具体的な措置について勧告することができるとされた（同法13条2項）。この勧告を受けた管理不全空家等の敷地は、特定空家等が勧告を受けた場合と同様、固定資産税の住宅用地特例が解除される（地方税法349条の3の2）。以上の2023年空家法改正については、国土交通省住宅局住宅総合整備課住環境整備室「空家対策の推進について」日本不動産学会誌37巻3号（2023年）32-35頁、城戸郁咲「空家等対策の推進に関する特別措置法の一部を改正する法律の解説」市民と法142号（2023年）49頁・51頁の他、宇賀克也「空家等対策の推進に関する特別措置法の改正」行政法研究50号（2023年）27-29頁も参照。

2　行政の関与を強化する必要性

　こうした法律上の穴を埋めるため、現在では地方公共団体ごとに独自の取組みがなされているようであるが[23]、やはり法律レベルでマンション管理の適正化に向けた行政の関与の強化が検討されるべきであろう。

　まず、第2部第1章（篠原2-1）で触れたように、現行のマンション法においては、マンションが外部不経済を発生させるに至った場合に行政の能動的関与によりマンションの修繕・除却を進める固有の仕組みは設けられていないため[24]、そもそも外部不経済を発生させないよう管理の適正化に向けて行政が関与していく必要性は高い。また、修繕・除却に向けた行政の能動的関与の仕組みも整備されなければならないことは勿論であるが、仮にそうした仕組みが整備されたとしても、特にマンションの場合、行政代執行等により修繕や除却を行うとなれば多大なコストがかかるので[25]、いずれにせよ、外部不経済の発生を防止するための管理の適正化は行政にとって重要な関心事とならざるを得ない。

　以上の事情に加え、先述のように管理組合の自律的決定に期待することに

22）豊島区マンション管理推進条例については、豊島区Webページ「豊島区マンション管理推進条例」（https://www.city.toshima.lg.jp/322/machizukuri/sumai/kekaku/mansion/028729.html）を参照（最終閲覧2024年6月4日）。更に、北見宏介「豊島区マンション管理推進条例」自治実務セミナー633号（2015年）54頁以下の他、北村喜宣「マンションの不適正管理に対する最近の条例対応」ジュリスト1532号（2019年）44-45頁、吉原知志「公と私の狭間にあるマンション管理」法学教室504号（2022年）4頁も参照。
23）例えば、マンション学77号（2024年）142頁以下の「第7分科会　管理不全マンションにどう対処するのか」に掲載された、櫻井雅弥「東京におけるマンションの管理適性化に向けた取組」（147頁以下）、吉澤健太ほか「横浜市におけるマンション管理組合支援の取組」（151頁以下）、松本直樹「名古屋市におけるマンション管理適正化に向けた取り組み」（154頁以下）、神戸市建築住宅局政策課「神戸市分譲マンション管理適正化の取り組み」（162頁以下）を参照。また、条例による対応の整理と評価として、北見3-4も参照。
24）この点で、空家法と現行のマンション法制とでは大きな違いがある（空家法については、前掲注21）も参照）。なお、以前は「建替え勧告制度」という能動的な関与の仕組みがあったが、この制度は2014年の円滑化法改正で廃止されている。建替え勧告制度の廃止については、長谷川洋「行政法（円滑化法）に基づく『老朽化マンションの解消制度』の提案」マンション学56号（2017年）149-150頁及び158頁の注(7)を参照。現行の円滑化法上、マンションの物理的状態に着目し修繕や除却を促す仕組みとしては、要除却認定マンションに対する指導・助言・指示の制度があるが（同法104条）、これは「マンションの管理者等」による要除却認定の申請を前提とするので（同法102条1項）、純粋に能動的な関与の仕組みとはいえない。

は限界があるという点も踏まえると、やはり、適正化法を改正し、管理の適正化に向けた行政の関与を強化することは不可欠なように思われる。もちろん、どの程度これを強化するかという問題は、マンションの修繕・除却に向けた行政の能動的関与の仕組みの整備との関連で捉えられるべき問題である。とはいえ、いずれにせよ十分な管理の実態把握は大前提であるので、マンション一般につき、①管理組合に管理状況の届出義務を課すなどし、行政の情報収集能力を強化する必要性は高いであろう。更には、②管理規約や長期修繕計画の作成・見直しなど、適正管理に係る管理組合の具体的義務を定めるとともに[26]、それに対応させ、③不適正な管理を是正するための助言・指導・勧告・命令といった段階的措置とその実効性確保の手段を整備することも考えられてよい（どのような手段が適切かという点は難しい問題であるが[27]）。

　マンションが外部不経済を発生させるに至った場合に修繕や除却を促す行政の関与の仕組みは十分に整備されていない、あるいはそうした仕組みには限界があるにもかかわらず、外部不経済の発生を防止するための管理の適正化に向けた実効的な関与の仕組みも整備されていないというようであれば、第１部第１章（篠原1-1）で示した考慮事項の調整という観点からしても、㋒マンションという財が性質上備える危険を考慮し、㋐（㋑）管理組合の自

---

[25] また、鉄筋コンクリート構造のマンションでは倒壊の危険は少なく、例えば外壁剥落等の保安上の危険に行政代執行で対応するとしても、「資産価値を高める補修工事を代執行するわけにはいかない」ので「ネットを張るくらいがせいぜいであろう」と言われる（但し、前掲注6）のように除却に至った事例もある）。そうであるとすれば、マンションの修繕を行い建物の機能を回復し居住のために使い続けるには、やはり区分所有者の合意形成に期待するしかないという限界もある。以上につき、北村喜宣「法の生理による『積極的合意の非形成』と行政介入」金井利之編『縮減社会の合意形成』（第一法規、2019年）80-81頁を参照。

[26] 現状では、マンションの適正な管理については管理組合に努力義務が課されているにとどまっている（適正化法５条１項）。

[27] 豊島区マンション管理推進条例のように勧告に従わない場合はその旨とマンション名を公表するとした場合（同条例28条を参照）、そもそも住みつぶすことを考えている区分所有者には効果はないであろうし、そうでなくとも市場での評価を下げることで、かえって管理の適正化に向けた区分所有者の意欲を下げてしまう可能性もある。前掲注21）で触れた管理不全空家等への勧告のように、区分所有者に対する経済的不利益と結び付ける場合には、管理費・修繕積立金の徴収等に支障が生じないかといった問題なども生じよう。是正命令（行政処分）まで設けたとしても、管理規約や長期修繕計画の作成は非代替的作為義務に該当するであろうから、行政代執行はできず、やはり履行確保には限界がある。実効性確保の手段を整備する上での課題については、堀澤２-５、北見３-４も参照。

律的決定に適切な限界が設定されているのか、疑わしいということにもなってこよう。

3　ゾーニングと結び付けた関与の強化

　以上のように筆者としてはマンション一般について管理の適正化に向けた行政の関与を強化する必要があると考えている。しかし、それでもやはり行政資源の限界等の観点からマンション一般を対象とすることは現状では難しいというのであれば、ゾーニングと結び付け、特定の区域にあるマンションについては行政の関与を強化するということが検討されるべきであろう[28]。

　ゾーニングと結び付け行政の関与を強化した制度としては、例えば──関与の早期化という意味での強化を図ったものではあるが──2023年の空家法改正で導入された「空家等の活用に関する計画作成市町村の要請等」の制度を挙げることができよう[29]。市町村は、「中心市街地」（中心市街地活性化法2条）や「地域再生拠点」（地域再生法5条4項8号）等の区域内の区域であって、当該区域における経済的社会的活動の促進のために当該区域内の空家等及び空家等の跡地の活用が必要となると認められる区域を「空家等活用促進区域」として、また、当該空家等活用促進区域における空家等及び空家等の跡地の活用の促進を図るための指針を「空家等活用促進指針」として、空家等対策計画に定めることができる（2023年改正後の空家法7条3項）。そして、空家等対策計画を作成した市町村の長は、空家等活用促進区域内の空家等について、当該空家等活用促進区域内の経済的社会的活動の促進のために必要があると認めるときは、当該空家等の所有者等に対し、当該空家等について空家等活用促進指針に定められた誘導用途に供するために必要な措置を講ずることを要請することができるとされた（同法16条1項）。

　この「空家等の活用に関する計画作成市町村の要請等」の制度については、

28）関連して、「空間秩序の形成」という観点から、都市計画と接続したマンション法制の制度設計ないし利害調整のあり方について総論的に検討を行うものとして、吉原知志「マンション法制の都市法的把握と課題」マンション学76号（2024年）106-108頁、吉原1-2も参照。

29）「空家等の活用に関する計画作成市町村の要請等」の制度については、国土交通省住宅局住宅総合整備課住環境整備室・前掲注21）33頁、城戸・前掲注21）49-50頁、宇賀・前掲注21）8-25頁も参照。

中心市街地等の地域においては外部不経済の発生を防止する必要性が特に高いとして、空家一般の場合と異なり、ヨリ早期の──活用の促進という段階からの──行政の関与を認めたという説明が可能であろう[30]。あるいは、空家等が存在する地域（空間）の性質に着目し、外部不経済の発生の防止を超え、財の効用を発揮させること自体に行政の関与を正当化する「公益性」を見い出したという整理もあり得よう[31]。

同様に、マンションの管理に関しても、ゾーニングと接続し、当該区域においては特に外部不経済の発生を防止する必要性が高い、あるいは更に、当該区域（空間）の性質を踏まえるとマンションの適正な管理を維持し財の効用（例えば都市インフラとしての機能）を発揮させることそれ自体に「公益性」が認められるとして、マンション一般の場合と比べ、行政の関与を強化することは考えられてよい[32]。

V　更なる課題──財産管理制度の活用

1　行政的手法の限界

以上、マンション管理の適正化に係る行政の関与の仕組みの現状と課題に

---

[30]　行政資源の限界等により「特定空家等」になってからの対応には限界があるため、空家等の「活用拡大」・「管理の確保」・「特定空家の除却等」の三本柱で対策を強化することにしたという2023年改正の背景と方向性に着目すれば、外部不経済の発生を防止するためにヨリ早期の関与を認めたものとして、この要請等の制度を位置づけることになろう。2023年改正の背景と方向性については、国土交通省住宅局住宅総合整備課住環境整備室・前掲注21）32-33頁、城戸・前掲注21）49頁を参照。また、国土交通省Webページ「空家等対策の推進に関する特別措置法の一部を改正する法律（令和5年法律第50号）について」（https://www.mlit.go.jp/jutakukentiku/house/jutakukentiku_house_tk3_000138.html）に掲載された「概要［2］」の「背景と方向性」も参照（最終閲覧2024年6月4日）。

[31]　空家等活用促進区域については、特に、「地域によっては、中心市街地や地域再生拠点等、市区町村内の拠点となる地域において、多数の空家等が生じることにより、地域の本来的な機能に悪影響を及ぼしていることがある」ので、このような状況に対応するために「空家等活用促進区域」および「空家等活用促進指針」を空家等対策計画に定めることができることとした、という説明がされている（城戸・前掲注21）49頁を参照）。こうした観点からすると、空家等が存在する地域（空間）の性質に着目し、それに適合するよう空家等という財の効用を発揮させるものとして、この要請等の制度を位置づけることになろう。

ついて整理するとともに、見直しの方向性についても簡単ながら検討してきた。しかし、管理の適正化に向けた行政の関与を強化したとしても、そこにもやはり限界はある。例えば、適正化法を改正し、管理規約や長期修繕計画の作成・見直しなど、適正管理に係る管理組合の具体的義務を定めるとともに、それに対応する、不適正な管理を是正するための助言・指導・勧告・命令といった段階的措置を創設したとしても、管理規約や長期修繕計画の作成・見直しは非代替的作為義務に該当すると考えられるため、行政代執行による義務履行確保はできず、結局は管理組合の対応を待つ他ない。また、先述のように、現在のマンション法には、マンションが外部不経済を発生させるに至った場合の行政の能動的関与の仕組みはなく、仮にそのような仕組みができたとしても、行政代執行等によりマンションの修繕・除却を行うには多大なコストがかかる。そのため、行政的手法の限界をどのように補完するか、ということも考えておかなければならない。最後に、今後の課題の提示という意味も込め、この問題について簡単に検討しておきたい。

2　空家法が定める財産管理制度の特例

ここでも参考になるのが、2023年の空家法改正である。同法の改正以前から、民法の財産管理制度を活用し[33]、市町村が財産管理人の選任の申立てを行い、財産管理人が当該空家等の除却や売却を行う、あるいは、改正前の空家法14条10項に基づく略式代執行を行った後、市町村が財産管理人の選任の

32　マンション法についても、円滑化法のマンション敷地売却制度に関しては、2020年の同法改正以前から、現行の特定要除却認定マンション（同法102条・106条・108条）のように「対象地域・地区等を指定せず、安全性・耐久性・衛生上の物理的不全のみを要件とする」仕組みに加え、立地適正化計画の居住誘導区域等、「対象地域・地区等を指定し、物理的不全に加えて機能的不全も要件とする」仕組みも設けることが、長谷川洋により提案されていた。後者につき、長谷川は更に、「安全等に係る物理的不全に加えて、居住性に係る機能的不全が生じている老朽化マンションが都心（まちなか）等の地域に存在しており、都市の希少な土地が高度（有効）利用されていないため、その解消により土地の高度利用や都心居住の推進を図ることに公益性を見いだそうとする考えである」と敷衍している。長谷川洋「マンション建替法に基づく『耐震性不足マンション以外の老朽化マンションの解消制度』についての私案」マンション学60号（2018年）126-127頁を参照。これは、マンションが存在する区域の性質に着目し、土地の効用を発揮させるという観点から、要除却認定等の行政の関与の対象を拡張する提案といえる。

申立てを行い、財産管理人が不動産を任意売却した売却費から費用の回収を図るなどの事例が見られた[34]。また、市町村においては、所有者不明建物管理命令や管理不全建物管理命令等により財産管理人に必要な管理行為を行わせるというニーズもあったようである[35]。

もっとも、市町村がこれらの財産管理制度における請求権者たる「利害関係人」（民法25条・264条の8等）に当たるか否かは必ずしも明らかではなく、裁判所による判断も分かれているということが指摘されていた[36]。そこで、2023年の空家法改正では、「市区町村が主導して空家等の適切な管理や処分等を進めることができるよう」、財産管理制度の特例が設けられることとなった[37]。すなわち、不在者財産管理制度（民法25条）・相続財産管理制度（民法952条）・所有者不明建物管理制度（民法264条の8）・管理不全土地管理制度（民法264条の9）・管理不全建物管理制度（民法264条の14）に関し[38]、「市町村長」が裁判所に対し各請求をすることができるとされたのである（2023年改正後の空家法14条）。

---

[33] 不在者財産管理制度（民法25条）と相続財産管理制度（民法952条）に加え、令和3年の民法改正により、新たに所有者不明土地管理制度（民法264条の2以下）・所有者不明建物管理制度（民法264条の8）・管理不全土地管理制度（民法264条の9以下）・管理不全建物管理制度（民法264条の14）が設けられた。これらの制度については、村松秀樹ほか編『Q＆A 令和3年改正民法・改正不登法・相続土地国庫帰属法』（きんざい、2022年）166-221頁、佐久間・前掲注1）179-181頁などを参照。

[34] 空家対策における財産管理制度の活用事例については、令和3年の民法改正以前の資料ではあるが、例えば、国土交通省Webページ「空き家対策に関する情報提供」（https://www.mlit.go.jp/jutakukentiku/house/jutakukentiku_house_tk3_000042.html）に掲載された「地方公共団体の空き家対策の取組事例　平成29年度調査」を参照（最終閲覧2024年6月4日）。更に、釼持麻衣「特定空家等に対する行政代執行と費用回収」高崎経済大学地域科学研究所編『空き家問題の背景と対策』（日本経済評論社、2019年）114-116頁なども参照。

[35] 宇賀・前掲注21）30頁を参照。

[36] この点については、宇賀・前掲注21）30頁、北村喜宣『空き家問題解決を進める政策法務』（第一法規、2022年）351頁などを参照。

[37] この改正については、城戸・前掲注21）52頁の他、国土交通省住宅局住宅総合整備課住環境整備室・前掲注21）34頁、宇賀・前掲注21）29-31頁も参照。

[38] なお、改正後の空家法14条2項で「空家等」から「敷地」が除かれ、所有者不明土地管理制度については特例の対象外とされているが、この点につき、宇賀・前掲注21）31頁は、「所有者不明土地の利用の円滑化に関する特別措置法42条2項により、市区町村長は、所有者不明土地管理命令を請求できるから」だと説く。

3　マンション法における財産管理制度の活用

　マンション法においても、行政的手法にも限界があるというのであれば、同様に、その穴を埋めるべく財産管理制度を活用することが検討されてよい。所有者不明建物管理制度と管理不全建物管理制度の規定は、専有部分及び共用部分には適用しないとされているが（区分所有法6条4項）[39]、現在、区分所有法の改正に向け、法制審議会区分所有法制部会の「区分所有法制の見直しに関する要綱案」（以下、「要綱案」）が公表されており[40]、その中で、「所有者不明専有部分管理制度」・「管理不全専有部分管理制度」・「管理不全共用部分管理制度」といった、区分所有建物の管理に特化した財産管理制度を整備することが提案されている（「要綱案」第1-2）。この制度が整備された後には、適正化法を改正し、都道府県知事等に管理不全共用部分管理命令等の請求権を付与することが考えられよう。

　あわせて、「要綱案」で提案された財産管理制度が果たして十分なものか、検討しておく必要もある。マンションが管理不全に陥った場合には管理不全共用部分管理制度の利用が考えられよう。この制度については、「区分所有者による共用部分の管理が不適当であることによって他人の権利又は法律上保護される利益が侵害され、又は侵害されるおそれがある場合」であることが要件とされている。この要件は「民法の管理不全建物管理命令と基本的に同様」とされるところ[41]、典型的には外壁剥落等の「他人に財産上・身体上の被害を及ぼすおそれがあるケース」が想定されているといえよう[42]。また、管理不全共用部分管理人の権限についても、民法の管理不全建物管理人と同様、基本的には管理不全共用部分等の保存・利用・改良行為を行うことが考えられている[43]。管理不全共用部分管理制度においては、外部不経済が発生するおそれがある場合の「ハード面」での対応が想定されているように思わ

39）その趣旨については、村松ほか編・前掲注33）217頁を参照。
40）要綱案については、前掲注7）の法務省Webページを参照。
41）前掲注7）の法務省Webページに掲載された「『区分所有法制の改正に関する中間試案』（令和5年6月8日）取りまとめ」の、「区分所有法制の改正に関する中間試案の補足説明」（以下、「補足説明」）25頁を参照（最終閲覧2024年6月4日）。
42）管理不全建物管理制度の解説として、村松ほか編・前掲注33）216頁の（注1）も参照。

れる[44]。しかし、マンションの管理の適正化のためには、管理規約や長期修繕計画の作成・見直し等の「ソフト面」に着目した対応も重要であろう。不適切な管理を是正し区分所有関係を存続させることを考えるのであれば、管理組合が機能しない場合には第三者に管理規約や長期修繕計画の作成・見直しを行う権限を与えるなどし、第三者を後見的に関与させられないかという点も気になるところである。

　以上の点を筆者自身の今後の検討課題として明示し、ひとまず筆を擱くことにしたい。

【付記】
　脱稿後に、「マンションの管理の適正化の推進に関する法律第5条の2に基づく助言・指導及び勧告に関するガイドライン（最終改定：令和6年6月7日）」に接した（前掲注11）の国土交通省Webページを参照）。

---

43) これを超える管理不全共用部分の変更行為や処分行為も裁判所の許可を得れば可能であるが、処分については全区分所有者の同意も必要になる（「要綱案」第1-2-(3)-イを参照）。なお、処分行為については、前掲注7）の法務省Webページに掲載された「法制審議会区分所有法制部会第5回会議（令和5年2月13日開催）」の「部会資料5」20頁で、「共用部分のみの処分行為がされることは実際上想定し難いが、区分所有者全員の同意を得て、区分所有建物全体の取壊しをするようなケースがあり得ないではない」とされている。
44) この点については、前掲注41）の「補足説明」24頁「提案の趣旨」も参照。

第3章
マンションの取壊積立金と管理組合の目的

佐藤　元

I　はじめに

　国土交通省が令和4年10月31日より開催した「今後のマンション政策のあり方委に関する検討会」（座長：浅見泰司東京大学大学院工学系研究科教授、以下「あり方検討会」という）は、そのとりまとめにおいて、「将来の解体等を見据えた対応」との項目を設け、マンション[1]の「解体」及び「解体費」の必要性を指摘する[2]。これは、マンションの老朽化が進んでいるものの、地理的な条件などにより建替えの事業性が乏しいケースでは自己負担額が大きく建替えに進むことができず、また同様に経済条件によっては敷地売却についても売却先が見つからないケースが増加していくことが想定され、そのような場合には、最終的には、解体・取壊し（以下、「取壊し」という）を検討せざるを得ないからである。

　あり方検討会は、このような区分所有者による取壊しのあり方に関して、「いずれは寿命が到来し、周辺への悪影響を防止する観点から、区分所有者の責任と負担によって除却が必要な場合がある」と述べる[3]。そのうえで、取壊しや取壊積立金に関する今後の施策の方向性として、「実態調査によっ

---

[1]　本稿において「マンション」とは、「2以上の区分所有者が存する建物で人の居住の用に供する専有部分のあるもの」（適正化法2条1号イ）を指す。また、本稿において区分所有建物という場合には、専有部分のある一棟の建物を指し、マンションよりも広義の概念として用いる。もっとも、区分所有建物における議論は、本稿においては、基本的にマンションにも妥当する。

[2]　国土交通省「今後のマンション政策のあり方に関する検討会とりまとめ（令和5年8月）」（以下、「あり方検討会とりまとめ」という）国土交通省ウェブサイト https://www.mlit.go.jp/jutakukentiku/house/content/001624179.pdf（令和6年5月9日最終閲覧）17頁。

[3]　「あり方検討会とりまとめ」前掲注2）17頁。

て必要な解体費の相場の把握を進め、各種ガイドライン等への反映を検討する。」、「他の制度を参考にしつつ、積立方式や保険制度を含む解体費用の確保手法のあり方について、検討を行う。」と示している[4]。

　また、法制審議会区分所有法制部会（以下、「区分所有法制部会」という。）において、区分所有法の改正についての審議が進められ、令和6年2月15日開催の法制審議会第199回会議において、「区分所有法制の見直しに関する要綱」が取りまとめられ、同日、法制審議会から法務大臣に対して答申がなされたところ、同要綱において、「建物取壊し決議」の制度の導入が提案されている[5]。建物取壊し制度を導入する以上、国土交通省が検討するような、取壊しのための資金を積み立てることも検討する必要があるだろう。

　このように、現在の国の政策の方向性としては、取壊しのための資金を積み立てること（以下、取壊しのために積み立てる資金を「取壊積立金」という。）の必要性を前提に、それが当然に可能なものとして検討されているようである。しかしながら、「法3条に規定する団体は、建物等の管理を目的とするものであるが、建替え、すなわち建物を取り壊して新たな建物を新築することは、建物等の管理の範疇を超えざるを得ない」との説明もあることから[6]、そもそも、区分所有建物の取壊しが管理組合[7]の目的の範囲に含まれるか

4）取壊しに向けた積み立てをする具体例も紹介されている。高島平ハイツ（建築年昭和49年、総戸数95戸）は、管理組合として、同マンションを80年間使用する方針を決定しており、併せて建築規制による建替えにあたっての区分所有者の負担を踏まえると、建替えが困難な可能性があることも想定して、将来の解体を見据えた取り組みを行うことを決めている。具体的には、修繕積立金の一部（200万円／年）を災害復旧積立金として積立てることとし、災害が発生しなかった場合は、マンションの解体費用に充当することを想定している。また、最後の10年間の修繕積立金は、最低限の修繕費をのぞき、全て解体費に充当することとしている（国土交通省今後のマンション政策のあり方に関する検討会「参考資料（令和5年8月10日公表、令和5年9月8日一部書式適正化）」74頁（国土交通省ウェブサイト https://www.mlit.go.jp/jutakukentiku/house/content/001630139.pdf、令和6年5月10日最終閲覧）74頁。

5）法制審議会第199回会議では、議案として示された「区分所有法制の見直しに関する要綱案」と同内容で承認され、要綱として確定している。同要綱案は、法務省ウェブサイト https://www.moj.go.jp/content/001413270.pdf（令和6年5月24日最終閲覧）参照。改正議論の経緯については、拙稿「区分所有法制の見直しに関する要綱を読む」市民と法147号（2024年）12頁、148号（2024年）28頁。

6）川井健＝川島武宜『新版注釈民法(7)物権(2)』（有斐閣、2007年）804-805頁［濱崎恭生＝富澤賢一郎］。濱崎恭生『建物区分所有法の改正』（法曹会、1989年）394頁も同旨。

7）本稿では、区分所有法3条の団体を「3条の団体」または「管理組合」と呼ぶ。

が問題となり、仮に目的の範囲外であれば、取壊積立金を積み立てるための規約や決議の定めも目的の範囲外として無効になるとの考え方も成り立ちうる[8]。

そこで、取壊積立金を検討するにあたっては、そもそも区分所有建物の取壊しそのものが管理組合の目的の範囲に含まれるのか、また、管理組合が自ら取壊し業務を行うために取壊積立金を規約や決議の定めにより徴収することができるのかを検討する必要がある。

区分所有法64条は、「建替え決議に賛成した各区分所有者、建替え決議の内容により建替えに参加する旨回答した各区分所有者及び区分所有権又は敷地利用権を買い受けた各買受指定者（これらの者の承継人を含む。）は、建替え決議の内容により建替えを行う旨の合意をしたものとみなす」と規定する（以下、これを「みなし合意」という）。本稿の問題提起の端緒である「建物を取り壊して新たな建物を新築することは、建物等の管理の範疇を超えざるを得ない」との考えは、このみなし合意の規定と関連する。そこで、以下では、同条の趣旨及び立法経緯を考察する。

8・取壊積立金の徴収についての規約の定めが、区分所有法30条1項の「建物又はその敷地若しくは附属施設の管理又は使用に関する区分所有者相互間の事項」として規約事項に含まれるか否かという点も問題になる。区分所有建物の取壊しと規約の関係については、定期借地権マンションにおいて先行研究がある。定期借地権マンションは借地契約の終期が決まっており、契約終了時において、原状回復――つまり区分所有建物を取り壊し、更地にした上で、土地を返還――する必要があるからである。定期借地権マンションの議論においては、「管理組合は、本来、区分所有建物が存立する状態を念頭に置きますが、定借マンションの場合は、分譲から契約終了時の履行完了までのプロセス全般が『敷地の管理』に含まれると理解し、区分所有者の自治規範たる管理規約や決議により円滑な土地返還を実現することが必要と解されます」と整理した上で、「建物取壊積立金の徴収・管理・運用に関する事項」が規約事項に含まれる、と整理している（建設省住宅局民間住宅課監修『定借マンション・ガイドブック』（ぎょうせい、1997年）108-109頁。）。これは、借地権マンションの特殊性（借地権マンションは借地契約の終期が決まっており、契約終了時において、原状回復する必要があること）を背景として規約事項に含まれる旨解釈しているものであり、定期借地権マンションでないマンションにおいて、取壊積立金を徴収することが規約事項として認められるのかはなお検討を要する。

II　区分所有法64条のみなし合意の趣旨と管理組合の目的

1　区分所有法64条の趣旨

　区分所有法64条は、区分所有法の昭和58年の改正（昭和58年法律第51号）（以下、「昭和58年改正」といい、成立した区分所有法を「昭和58年法」という）において建替え制度が導入された際に、それに併せて導入されたものである。区分所有法の建替え制度（区分所有法62条）は、建替計画の概要を定めて（同条2項）決議を行う。そして、決議が成立した場合には、集会招集者が、決議に賛成しなかった者に対し建替えに参加するか否か回答すべき旨を書面により催告を行った上で（同法62条1項）、建替え決議賛成者若しくは建替えに参加する旨回答した者（以下、「建替え参加者」という。）又はこれらの者の全員の同意により買い受けることができる者として指定された者（以下、「買受指定者」という。）が、建替えに参加しない旨を回答した区分所有者（催告期間内に回答しなかった者も含む〔同法63条4項〕）に対し区分所有権及び敷地利用権を時価で売り渡すべきことを請求することにより、建替え参加者ないし買受指定者に区分所有権を集約し、建替え参加者及び買受指定者の間に、建替え決議の内容により建替えを行う旨のみなし合意（同法64条）を成立させ、建替えの実行を当該合意の履行と位置付ける。

　区分所有法64条に基づくみなし合意の趣旨につき、昭和58年改正の際の法務省立案担当者である濱崎恭生は、概要次のように述べる[9]。

　　　3条の団体は、建物等の管理を目的とする団体であるので、建替え、すなわち建物を取り壊して新たな建物を建築することは建物の管理の範疇を超える。3条の団体は、特定の区分所有建物の存在を前提として存するのであり、当該建物の取壊しによって消滅し、再建建物につき区分所有関係が生じたときに当該建物について生じた新たな別の団体が誕生することになる。したがって、建替えという事業は、3条の団体が行うのに適しない。

　　　建替え決議は、3条の団体の集会決議として行うとしているが、これは、建替え

---

9)　濱崎・前掲注6) 394-395頁、409頁。

のための集会制度を別途設けるのではなく、従前の集会を合意形成の場として利用することが適当であるからである。しかし、建替え決議は通常の集会決議の実行方法とは全く異なるものと位置づけられている。すなわち、通常の集会の決議は、当然に全区分所有者を拘束し、管理者が全区分所有者の付託を受け、全区分所有者の責任と負担においてこれを実行するのであるが、建替え決議についてはそのようなことは予定されていない。建替え決議の効果として建替え参加者に不参加者に対する区分所有権等の売渡請求権を付与し、これによって参加者のみが区分所有権等を全部有することとなる手段を設けるとともに、本条に基づく合意が成立したものとみなし、これによってその合意の拘束力に基づき参加者が建替えを実現することを確保するという構成をとっている。この合意は、建替えという共同事業遂行を目的とする民法上の組合契約類似の契約と解される。

したがって、建替えの実行は、3条の団体が行うのではなく、3条の団体とは別個の建替え参加者の団体が行うのである。そして、建替え決議がされた後も、建物の取壊しがされるまでは、3条の団体が存続し、建物等の管理のための事務を行うが、それとは別に建替えのための一種の団体が構成され、その両者が併存することになる。

2　区分所有法64条の立法経緯

昭和58年改正においては、改正の議論の途中まで、建物の取壊し後も管理組合が存続し、管理組合が建替えを実行するとの考え方が検討されるなど、さまざまな議論が行われながら、区分所有法64条のみなし合意が導入されるに至っている。そこで、昭和58年改正において区分所有法64条のみなし合意が導入されるまでの立法経緯を確認し、みなし合意の評価を検討する。

(1)　法制審議会民法部会財産法小委員会
(a)　区分所有法改正要綱試案公表前の審議

昭和58年改正の検討は、昭和54年1月30日の法制審議会民法部会第16回会議において、区分所有法の改正審議を行うことが決定され、その検討が民法部会財産法小委員会（以下、「財産法小委員会」という）に委ねられたことに始まる[10][11]。

建替えについては、「区分所有建物の管理に関する検討事項」の一項目と

---
10) 濱崎・前掲注6）12頁。

して「建替えをめぐる利害の対立の調整」が挙げられ検討が開始された[12]。本格的な議論は、昭和56年6月9日の財産法小委員会準備会から始まっているようである。ここで、法務省民事局の原案の説明担当幹事（氏名不詳。以下「幹事」・「委員」と示す場合は氏名不詳の幹事や委員を指す。）より、集会の決議により建替えを決定することが提案された[13]。また、建替えに異議のある者に対する売渡請求の方式と買取請求の両方の方式を検討し、基本的には売渡請求が相当であるとの提案が示されている。建替えに異議があるが買取請求権は行使しない場合の措置が問題となるとしたうえで、建替え決議の効力として建物の取壊し義務の存在を肯定することができ、強制的な取壊しも考えてよいか、との問題提起もされている。加えて、建替え決議の効力が建物の取壊し後にも及ぶかについては、建物の取壊しによって効力が終了し、その後の新築は、当事者間の協議に委ねられるとした方が簡便との案が示されている。

　また、委員ないし幹事より、買取請求及び売渡請求について、買取請求の方式だと建物の取壊しに同意せず、かつ、買取請求権を行使しない者の処理が困難なので、売渡請求の方式でいくのがよいとの意見、管理組合（法人）が売渡請求権行使の主体となることを認めてはどうかとの意見、管理組合

11）なお、財産法小委員会での検討と並行して、改正にかかわりのある研究者と法務省関係者により「区分所有建物管理問題研究会」がつくられ、改正について検討が行われており、復旧・再建と並んで建替えについても検討がされているが、建替えを管理組合が行うのかという問題や、みなし合意の必要性に関する議論はなされていない（区分所有建物管理問題研究会『区分所有建物の管理と法律』（商事法務、1981年）170-182頁）。他方で、同研究会において、管理費や修繕積立金と並んで、「建替えのための準備金を積み立てる」ことについての検討がされていることは興味深い。当時はそのような積み立てが行われている例がほとんどないだろうとの前提の下ではあるが、権利能力のない社団である管理組合が自らの名義で建替えのための積立金を預金することができるかという検討がなされている（同64-65頁）。

12）国立公文書館より開示された『法制審議会民法部会財産法小委員会関係資料昭和54年6月～昭和55年5月』（請求番号平22法務00072100）所収の「民法部会財産法小委員会資料20」3頁。以下引用する『法制審議会民法部会財産法小委員会関係資料』は、全て国立公文書館より開示されたものである。

13）『法制審議会民法部会財産法小委員会関係資料昭和55年6月～56年10月』（請求番号平成23年法務00045100）所収の財産法小委員会第93回会議において配布された「財産法小委員会準備会（56・6・9）審議メモ」2-3頁。なお、建替えに関しては、審議の当初は①建物が現存する場合の建替え、②建物が全部滅失した場合の再建、③建物が一部滅失した場合の復旧等の三つの類型に分けて検討がされている。

（法人）が当然に再建を目的とする管理組合（法人）となるものとするとの意見が述べられた[14]。取壊し後の建築に関する手当の要否については、建替え決議の効力は、建物が取り壊された後は及ばないと考えてよいとの意見、建物取壊し後の建築についてまで法的手当てを加えることは極めて困難であり、かつ、その必要もないのではないかとの意見が述べられた[15]。

　この準備会の議論を踏まえて、昭和56年6月23日に財産法小委員会第93回会議が開催された。ここで、幹事より、買取請求の方式と売渡請求の方式とそれぞれの問題点が示され、管理組合（法人）が建物取壊し後に再建を目的とする組合（法人）に移行することの可否、管理組合（法人）が売渡請求又は買取請求の当事者となり得ることの可否が論点として提示された[16]。また、法務省民事局の原案の説明担当幹事の補足説明として、建替えに異議のある者に買取請求を認める場合において、その者が買取請求権を行使しないときは建替え決議の効力として建物の取壊し義務を負うと考え、強制的な取壊しも可能と考えられるとの考え方、他方で、売渡請求方式による場合には建替え決議の効力は売渡請求権の発生要件に過ぎないととらえることになるとの考え方が示されている。また、管理組合が、建物取壊し後に再建を目的とする社団又は法人に移行すると考えれば管理組合が再建の核になるとのメリットがあるが、管理組合が管理の目的物である建物全部の滅失によって解散するとの考え方との関係を整理する必要があるとされている。すなわち、「管理組合は管理の目的物である建物の全部の滅失によって解散するものとされているので、これとの関係をどうするか、管理組合の目的は、建物並びにその敷地及び附属施設の管理に関する事業を行うことにあるとされている……が、再建を業務の目的の範囲内に取り入れることが許されるのか、構成員の異動を考慮しなくてよいか、議決権割合をどうするか、再建後の新たな区分建物の管理組合との関係はどうなるか等の問題があり、かつ、立法上の手当てを要することになろう。」との説明が補足されている[17]。

---

14)「財産法小委員会準備会（56・6・9）審議メモ」前掲注13）9頁。
15)「財産法小委員会準備会（56・6・9）審議メモ」前掲注13）10頁。
16)『法制審議会財産法小委員会関係資料昭和55年6月〜56年10月』前掲注13）所収の「民法部会財産法小委員会資料51」2-3頁。

委員ないし幹事からは、「建替え決議の効力として各区分所有者が建物の取壊し義務を負うとすれば、建替えの決議に異議がある者に対しては、その権利を保護する必要があるという意味で、むしろ買取請求権を認めるのが筋ではないか」、「特別多数決で建替えを決定することができるものとする以上、建替えに異議がある者に対しては、その代償措置として、原則的に買取請求権を認め、買取請求権を行使しない場合にのみ例外的に売渡請求権を認めることとしてはどうか」との意見が述べられている。また、建替えに管理組合を関与させることについて、「建替え前の建物の区分所有者は、建替えに異議がある者を除き、建替え後の建物に再入居するという前提で考えれば、建替えの前後を通じて連続性を肯定することができるから、建物の再建も管理組合の目的の範囲内であるといってよいのではないか。建物の取壊し後は、議決権割合をどうするかが問題となるが、従来どおりとしてもよいのではないか」という意見や、逆に「現在の管理組合の実態を考慮すれば、管理組合に建物の再建の主体となる能力はないのではないか。」との意見が述べられている[18]。

---

17) 『法制審議会財産法小委員会関係資料昭和55年6月～56年10月』前掲注13）所収の「民法部会財産法小委員会（56・6・23）審議メモ」3-5頁。

18) 「民法部会財産法小委員会（56・6・23）審議メモ」前掲注17）10-11頁。また、建物が全部滅失した場合の再建の規定との関係を意識して、「建物が現存する場合の建替えについてどこまで手当するかとパラレルの問題であり、建物の再建についてまで法的規制を加えるのであれば、同様に規定を置く必要があるのではないか。」との意見もあった（同12頁）。なお、全部滅失後の再建については、昭和56年7月14日開催の財産法小委員会第94回会議において、再建決議のしくみ（甲案）と特別の規定を設けない案（乙案）が示されたが（『法制審議会財産法小委員会関係資料昭和55年6月～56年10月』前掲注13）所収の「小委員会資料54」11-22頁。）、特別の規定を設けない方針となったようであり、全部滅失の場合の措置は要綱試案には取り上げられなかった。上記94回会議の審議メモ（『法制審議会財産法小委員会関係資料昭和55年6月～56年10月』前掲注13）所収の「民法部会財産法小委員会（56.7.14）審議メモ」）にこの点の方向性を決めた審議の記載がないので、どのような経緯で要綱試案に取り上げられなかったかは不明であるが、もともと「建物が完全に滅失するという事例は稀有のことと考えられること、建物が存しないのであるから、建物の再建か共有関係の解消かの選択を迫られることになるので、任意の解決が比較的容易と考えられること、特に規定を置く必要があるかどうか自体問題であろう」とか「建物が全部滅失した場合には、区分所有関係は消滅する」と述べられていたこと（「財産法小委員会準備会（56・6・9）審議メモ」前掲注13）4-5頁）、上記94回会議でも示された「小委員会資54」において「このような立法措置を講ずる必要があるか」と記載され（「小委員会資料54」12頁）、同会議における幹事の説明においても、再建の規定を設ける甲案を「一応の案」と説明していたことから、全部滅失の場合の再建の規定を設ける必要性がないとの判断がなされたのであろうと推測される。

また、同財産法小委員会第93回会議では、建替え決議そのものに関しては、「建替えについて直接に法的規制を加えるのでなく、その前提として必要な区分所有関係の終了とそれに伴う財産の清算手続だけを規定し、建物の建替えは当事者の合意に委ねることにしてはどうか」、「建替えの決議の拘束力は、建物の取壊しのみならず建物の再建についてまでも及ぶとした方が我が国の実情に合致するのではないか。そうだとすれば、再建に係る建物の建築計画を建替えの決議の内容とし、建替えの決議の効力は右建築計画にも及ぶものとしてはどうか（決議に賛成した者の間では、少なくとも右建築計画どおりの合意が成立したものとして、契約としての拘束力は認められるであろう。）」などの意見が述べられており、建替え決議を、建物の取壊しの範囲にとどめるとの考え方と建替計画を具体的に定めるべきとの二つの大きな方向性の対立がみられる[19]。

　昭和56年6月30日開催の財産法小委員会準備会においては、買取請求又は売渡請求に関して、幹事より、甲案として、特別多数決により区分所有権の消滅という不利益を受ける者の保護を図るため、その代償として買取請求権を認めるという考え方が示された。また、乙案として、買取請求権と売渡請求権を併用する、つまり建替え決議に異議がある者が一定の期間内に買取請求権を行使しないときは、逆にこの者に対して売渡請求をすることを認める案、丙案として、建替えに異議がある者に対して当初から売渡請求を認める案が示された。甲案については、買取請求権を行使しない反対者が任意に専有部分を収去しないときは、その収去は強制執行手続によらなければならないことや、収去後も反対者が敷地の権利者として残存することになるので更に敷地に関する権利について買取請求権を認める必要が生じ、なお反対者が買取請求権を行使しないときは、反対者が敷地の権利者として残存することになるとの問題点が指摘されている。乙案、丙案については、売渡請求権を認める根拠は何かが問題であり、建替えを実現するには、実際的には全員の協力が必要であるので、賛成者に権利を集中させるため売渡請求権を与える必要があり、かつ、それによって、反対者には、買取請求権のみを認めるの

---

[19] 「民法部会財産法小委員会（56・6・23）審議メモ」前掲注17) 10頁。

に比べて劣らない保護が与えられるとの説明になると述べられている[20]。これに対して、委員ないし幹事より、「買取請求の相手方は、『他の区分所有者』ではなく管理組合とすべきではないか。」との意見や（これは管理組合を建替えを実施する主体として捉えているものと思われる）、「建替え決議の効力として各区分所有者に建物の取壊し義務を認めながら、建替えに異議がある者に対して売渡請求を認めることは理論的に矛盾しないか（建替えに異議がある者が任意に建物の取壊し義務を履行しないときは、強制執行の方式に訴えれば足りるはずであるのに、売渡請求の方式によると売買代金を支払わなければならないこととなるから。）」との意見、逆に、建物の取壊しの強制執行を回避するとの政策的見地から売渡請求を認めたと説明すれば売渡請求と買取請求は両立するとの意見などが述べられた[21]。

昭和56年7月14日開催の財産法小委員会第94回会議では、以下の案が示された[22]。

一　建物が現存する場合の建替え
　1　集会の決議
　（甲案）
　（一）　……集会の決議において、区分所有者及び議決権の各5分の4
　　　　以上の多数で建物を建て替えるべきことを決議することができる
　　　　ものとすること。
　（注）　（略）
　（二）　（一）の決議においては、次に掲げる事情を定めなければならな
　　　　い
　　　(1)　再建すべき建物の構造並びに建替えに要する期間及び費用そ
　　　　の他の建替え計画
　　　(2)　再建すべき建物の各専有部分の所有権及び再建後の敷地利用
　　　　権の帰属に関する事項
　　　(3)　各区分所有者が負担すべき建替え費用又は各区分所有者が取

---

20)　『法制審議会財産法小委員会関係資料昭和55年6月～56年10月』前掲注13）所収の「民法部会財産法小委員会準備会（56・6・30）審議メモ」3-5頁。
21)　「民法部会財産法小委員会準備会（56・6・30）審議メモ」前掲注20）9-10頁。
22)　「小委員会資料54」前掲注18）1-9頁。

　　　　　得すべき清算金に関する事項
（乙案）
　集会においては、区分所有者及び議決権の各5分の4以上の多数で建物を取り壊してその敷地を〔新たに再建する建物〕〔新たに建築する区分所有権の目的となる建物で区分所有者がその区分所有権を取得することができるもの〕の敷地として利用すべきことを決議することができるものとすること。
（丙案）
　集会においては、区分所有者及び議決権の各5分の4以上の多数で建物を取り壊すべきことを決議することができるものとすること。
2　（略）
3　買取請求又は売渡請求
（甲案――買取請求方式――その一）
（一）　1の決議がされたときは、その決議に異議のある区分所有者（1の決議に賛成した者及びその特定承継人を除く。）は、その決議があつたことを知つた日から〇日以内に、管理組合の代表者に対し、（二）の請求をすべきことを申し出なければならないものとすること。
　（注）　1の決議については、その集会の議事録には、各区分所有者の賛否を記載しなければならないものとする。
（二）　（一）の申出をした者は、（一）の期間の満了の日から〇月内に、他の区分所有者の全員に対し、建物及びその敷地に関する権利を買い取るべきことを請求することができるものとすること。
（三）　（二）の期間が経過したときは、区分所有者は、自己の専有部分を収去し、かつ、建物の共用部分の取壊しに協力する義務を負うものとすること。ただし、1の決議後〇年内に建物の収去の着手がされないときは、その義務は、消滅するものとすること。
（四）　1の決議により建物が取り壊された時は、その取壊しの時に区分所有者であつた者（その特定承継人を含む。一において以下「旧区分所有者」という。）は、その敷地に関する権利について分割の請求をすることができないものとすること。ただし、1の決議後〇年以内に建物の再建に着手がなされないときは、この限りでないものとすること。
（五）　1の決議により建物が取り壊されたときは、1の決議に異議の

　　　　　ある旧区分所有者は、他の区分所有者全員に対し、その敷地に関する権利を買い取るべきことを請求することができるものとすること。
（六）（二）又は（五）の請求がされた場合において、１の決議後〇年以内に、正当な理由がなくて、建物の再建の着手がされないときは、その請求をした者は、その請求を受けた者（その特定承継人を含む。）に対し、（二）又は（五）の権利を売り渡すべきことを請求することができるものとすること。
（甲案――買取請求方式――その二）
　甲案その一の（一）から（三）までの措置のみ講ずるものとすること。
　（注）　この案は、１の丙案と結びつくものである。
（乙案――併用方式）
（一）　甲案その一の（一）に同じ。
（二）　甲案その一の（二）に同じ。
（三）（二）の期間が経過したときは、各区分所有者は、１の決議に異議のある区分所有者に対し、建物及び敷地に関する権利を売り渡すべきことを請求することができるものとすること。
（四）（二）又は（三）の請求がされた場合において、１の決議の日から〇年以内に、正当な理由がなくて、建物の再建の着手がされないときは、（二）の請求をした者又は（三）の請求を受けた者は、（二）の請求を受けた者又は（三）の請求をした者（これらの特定承継人も含む。）に対し、（二）又は（三）の権利を譲り渡すべきことを請求することができるものとすること。
（丙案――売渡請求方式）
（一）　１の決議がされたときは、各区分所有者は、その決議に異議のある区分所有者に対し、建物及びその敷地に関する権利を売り渡すべきことを請求することができるものとすること。
（二）（一）の請求があつた場合において、１の決議の日から〇年以内に、正当な理由がなくて、建物の再建の着手がされないときは、その請求を受けた者は、その請求をした者に対し、（一）の権利を売り渡すべきことを請求することができるものとすること。
（注）（略）

　このように、建替え決議については、（甲案）として建替えの計画まで決

議するとするもの、（乙案）として建替えの具体的計画までは決議せず建物を再建するために敷地を利用することについてまで決議するとするもの、（丙案）として建物の取壊しのみ決議するものが示された。法務省民事局の原案の説明担当幹事は、この趣旨につき、「集会の特別多数決により建替えを決定することができるとする考え方にあつても、……再建計画を建替えの決議の内容とするかどうか……積極の立場を採つたのが甲案であり、逆に消極の立場を採つたのが乙案である。甲案では再建計画についても決議の拘束力が及ぶことになるから、再建計画どおりの建物を再建する義務が生ずるのに対し、乙案では建物取壊し後の敷地を再建後の区分建物の敷地として利用する旨の決議があるだけで、どういう建物を再建するかどうかは、法律的には、全く白紙であり、建物の再建義務自体は生じないことになる。これに対し、丙案は、建物を取り壊すことのみ決議し、建物取壊し後の敷地をどうするかは、改めて敷地の共有者全員の協議で決定するという考え方である」と説明している[23]。

　買取請求または売渡請求については、買取請求方式による案として２つの案が示されている。（甲案──買取請求方式──その一）は、建替え決議後と解体後の二つの時点において、建替えに異議のある者が買取請求を行うことができる旨定める案である（建替え決議後解体前の買取請求は建物と敷地利用権の買取請求であり、取壊し後の買取請求は敷地の買取請求である）。（甲案──買取請求方式──その二）は、取壊し決議（１の丙案）の場合において、取壊し決議に異議のある者に建物と敷地の買取請求を認める案である（〔甲案──買取請求方式──その二〕のみは、１の丙案と結びつくが、それ以外の甲案その１、乙案又は丙案は、１の甲案又は乙案とそれぞれ結びつき得ると考えられている）。（乙案──併用方式）は、建替え決議に異議のある者に買取請求を認めた上で、一定期間それを行使しない場合には、各区分所有者が売渡請求をすることができるとするものである。（丙案──売渡請求方式）は、建替え決議に異議のある者に対し、各区分所有者が売渡請求を行うことができるとの案である。

　これらは、全て、建替え決議により各区分所有者が、それぞれ専有部分の

---

[23]「民法部会財産法小委員会（56．7．14）審議メモ」前掲注18）２頁。

取壊し義務を負うとの前提に立つものである[24]。また、これらの提案の背景に関し、法務省民事局の原案の説明担当幹事は、「売渡請求権の発生根拠としては、①金銭補償という観点からは、買取請求と実質的に差異がないこと、②建替えの必要性を強調すれば売渡請求の方が合目的的であることを挙げることができよう。乙案は、反対者の利益保護の制度としては買取請求が本則であるとしつつ売渡請求を併用するものであり、丙案は最初から売渡請求一本にしても実質は変わらないのではないかとの考えに基づく」と説明する[25]。

委員ないし幹事から、「集会の決議について甲案を採れば、理論上は、区分所有者は、建物の再建義務を負うことになるから、売渡請求を認めなくとも建替えを実行することができるが、乙案を採つた場合には、売渡請求を認めて建替え賛成者に敷地の権利を集めないと最終的に建替えを実行することは困難であろう」との意見が述べられており[26]、建替計画を含めるか否かと売渡請求の要否の関連性が意識され始めたようである。

昭和56年10月27日開催の財産法小委員会第95回会議において、「建物の建替え等に関する改正要綱試案」が配布されている[27]。

この段階で、建替え決議についての上記（乙案）及び（丙案）は採用されず、建替え決議を行う（甲案）が提案された。ただし、甲案の（二）の建替計画

---

24)「民法部会財産法小委員会（56．7．14）審議メモ」前掲注18) 5頁における法務省民事局の原案の説明担当幹事による説明。各区分所有者がそれぞれ専有部分の取壊し義務を負うとしたうえで、売渡請求を認める方式（乙案・丙案）においては、「売渡請求権が認められるので、具体的に取壊し義務の履行を求める必要はないことになろう」と述べている。

25)「民法部会財産法小委員会（56．7．14）審議メモ」前掲注18) 5頁。また、幹事の説明によれば、これらの案は、買取請求の相手方を、他の区分所有者全員とし、売渡請求の主体は、実際の便宜を考慮して各区分所有者としている。また、法人である管理組合に関しては、これらの主体になり得るかを更に検討する旨述べられている（同6頁）。

26)「民法部会財産法小委員会（56．7．14）審議メモ」前掲注18) 10頁。なお、委員ないし幹事の意見には、デベロッパー方式による建替えと自主建替えの区別を意識して、前者の方式による場合には、決議において建替計画が定められている必要があるとの意見を述べるものもある（同8-9頁）。

27)『法制審議会財産法小委員会関係資料昭和55年6月〜56年10月』前掲注13) 所収の「民法部会財産法小委員会資料56」1-4頁。幹事の説明によれば、「これまでの討議において大勢的と思われるところを一本にまとめたもの」とのことである（『法制審議会財産法小委員会関係資料昭和56年11月〜57年10月』（請求番号平成24年法務00051100）所収の「民法部会財産法小委員会（56・10・27）審議メモ」2頁。なお、おそらく財産法小委員会第100回会議において、「民法部会財産法小委員会資料66」が配布され、そこでも建替えに関する試案が配布されているが、該当部分が国立公文書館からの開示資料に含まれておらず、内容の確認ができない。

等を決議において定める旨の提案は削除されている。買取請求と売渡請求については、(乙案——併用方式)が採用されている。また、買取請求の相手方は他の区分所有者全員とされ、売渡請求の主体は各区分所有者とされている。法人である管理組合に関して買取請求及び売渡請求の主体になり得るかはさらに検討するとの方針が引き続き示されている。

　昭和57年6月22日開催の財産法小委員会第102回会議において、区分所有法改正要綱試案の案文のうち建替え関係についての審議がなされた[28]。関連のある部分の変更点としては、売渡請求の相手方を確定するために、管理者又は理事に、区分所有者に対して異議の有無を確答すべき旨の催告権を与える旨の提案が加えられた。

　また、法務省民事局参事官室より示された提案が建替え決議は建物を「つぶすということとそこを別の建物の敷地として使うということだけで……具体的にどういう建物を建てるか、そしてその後どういうふうに区分所有するかということは決議の内容になつていない」[29]との前提であったことから[30]、委員ないし幹事より、建替え決議に関して、「建物の取壊し後跡地にどのような建物を建てるかは建替えの決議の内容になつていないとすると、建物の再建が困難となるので、少なくとも設計の概要は建替え決議の内容とする方がよいのではないか」、「跡地に建てるべき建物についても決議の効力を及ぼそうとするのであれば、設計の概要では足りないのであつて、建築計画のす

---

28) 「法制審議会財産法小委員会関係資料昭和57年10月〜57年12月」(請求番号平成24年法務00052100)所収の「民法部会財産法小委員会(57・6・22)審議メモ」1‐6頁。審議のベースとなった民法財産法小委員会資料の内容は、審議メモによれば、概ね下記要綱試案と同様であるようであるが、資料そのものは国立公文書館からの開示資料に含まれておらず、内容の確認ができない。
29) 法務省民事局参事官室「法制審議会民法部会財産法小委員会第102回議事速記録」11頁［濱崎幹事発言］。
30) 加藤小委員長は、濱崎幹事の発言に補足して、「新しい建物の設計図あるいはそれに伴う合意というものがなかなか定型につかまえにくいので、どこまでやつたらいいのか、それを後で変更する場合にそれじゃどうなるのかとか、いろんな疑問が出てくるので、それは条文に入れないで、実際の合意があれば合意の効力ということの解釈に任せるほかないのじゃないかと、法律的にどうしてもつかまえておかなければならないのは、取り壊し〔ママ〕の問題なんで、その点から規定を置こうと、そういうことになつてきたわけでございます」(法務省民事局参事官室「法制審議会民法部会財産法小委員会第102回議事速記録」前掲注29) 14-15頁［加藤小委員長発言］) と述べている。

べてを決議の内容とする必要があるが、個々の区分所有権の内容にわたる事項の決定は多数決になじまないのではないか」との意見が述べられた。また、「跡地にどのような建物を建てるかについては全員の協議によるということでは、一人でもつむじ曲がりがいれば再建できないことになるので、管理組合を存続させて多数決原理を導入する必要があるのでないか」、「どのような区分所有建物を再建し、それをどのように区分所有し、各人がどのような費用負担をするかといったことは、全員の合意によって決定せざるをえないのであって、そもそも多数決に親しまないのではないか」などの意見が述べられた。

⒝　区分所有法改正要綱試案

　昭和57年7月8日に、法務省民事局参事官室より「区分所有法改正要綱試案」（以下、「要綱試案」という）が示された。要綱試案では、建替えについて次のように示された。

　第八　建替え及び復旧等
　一　建物の建替え
　1　……集会において、建物を取り壊してその敷地を新たに建築する区分所有権の目的となる建物の敷地として利用すべき旨の決議をすることができるものとすること。
　　注⑴～⑶　（略）
　2　1の決議は、区分所有権及び議決権の各5分の4以上の多数でするものとすること。
　　注⑴・⑵　（略）
　3　1の決議については、集会の議事録には、各区分所有者の賛否をも記載しなければならないものとすること。
　4　（略）
　5　1の決議がされたときは、その決議に異議のある区分所有者（その決議に賛成した者及びその承継人を除く。）は、その決議の日から1月以内に、管理者又は理事に対し、6の請求をする旨の申出をすることができるものとすること。

> 6　5の申出をしたものは、5の期間の満了の日から1月以内に、その申出をしなかつた区分所有者の全員に対し、建物及びその敷地に関する権利を時価で買い取るべきことを請求することができるものとすること。
> 　注（略）
> 7　6の期間が経過したときは、各区分所有者は、1の決議に異議のある区分所有者に対し、建物及びその敷地に関する権利を時価で売り渡すべきことを請求することができるものとすること。
> 8　管理者又は理事は、区分所有者に対し相当の期間を定めて1の決議に異議があるか否かを確答すべき旨を催告することができるものとすること。この場合において、区分所有者がその期間内に確答しなかったときは、その区分所有者は、1の決議に異議があるものとみなすこと。
> 9　6又は7の請求がされた場合において、1の決議の日から2年以内に、正当な理由がなくて、建物の取壊しの着工がされないときは、6の請求をした者又は7の請求を受けた者は、代金を返還して売買契約を解除することができるものとすること。
> 注(1)　建物が取り壊された後においても、決議後一定期間（例えば2年間）を経過するまでは、区分所有者であった者（特定承継人を含む。）に対して効力を有する旨明定すべきか。
> 　(2)　1の決議がされたときは、管理組合は、建物の全部を取り壊した後建物の再建が完成するまで建物の再建に関する事業を行うことを目的とするものとして存続するものとする必要があるか。

　法務省民事局参事官室による要綱試案の説明によれば、建替えに異議のある者による買取請求とともに、建替えに異議のある者に対する売渡請求をも認めることで、「建替えに異議のない者のみが区分所有者として残ることになり、建替えは、これらの区分所有者の協議により実現される」[31]とされており、財産法小委員会第94回会議の段階で前提とされていた、建替え決議により各区分所有者がそれぞれ専有部分の取壊し義務を負うとの考え方は示されなくなった。

　また、5・6は、建替え決議がされたときは、その決議に異議がある区分

31）法務省民事局参事官室「区分所有法改正要綱試案の説明」金融法務事情988号（1982年）21頁、35頁。

所有者は、決議の日から１か月以内に管理者又は理事に対して買取請求をすることを申し出た上、その後１か月以内に、その申し出をしなかった区分所有者の全員に対して、建物及び敷地に関する権利を時価で買い取るべき旨の請求をすることができるという趣旨である[32]。この買取請求により、反対者の経済的利益は確保されるが、反対者が買取請求をしないまま区分所有者として残ると、建替えの実現が困難であるため、買取請求をすべき期間が経過した後、なお建替えに異議がある区分所有者があるときは、各区分所有者は、その区分所有者に対して売渡請求をすることができるとしている（7）。また、各区分所有者に異議があるか否かを確認するため、管理者又は理事に各区分所有者に対する催告権を与え、この催告に対し確答しない区分所有者は、建替えに異議があるものとみなすとしている（8）[33]。要綱試案の考え方は、買取請求の主体と売渡請求の相手方とはイコールではなく、建替えの決議に賛成したが、その後の事情の変更等により反対に回った者は、買取請求の主体とはなり得ないが、売渡請求の相手方にはなるというものである[34]。このように、買取請求の相手方、売渡請求の請求者は区分所有者であるが、管理組合の代表者である管理者又は管理組合法人の代表者である理事が、買取請求の申出相手となり、売渡請求の前提となる催告の主体となるということである。

　また、９注(2)のとおり、建物の取壊しにより管理組合が消滅せず、管理組合が建替え事業を行うという構成が検討されている[35]。このような考え方は、管理者又は理事を買取請求の申出相手とし、売渡請求の前提となる催告の主体としていることと理論的には整合性があると思われる。

(c)　区分所有法改正の法律要綱までの審議

　法務省民事局参事官室は、要綱試案につき、最高裁判所事務総局民事局長、

---

[32]　法務省民事局参事官室・前掲注31）35頁。
[33]　法務省民事局参事官室・前掲注31）35頁。
[34]　「法制審議会財産法小委員会関係資料昭和57年10月〜57年12月」前掲注28）所収の「民法部会財産法小委員会（57・6・22）審議メモ」２頁。いったん賛成したが、後になって反対に回った者を売渡請求の対象にすることになる（法務省民事局参事官室「法制審議会民法部会財産法小委員会第102回議事速記録」12-13頁）。

日本弁護士連合会、関係大学及び各種団体宛に照会を行い、これに対し、裁判所、弁護士会、各大学法学部等、各種関係団体（マンション居住者団体、建設・不動産業関係等）及びその他団体・個人より意見が寄せられた[36]。これを受け、昭和57年11月9日に財産法小委員会準備会が開催され、要綱試案に対する意見と再検討事項について審議が行われた。

買取請求及び売渡請求に関し、法務省民事局の原案の説明担当幹事より、要綱試案の買取請求の構成だと、「買主は建替えに賛成する区分所有者全員となるが、そうだとすると代金債権は分割債権となるのか不可分債権となるのか疑問があるなど複雑な法律関係を生ずる。また、売渡請求についても、その行使の時期について限定がないので、再建に参画する者としない者の区分がなかなかできない問題がある」との問題意識が示された上で、要綱試案とは別案として、以下の提案がされた[37]。

(イ) 管理者又は理事は、決議後遅滞なく、決議に賛成しなかった区分所有者に対して賛否の催告をする。
(ロ) (イ)の催告を受けた区分所有者は、決議後一定期間内（例えば二カ月以内）に賛否の回答をする。
(ハ) (ロ)の回答をしなかった区分所有者は、反対する旨の回答をしたも

---

35) もっとも、この構成をとることに関する懸念を財産法小委員会第102回会議において、濱崎幹事が次のように述べている。「建替えを目的とする団体として存続するというような制度……ということになりますと、その管理組合の構成員はどうなるのか、建物がなくなるわけですから当然土地の持分者が構成員になるということになるわけでございますけれども、それから議決権割合をどうするかというようなこと等につきまして、特段の規定を設ける必要があるということになりましょう。それからまた、建替えはこの構成のもとでは全員の協議によってやると、要するに全員一致ということになるわけでございますので、言ってみればそういう団体の事務というのは所有権事項になるわけでございまして、多数決により団体的な処理をするという事項はほとんどなくなるのではなかろうか、従前の規約というのも、これも建物の存在を前提とするものでございますので、建物がなくなれば無意味になってしまうというようなことで、団体としての継続性があるのかどうかという問題もございます。この案自体としては、そういうものは任意な団体ということで任せておけばいいのではないかというふうに考えておるわけでございます」（法務省民事局参事官室「法制審議会民法部会財産法小委員会第102回議事速記録」前掲注29）10頁）。
36) 要綱試案に対する意見は、法務省民事局参事官室「『区分所有法改正要綱試案』に対する意見」（昭和57年10月）にとりまとめられている。
37) 「法制審議会財産法小委員会関係資料昭和57年10月〜57年12月」前掲注28）所収の「民法部会財産法小委員会準備会（57・11・9）審議メモ」9頁。

> のとみなす。
> （ニ）　決議に賛成した区分所有者及び（ロ）により賛成の回答をした区分所有者は、建物の取壊しについて合意したものとみなす（この合意に基づいて各区分所有者は相互に収去義務を負う。）。
> （ホ）　（ロ）の期間経過後一定の期間内（例えば二カ月内）に、各区分所有者又は集会の決議で指定された者は、（ロ）により反対の回答をした者に対して区分所有権の時価による売渡しの請求をすることができる。決議後に区分所有者から敷地利用権のみを取得した者に対しても同様とする。

　法務省民事局の原案の説明担当幹事より示された買取請求又は売渡請求に関する案は、建替え決議に異議のある者による買取請求を導入せず、建替え決議に反対する者に対する売渡請求方式に一本化されたものである（ホ）。また、みなし合意の制度の導入を提案し、この合意に基づいて各区分所有者が相互に収去義務を負う（ニ）とのこれまで見られなかった提案がされている[38]。ここでみなし合意を導入することを提案した狙いは、この合意に基づいて各区分所有者に相互に収去義務を負わせ、取壊しを円滑に進めることにあったのであろうと思われる。そのため、幹事の提案に対して、委員ないし幹事より、「この案では建替えの決議ではなくて取壊しの決議になるのではないか。むしろ、決議に際しては再建建物の設計図を示すこととし、この点についても決議の効力が及ぶものとすべきではないか。少なくとも、再建について協議する義務があると明記すべきである」[39]との意見や、「再建計画を示して決議すれば、決議に賛成した者の間では、計画案の建物を建築するという合意が成立したものと考えられるから、再建組合が成立したものとみなす旨を規定したらどうか。」[40]との意見が述べられており、法務省民事局の示した案が、建替えというより、取壊し決議を行ったうえで、決議反対者に対する売渡請求により決議賛成者に区分所有権を集約し、決議賛成者が相

---

[38]　みなし合意の導入は、法務省民事局参事官室の照会に対する要綱試案に対する意見にも見られず、法務省担当者による発案であると推測される。

[39]　「法制審議会財産法小委員会関係資料昭和57年10月～57年12月」前掲注28）所収の「民法部会財産法小委員会準備会（57・11・9）審議メモ」10頁。

[40]　「民法部会財産法小委員会準備会（57・11・9）審議メモ」前掲注39）10-11頁。

互に収去義務を負うことで、取壊しを実現する、との構成をとっていたことが伺える。

　また、建替え決議後に、管理組合が、建物の全部を取り壊した後建物の再建が完成するまで建物の再建に関する事業を行うことを目的とするものとして存続するものとの考え方を支持する意見が多かったが[41]、法務省民事局の原案の説明担当幹事は、「再建をどのように実現するかについては、原則として多数決による決定には親しまないと考えている。」[42]との意見を述べている。この点にも、法務省民事局が建替えよりも取壊しの制度設計に傾いていたことが伺える。もっとも、この意見に対しては、委員ないし幹事より、「決議に賛成した者の間には組合契約が成立したものとみなすとすれば、この点も満たされるのではないか。」[43]との意見が述べられている。

　昭和57年11月9日に開催された財産法小委員会準備会において法務省民事局が示した建替えに関する案が、上記のとおり取壊しの制度設計に傾いていたところ、委員ないし幹事より、建替えの計画を示し、それに拘束される方向での制度設計にすべきとの意見が述べられたことから、昭和57年11月30日開催の財産法小委員会104回会議においては、幹事より以下の要綱試案の問題点や意見を踏まえた新たな案が示された[44]。

　二　建替え（試案第八の一）
　　1～4　（略）
　　5　「建替え計画」を決議の内容とすることは可能か。
　（注）(1)「建替え計画」の内容は、概ね次のような事項となろう。
　　　　　（イ）　再建すべき建物の構造の概要
　　　　　（ロ）　建替えに要する費用の概算額

---

41)「『区分所有法改正要綱試案』に対する意見」前掲注36)を確認すると、確かに、各地の裁判所、日本弁護士連合会及び社団法人高層住宅管理業協会などから、建替え事業遂行の観点から建替えを行うための団体の必要性が述べられている。このような観点は、円滑化法制定の背景と同様であり、昭和58年改正の当時にも同様の問題意識があったことを示すものである。
42)「民法部会財産法小委員会準備会（57・11・9）審議メモ」前掲注39)13頁。
43)「民法部会財産法小委員会準備会（57・11・9）審議メモ」前掲注39)13頁
44)「法制審議会財産法小委員会関係資料昭和57年10月～57年12月」前掲注28)所収の「民法部会財産法小委員会資料71」4-8頁。

　　　　(ハ)　各区分所有者が負担すべき建替えに要する費用の概算額
　　　　　　若しくは割合又はこれを決定する基準
　　　　(ニ)　再建すべき建物の各専有部分の所有権の帰属に関する事
　　　　　　項
　　(2)　これらの事項を多数決で決することが許されるか。
6　試案の買取請求又は売渡請求の方式（試案第八の一5ないし8）は
　適当か（売渡請求がいつまででもできることになるから、建替え計画
　に参画する者の範囲がいつまでも確定しないという問題がある。)。
　これに代えて、次のような方式を採用することはどうか。
　　(1)　管理者又は理事は、決議後遅滞なく、決議に賛成しなかった区
　　　分所有者に対して、賛否の催告をする。
　　(2)　(1)の催告を受けた区分所有者は、決議後一定期間内（例えば二
　　　カ月以内）に賛否の回答をする。
　　(3)　(2)の回答をしなかった区分所有者は、反対する旨の回答をした
　　　ものとみなす。
　　(4)　決議に賛成した区分所有者及び(2)により賛成の回答をした区分
　　　所有者は、集会で決議した事項について、相互に合意したものと
　　　みなす。
　　(注)(1)　この合意に基づいて、各区分所有者は、相互に、収去義務
　　　　　　を負うものとする。
　　　　(2)　「建物の建替えを行うことを目的とする組合契約をしたも
　　　　　　のとみなす。」との趣旨の規定を置くことはどうか。
　　(5)　(2)により反対の回答をした者は、(2)の期間経過後一定の期間内
　　　（例えば一月以内）に、(4)に規定する区分所有者の全員に対し、区
　　　分所有権の時価による買取の請求をすることができる。
　　(注)　(6)の売渡請求のほかに、この買取請求権を認めることが必要か。
　　(6)　(5)の期間経過後一定の期間内（例えば二月以内）に、各区分所
　　　有者又は集会の決議で指定された者は、(2)により反対の回答をし
　　　た者に対し、区分所有権の時価による売渡しの請求をすることが
　　　できる。
　　(注)　この期間内に売渡請求をしないと、反対者の排除をすること
　　　　ができなくなる。
7　(略)
8　(略)

> 9　建物の取壊し後の管理組合の存続については、特段の手当てをしないこととし、当事者の合意（又は組合契約）に委ねることとしてよいか。
> 　（注）　手当を必要とする意見が多い。

　5につき、法務省民事局の原案の説明担当幹事より、「実際には、建替えの決議がされる以前に建替計画につき関係者間で合意が成立しており、建替えの決議は最終段階である。これまでの検討では、所有権の帰属にかかわる事項まで多数決処理することはできないのではないかと考えてきたが、建替え決議を単なる建物取壊しの決議で終わらせないためには、建替え計画を決議の内容とし、決議に賛成した者は、この建替え計画に拘束されることとする構成も考えられる」と説明がされた。審議においては、合意形成には建替え計画が必要な反面、建替計画に拘束されるとその変更があった場合に困ることが指摘されている[45]。

　また、要綱試案第八・一・7及び8のように、売渡請求に関し、期限を設けずに管理者又は理事が各区分所有者に決議に異議があるか否かの催告を行いうるとし、各区分所有者も期限なく売渡請求を行使しうるとするといつまでも建替え計画に参画する者の範囲が定まらないことも指摘されている。

　建物取壊し後の管理組合の存続については特段の手当てを設けないこととされ、以降取り上げられていない。

　その後、昭和57年12月14日開催の財産法小委員会第105回会議において、「建物の区分所有等に関する法律の一部を改正する法律要綱案（仮案）」（以下「要綱案（仮案）」という。）[46]が配布され、審議がなされた。要綱案（仮案）は次の案が示された。

> 第十二　建物の建替え
> 　1　……集会において、区分所有者及び議決権の各5分の4以上の多数で

---

45)『法制審議会財産法小委員会関係資料昭和57年12月〜61年12月』（請求番号平28年法務00092100）所収の「民法部会財産法小委員会（57・11・30）審議メモ」10-11頁。
46)『法制審議会財産法小委員会関係資料昭和57年12月〜61年12月』前掲注45）所収の「民法部会財産法小委員会資料72」13-15頁。

建物を取り壊してその敷地に新たに建築する区分所有権の目的となる建物の敷地として利用すべき旨の決議をすることができるものとすること。
2　1の決議においては、建替えの計画の概要を定めなければならないとすること。
3　1の決議がされたときは、管理者又は理事は、遅滞なく、その決議に賛成しなかった区分所有者（その承継人を含む。以下第十二において同じ。）に対し、その決議に賛成するか否かを回答すべき旨を催告しなければならないものとすること。
4　3の催告がされたときは、区分所有者は、1の決議の日から二月以内に、管理者又は理事に対し、その決議に賛成するか否かを回答しなければならないものとすること。この場合において、その期間内にその回答をしなった区分所有者は、その決議に反対する旨の回答をしたものとみなすことができること。
5　4前段の期間が経過したときは、4により1の決議に反対する旨の回答をした区分所有者は、その期間の満了の日から一月以内に、1の決議に賛成した区分所有者及び4前段によりその決議に賛成する旨回答した区分所有者（これらの者の承継人を含む。以下「賛成区分所有者」という。）の全員又は集会の決議で区分所有権を買い受けるべきものとして指定された者（以下「買受け指定者」という。）に対し、区分所有権を時価で買い取るべきことを請求することができるものとすること。
6　5の期間が経過したときは、賛成区分所有者又は買受け指定者は、その期間の満了の日から二月以内に、4により1の決議に反対する旨の回答をした区分所有者に対し、区分所有権を時価で売り渡すべきことを請求することができるものとすること。
7　賛成区分所有者（5及び6により区分所有権を買受けた者も含む。）は、相互に1及び2により決議した事項について合意したものとみなすものとすること。
8　（略）

　法務省民事局参事官室は、要綱案（仮案）の問題点として、「第十二3から7までの構成は適当か」、「6の売渡請求のほかに、5の買取請求権を認めることは必要か」を指摘している[47]。また、2において、建替えの計画の概要を定めるものとしている。これは、決議を単なる現存建物の取壊しの決議

に終わらせないため、また区分所有者の賛否の意思決定を容易ならしめるために、このような手当てが必要であると考えられたためのものである[48]。「建替計画」ではなく、「建替えの計画の概要」とされたのは、建替えの計画に幅を持たせ建替え実行段階での変更を可能とするためであろう。

昭和58年1月11日開催の財産法小委員会第106回会議において、「建物の区分所有等に関する法律の一部を改正する法律案要綱案（案）（以下、「要綱案（案）」という。）[49]が示され、以下のとおり、買取請求がなくなり、売渡請求の構成のみとなった[50]。同会議において、小委員会としての改正要綱案をとりまとめ、これに基づいて、同月25日の民法部会において、改正要綱案が決定された[51]。

---

47) 『法制審議会財産法小委員会関係資料昭和57年12月～61年12月』前掲注45) 所収の「民法部会財産法小委員会資料73」4頁。昭和57年12月7日に開催された事前の財産法小委員会準備会においても、買取請求が必要との意見と売渡請求のみでよいとの意見が出されている（同所収の「民法部会財産法小委員会準備会（57・12・7）審議メモ」12頁)。

48) 濱崎・前掲注6) 65頁。この時点での建替え決議の内容に関する法務省民事局のスタンスの変更については、財産法小委員会幹事であり法務省民事局参事官であった濱崎恭生の要綱試案当時の解説と対比すると鮮明になる。すなわち、濱崎恭生「『区分所有法改正要綱試案』に関する若干の論点」NBL262号（1982年）6頁、12頁は、要綱試案における建替え決議の内容（本文前記Ⅱ2(1)(b)257頁の囲い引用内第八・一・1参照）に関して、「試案は、現存の建物の取壊しと跡地の利用方法のみを決議の内容としており、跡地に具体的にどのような構造の区分所有建物を新築し、その建物をどのように区分所有し、建替え費用をどのように分担するかなどの建替えの具体的内容は、決議の内容としていない。これらは、建替えの決議に基づく買取請求及び売渡請求の手続を経て残った建替えに賛成する区分所有者の協議に委ねることにしている。したがって、この制度により、建替え自体に反対する者を区分所有関係から排除することはできるが、建替え賛成者の間で建替え計画についての意見の対立がある限り、多数決で一定の計画を押し通すことはできないのである。この点をとらえて、この案が建替えに関する制度として不完全であるという指摘もありえよう。しかし、新築すべき建物の構造を確定するには、それに要する費用を各区分所有者がどのように分担するか、新築された建物のどの専有部分を誰が取得するか、ということまで決定する必要があるはずであるが、このような事項は、理論的に、建替えに参加する者が確定していない段階では決定することができない事柄であるし、また、多数決処理に親しむ事柄ではないであろう。したがって、このような事項は、法律上は、建替えに賛成する者の協議に委ねざるをえないと考えられるのである。」と述べる。このように、要綱試案段階では建替え後の新建物の計画については決議内容に含ませることができないとしていたスタンスを、少なくとも「建替えの計画の概要」の範囲で決議事項とするスタンスに変更しているのである。

49) 『法制審議会財産法小委員会関係資料昭和57年12月～61年12月』前掲注45) 所収の「民法部会財産法小委員会資料74」13-15頁。

50) 財産法小委員会第106回会議の審議メモ等審議内容がわかる資料が国立公文書館からの開示資料に含まれておらず、具体的な審議内容はわからない。

> 第十三　建物の建替え
> １～４　（略）[52]
> ５　４前段の期間が経過したときは、１の決議に賛成した区分所有者、４前段によりその決議の内容に賛成する旨の回答をした各区分所有者又は集会の決議で売渡請求権を行使すべき者として指定された者（これらの者の承継人を含む。）は、その期間の満了の日から二月以内に、４により１の決議の内容に反対する旨の回答をした区分所有者に対し、区分所有権を時価で売り渡すべきことを請求することができるものとすること。
> ６　１の決議をした区分所有者、４前段によりその決議の内容に賛成する旨の回答をした区分所有者（これらの者の承継人並びに５により区分所有権を買受けた者及びその承継人を含む。）は、相互に、その決議の内容について合意したものとみなすものとすること。

　その後民法部会案が、同2月16日に開催された法制審議会（総会）に付議され、民法部会の原案どおり「建物の区分所有等に関する法律の一部を改正する法律要綱」（以下、「法律要綱」という。）が決定され、同日法務大臣に答申された。法律要綱の内容は上記要綱案（案）と基本的に同様である[53]。

(2)　国会審議

　法案を立案する段階で、建替えに参加するか否かの催告をする主体が、法律要綱の段階では「管理者又は理事」だったものが、「集会を招集した者」に改められた[54]。また、買受指定者の指定方法は、法律要綱の段階では集会の決議であったが、建替え参加者全員の別個の合意により指定することとされた[55]。

　国会審議においては、建替えに関する質疑が行われているものの、みなし

---

51) 濱崎・前掲注6) 49頁。
52) 1は要綱案（仮案）と同じ。2は「第十二」が「第十三」に修正。3、4は「決議に賛成するか否か」が「決議の内容に賛成するか否か」に改められた。
53) 5、6の「4前段」の文言が「4」に改められた点に変更がある。法律要綱は、濱崎・前掲注6) 57-58参照。
54) 濱崎・前掲注6) 403-404頁参照。
55) 濱崎・前掲注6) 398頁、403頁。

合意についての質疑はない。売渡請求については、反対者に対して売渡請求を行使しなければ、反対者はそのまま所有権に基づいて居住を続けられるのでみずから進んで買取請求を認める必要がないことや[56]、時価の算定方法が確認されている[57]程度である。

3　みなし合意の評価を踏まえた管理組合の目的と建物取壊し

　ここまで確認してきた昭和58年改正の経緯を踏まえて、改正の審議におけるいくつかの視点で、みなし合意の評価と建物取壊しの関係を整理したい。

　第一の視点は、管理組合という団体の性質から建替えをその目的に含めることは困難であるという視点である。管理組合は管理の目的物である建物の滅失により解散すること[58]、管理組合の目的が建物並びにその敷地及び附属施設の管理に関する事業を行うことにあるとされているところ、再建を業務の目的に含めることが困難であり、新建物の管理組合との連続性の調整に複雑な立法措置を要することから、管理組合の目的に建替えを含めることが難しいとの基本的理解がある。建物取壊し後に再建のために管理組合を存続させるとの手当てがされなかったことにもこの基本的理解が現れている。他方で、取壊しまでの範囲に限れば、本質的に管理組合の目的に含まれない、と

---

56)「第98回国会衆議院法務委員会」第6号［中島一郎発言］（昭和58年4月12日）〈https://kokkai.ndl.go.jp/txt/109805206X00619830412/183〉。

57)「第98回参議院法務委員会」第5号［中島一郎発言］（昭和58年4月28日）〈https://kokkai.ndl.go.jp/txt/109815206X00519830428/48〉。

58) なお、管理組合の消滅時期については、学説上争いがある。山野目章夫は管理組合の消滅時期の考え方としては①建替え決議成立時、②建替え合意時、③建物取壊し時の三つがあるとする（山野目章夫『建物区分所有の構造と動態』〔日本評論社、1999年〕7-8頁）。①の見解を明確に述べるものは見当たらない。稲本洋之助＝鎌野邦樹は、②の見解であり、売渡請求権の行使（区分所有法63条）によって建替えに参加しない区分所有者を排除したときと解する（稲本洋之助＝鎌野邦樹『コンメンタールマンション区分所有法』〔日本評論社、2015年〕442頁。遠藤浩編『マンション』〔青林書院、1985年〕502-503頁［稲本洋之助］、水本浩＝遠藤浩編『基本法コンメンタール住宅関係法［借地借家法 区分所有法］』〔日本評論社、1984年〕362頁）においても、建替え不参加者の排除＝建替え合意の成立によって、区分所有関係が消滅するとしている）。山野目章夫も同様の見解と思われる（山野目・前掲注58）16頁）。濱崎・前掲注6）394頁、青山正明編『注解不動産法 第5巻 区分所有法』〔青林書院、1997年〕368頁［上野健二郎＝田中公人］、太田知行ほか『マンション建替えの法と実務』〔有斐閣、2005年〕156-157頁［太田知行］の見解である。建物が取り壊されるまでは建物管理を行う団体が必要であること、管理組合法人の解散事由が「建物の全部の滅失」である（区分所有法55条1項1号）ことから、③の見解が妥当である。

は考えていなかったようである[59)60)]。

　第二の視点は、建替えに異議のある者に対し、いかにして建物の取壊しや新建物再建を義務付け、建替えの実効性を確保するかとの視点である。昭和58年改正の議論の当初は、取壊し後の新建物再建に関しては建替え賛成者が協議により進めるべきとの考え方のもと、建替えに異議のある者が買取請求を行使しなかったとしても、建替え決議の効力として全区分所有者（異議のある者も賛成する者も全て）が建物の取壊し義務を負うとして、強制的な取壊しも可能であるとの考え方が示されていた。他方で、審議の初期から、建替計画を建替え決議において定めるべきとの意見も出ていた。そのため、建替え決議により各区分所有者が取壊し義務を負うとの前提に立ちつつ、建物の取壊し後の敷地の利用に関しては、建替え決議において建替計画を定める方向性、再建建物のために敷地を利用する範囲で敷地の利用方法を定める方向性、または建物取壊しについてのみ定め敷地の利用については定めない方向性の三つの考え方が示されている。この方向性は定まらないまま、要綱試案では、建替えに異議のない者のみに権利を集約し、建替えはそれらの者によって実現されるとの考え方に改め、建替え決議の効果として区分所有者が取壊し義務を負うとの構成を明示しなくなった。その後、売渡請求権に一本化して、建替えに賛成する者及び賛成する旨回答した者に「みなし合意」が成立し、その者が相互に取壊し義務を負うとの構成により、建物取壊しの実効性を確保するとの考え方が示された。もっとも、このような考え方は建替え決議を取壊し決議と位置付けることと変わらなくなるとの観点や建物の再建についての拘束力の必要性の観点から、建物の再建を確保させるべきとの意見が強かったことから、建替え決議において、建替計画の概要を定め、それについてもみなし合意が及ぶことにしたのである。法務省民事局参事官室は、

---

59) さらに精緻に検討するという意味では、本稿において検討した区分所有法64条の制定経緯のみでなく、区分所有法3条の制定経緯も検討し、管理組合の目的についてさらに深めて検討する必要があるだろう。この点については別稿にて改めて検討したい。なお、より本質的に管理組合の目的の範囲を検討するものとして、吉原3-1参照。
60) この観点で考えれば、「区分所有法制の見直しに関する要綱案」前掲注5）において提案されている建物敷地売却も、再建を行うわけではないので、管理組合の目的に含まれるとみることもできる可能性がある。

大きく分ければ、一方で建替計画を定めそれに反対者をも拘束させるべきとの思想があり、他方で建替え決議による義務付けの限界は建物取壊しまでであろうとの思想（これが当時の法務省民事局参事官室の本音であろう）がある中で、建替計画への拘束が視野に入ってきていることから、要綱試案の段階では建替え決議による取壊し義務の発生の構成を後退させ、さらにその後の案において、建替計画への拘束が生じても差し支えのない賛成者のみに成立する「みなし合意」を編み出し、さらに次の段階の案において、「みなし合意」に、取壊しのみならず建替計画をも含める（もっとも建替計画まで定める場合の不都合性と最終的な落としどころに関しては下記第三の視点）との構成に落ち着かせたのだろう。このように、みなし合意は建替計画への拘束を生じさせるために編み出されたものであり、新建物再建を要しない取壊しについては、みなし合意を使うことなく、取壊し決議の効果として取壊し義務を相互に負わせ、その実効性を確保するとの構成も採り得ることになる。

　第三の視点は、第二の視点と関連するが、取壊し後の建物の再建については敷地共有者の協議に委ねるか建替計画に拘束力を持たせるか否かという視点である。昭和58年改正の議論の当初は、特に法務省民事局参事官室は、建物取壊し後の再建については、土地共有者の協議に委ねれば足りると考えていた。しかし、上記のとおり、建物の再建の実効性を確保するために、建替計画に拘束力を持たせることが委員らから求められた。もっとも、確定した建替計画を決議し、それに賛成者が拘束されるとの構成をとると、建替え計画の変更に耐えられなくなるため、昭和58年改正は、建替計画そのものではなく、建替えの計画の・概・要[61]を示すこととしてその後の一定範囲での計画変更を可能としている。そして、建替えの計画の概要を示し、その決議の内容にみなし合意が成立するとすることで、賛成者を建替えの計画の概要に拘束しているのである。そうすると、建替えの計画の概要に拘束力を持たせる

---

61) 建替え計画の概要を示すこととしている趣旨について、「その趣旨の第一は、区分所有者が賛否の意思決定をするには、その概要が示される必要がある。その二は、この決議が単なる建物の取壊しの手段として利用されないようにすることにある。すなわち、建替えが成立した以上は、決議において定められた概要について建替え参加者の合意を擬制する（64条）ことにより、建物の再建の実現を確保することが相当であると考えられたのである」と説明されている（濱崎・前掲注6）389頁）。

必要のない取壊し決議においては、必ずしもみなし合意が必要なわけではない。

　第四の視点は、買取請求構成と売渡請求構成のいずれを採用するかという視点である。昭和58年改正の議論の当初は、大規模一部滅失の復旧の場合のように、建替え決議に異議のある者に買取請求権を行使させ、その行使がなされない場合には、建替え決議の効力として発生する取壊し（受忍）義務により、強制的な取壊しが可能であるとの方向性が示されていた。しかし、区分所有権の消滅という不利益を受ける者の保護のため、買取請求構成が示されていた反面、買取請求権のみの構成であると、建物を取り壊した後に、さらに敷地の買取請求の問題が生じるため、建替え賛成者に権利を集約させる手法として売渡請求構成が提案され、しばらく、買取請求構成と売渡請求構成の両者を併存させる形での議論がされていたが、最終的に、売渡請求の行使により時価による補償がされれば不利益を受ける者の保護は図れていること、売渡請求が行使されなければ建替え不参加者は区分所有権を失うことがないことから、買取請求構成による上記不都合を回避できる売渡請求構成がとられることとなった。そうすると、取壊しまでの範囲であれば、取壊し後の再度の売渡請求を要するというような不都合が生じないから、買取請求により補償がなされるのであれば、売渡請求構成をとる必然性はないことになる。

　第五の視点は、みなし合意により管理組合とは異なる建替え賛成者の団体が成立することである。昭和58年改正の審議では、上記のとおり、みなし合意により、建替え賛成者に取壊し義務を負わせるとともに、建替えの計画の概要にも拘束力を持たせることにした。みなし合意が規定されたことにより、建替え決議そのものには取壊し義務の発生や建替計画の概要の拘束力発生の効果がなく、みなし合意によってこれらの効果が生ずるとの法律の態度を明らかにすることになった。そうすると、管理組合が再建を実行する団体ではないことは本質的にも説明できるが（第一の視点）、他方で、みなし合意が規定されたことによって、再建のみならず取壊しを実行する団体でもないことが確定的に表明されたとも評価できる。被災区分所有法における取壊し決議で採用されるみなし合意（被災区分所有法11条3項、区分所有法64条）について

も同様である。

　以上を踏まえて、みなし合意と取壊しの関係を考察すると、管理組合の目的には建替え（建物の再建）の実行は含まれないものの建物の取壊しが本質的に含まれないわけではなく（第一の視点）、取壊しまでの範囲であれば、みなし合意を使うことなく決議による取壊し義務の発生の効果を与えることは可能であり（第二及び第三の視点）、売渡請求構成をとる必然性はなく買取請求によることも可能であるといえる（第四の視点）。この意味で、建物取壊し決議を、復旧の制度のように制度設計する可能性はあるのだと考える[62]。

　しかし、取壊し決議の制度において、取壊し参加者間のみなし合意が規定されるのであれば、その規定の存在自体によって、管理組合とは異なる取壊しを実行する団体が成立し、管理組合が取壊しを実行する団体ではないことが表明されたことになる（第五の視点）。現在進められている区分所有法の改正の議論においても、取壊し決議は、みなし合意も含め建替えと同様の手続きを規定することが想定されている[63]。そうすると、今般の改正により区分所有法に導入される見通しである取壊し決議についても、その効果は、売渡請求権の発生であり、取壊し義務を区分所有者が相互に負うことではない。取壊しの実行の範囲で成立するみなし合意により、取壊し参加者の団体において取壊しの実行（及取壊しの受忍）を相互に義務付けることになる。

　このように考えると、取壊しの実行を管理組合の目的に含めることは困難であり、管理組合が自ら取壊しを実行するために取壊積立金を徴収することは目的の範囲外、ということになる。

Ⅲ　おわりに――取壊しの準備のための取壊積立金

　区分所有建物の取壊しは、本質的に管理組合の目的に含まれないのではなく、みなし合意の存在から管理組合の目的に含まれないことになる。そして、管理組合自らが取壊しを実行するために取壊積立金を徴収することも目的の

---

62) ただし、買取請求構成をとるとした場合に、復旧と同様の制度設計でよいか、実務的な課題があるかなどについては、更に検討を要する。
63) 法務省民事局参事官室「区分所有法制の改正に関する中間試案の補足説明」86頁。

範囲外となる、これが本稿の結論である。

　しかし、マンションにはいつか終末が訪れるし、区分所有者が所有者の責務として取壊しが求められる状態になりながらそれを放置することは許されないだろう[64]。また、「はじめに」において述べたとおり、近時、国の政策において取壊しに向けた準備の必要性が指摘され[65]、区分所有法の中に取壊し決議が制度化されようとしている中で、取壊しに向けた準備を管理組合が行う必要性を無視することもできないだろう。さらに、老朽化の進行により修繕工事では維持が困難である場合における除却の費用等を事前に積み立てる「特別修繕積立金」の仕組みを組み込んだ「再生計画」を作成することに対して、補助金を交付する形で取壊積立金を後押しする自治体も存在しており[66]、このような動きは、取壊しに向けた準備を管理組合が行うべきことを直視すべき段階に至っていることを示すものと評価できるだろう。

　本稿の結論は、繰り返しになるが、「取壊し参加者間のみなし合意を規定するのであれば、取壊しの実行それ自体は管理組合の目的に含まれない」、「管理組合が自ら取壊しを行うために取壊積立金を積み立てることは目的の

---

[64] 空家法の特定空家に認定された滋賀県野洲市のマンションは同法に基づき除却されており、取壊費用約1億1800万円を行政が負担し、所有者に求償しているが、一部は行方不明のため求償できていない（国土交通省ウェブサイト https://www.kkr.mlit.go.jp/kensei/jutaku/ol9a8v0000035gqj-att/ol9a8v000003xd52.pdf〔令和6年5月28日最終閲覧〕）。

[65] 研究者も取壊積立金の必要性を指摘している。小杉学「高経年マンションの終末設定試案」マンション学63号（2019年）132頁、133-134頁、同「被災マンションの解消からみた終活の課題」浅見泰司＝齊藤広子『マンションの終活を考える』82-85頁、齊藤広子「マンション終活プロセスの必要性――建物の終活プロセスプランニング・暫定利用・用途転用」同書98-101頁）、長谷川2-6参照。

[66] 仙台市の取組である。すなわち、仙台市マンション再生検討促進事業は、築30年を経過しているマンションを対象に、区分所有法に基づく建替え、円滑化法に基づくマンション敷地売却・敷地分割または全員合意による建替え・売却（これらを「建替え等」という）の検討に関する経費、もしくは、特別修繕積立金を含む長期修繕計画または建替え等の事業計画（両計画を含めて「再生計画」と定義する）の検討に関する経費のために、管理組合の申請により、補助金を交付する事業である（仙台市ウェブサイト https://www.city.sendai.jp/mansion/kurashi/machi/sumai/bunjo/saisei/saiseishien.html、仙台市分譲マンション再生検討促進補助金交付要綱（令和6年3月7日都市整備局長決裁）参照。）。なお、同要綱において、特別修繕積立金は、「修繕積立金とは別に、自然災害等による被害を想定し、被害を抑えるための改修工事の実施及び円滑な被害箇所の復旧を行うための積立金若しくは老朽化の進行により、修繕工事では維持が困難である場合等における除却又は建替え等に要する費用の積立金をいう。」と定義されている。

範囲外になる」というものである。したがって、管理組合が取壊しの準備を行うことが否定されるわけではないと考える。つまり、管理組合が、将来訪れる取壊しを見据えて、取壊し決議後みなし合意により成立する取壊し参加者の団体が取壊しを実行するための取壊準備金を積み立てることは、管理組合の目的に含まれる可能性があると考える[67]。もっとも、この点を積極的に論証するには、区分所有法３条の解釈等、更なる検討を要する。この検討については他日を期することにする[68]。

---

[67] なお法制審議会被災関連借地借家・建物区分所有法制部会「部会資料４」（法務省ウェブサイト https://www.moj.go.jp/content/000103014.pdf、令和６年５月30日最終閲覧）６頁において、取壊し決議の導入の議論の中で、管理費や修繕積立金を取壊しの実行に使えるかどうかとの議論がされている。ここでは、「管理費や修繕積立金等は、区分所有者の団体（区分所有法第３条）の財産であり、取壊し決議に基づき取壊しを行うための集団の財産ではないことから、これを取壊し費用に充てることはできない。」と指摘されている。この指摘は区分所有法64条の存在によって生じた管理組合と建替え参加者の団体が別団体であるとの状態を形式的に流用しているにすぎず、本文で示した昭和58年改正の議論の評価が十分に反映されていないように思われる。本文において述べたとおり、建物の取壊しは本質的には管理組合の目的の範囲外ではないから、取壊積立金を管理組合から取壊し参加者の団体に引き渡すとの構成は許容されうる可能性がある。

[68] 管理組合の目的に含まれるか否かは、建物の構造、取引通念その他社会通念を考慮して、区分所有者が共同して行うことの必要性、相当性に応じて判断される（濱崎・前掲注６）115-116頁参照）。現段階では、差し当たり、本文に示した取壊しの準備をすべき必要性に加え、取壊しが本質的に管理組合の目的に含まれないわけではないこと、管理不全の結果、区分所有建物が外壁剥落などによって被害を発生させるようなことがあれば区分所有者は土地工作物責任（民法717条１項）を負うことなどを考慮して、取壊積立金の必要性・相当性を考えるべきであろうとの考えを示しておく。

第 4 章
マンション管理をめぐる自治体の対応

北見宏介

I　はじめに

　今から40年以上前に、マンションをめぐる課題として以下のような指摘がなされていた。

> 「マンションがスラム化すれば、そのシワ寄せは必ず都市自治体にも回ってくる。しかも老人問題とも関連をもってこよう。このように将来に備えるためには、都市自治体をはじめとする行政、分譲業者、マンションの区分所有者等が、一致協力して解決を図っていかなければならない問題が少なくないのである」[1]

　2020（令和2）年1月から野洲市において、空家法に基づく行政代執行による撤去がなされたという事例は、「スラム」化[2]を超えた段階に至ったマンションがもたらした問題事象として、上記の指摘の深刻さを示すものであったといえる。このマンションでは分譲当初から管理組合がなく、修繕費用も積み立てられていなかったため、手すりや階段が崩落するといった老朽化が進んでおり、2018年6月の大阪府北部地震（野洲市では震度1）により外壁崩落と吹付アスベストの露出が生じた[3]。市長の言葉によれば「社会経済的災害」[4]までもたらしたマンション管理の不全（ないし不存在）に対して、このマンションに居住者がいなかったことから、特定空家に対する略式代執行を空家法により行った。地方自治法において、「住民の福祉の増進を図」り、

1）田村公伸「区分所有法改正とマンションの今後」立法と調査115号（1983年）55頁。
2）管理不全が進行したマンションに「スラム」の語をあてることには問題があるかもしれないが、本章においては、このことに意識を向けつつも、すでに相当幅広く使用されているこの語を用いることとする。

「地域における行政を自主的かつ総合的に実施する役割」を担う市の事務的・人的・財政的負担は、「シワ寄せ」として非常に大きい。

本章では、マンション管理をめぐる問題に関して、特に自治体の対応に注目をする。

マンション管理は、私的領域の問題、私法的な対応がなされる事項であり、行政が関与・介入すべきものとは考えられていなかったかもしれない。しかし近年においては、冒頭の指摘の時点からすると、やや遅れたものとの評価もありうるが、公的主体としての自治体が、マンション管理の問題に一定の取り組みをみせるに至っている。こうした状況について本章では、行政法学の観点から検討を加える。

以下では、まず、自治体にとってのマンション管理問題について、従来から自治体が直面してきたマンション問題と照らし合わせることで、マンションに関する管理の問題が有する自治体にとっての意味を整理する（Ⅱ）。その上で、適正化法の下で、自治体にどのような役割と権限が与えられているのかを確認し、その有効性について検討を加える（Ⅲ）。さらに、近時におけるマンション管理と自治体をめぐる法的条件の変容の下で展開されている、自治体による独自の取り組みのいくつかを取り上げ（Ⅳ）、今後に向けての課題を抽出する。

Ⅱ　自治体にとってのマンション管理問題

1　自治体とマンション

2022（令和4）年末時点でのマンションストック総数は約694万3,000戸で

3）石原一彦「分譲マンション空家におけるアスベスト暴露のリスクと課題」地域情報研究10号（2021年）19頁は、2019年2月の現地調査として、「吹付アスベストの塊が外壁がれきの上や私道上に落下し、私道上の落下アスベストの上を自動車が通行しているという非常に飛散リスクの高い状況であった」と報告する。なお、この野洲市のマンションに限らず、鉄骨造の耐火被覆として吹付アスベストが使用に関して、1956年〜1975年の着工建築物は吹付アスベストの使用可能性が、また1976年〜1989年の着工建築物はアスベスト含有吹付ロックウール等使用の可能性が高いとされる（同23頁）。

4）山仲義彰「特定空家の老朽化分譲マンション行政代執行終了」市政69巻9号（2020年）40頁。

あり、これに2020（令和2）年における国勢調査での1世帯当たりの平均人員である2.2人を乗ずると、約1,500万人となる。これは国民の1割超がマンションに居住していることを示している[5]。マンションの立地状況は地域間での差があり、またその程度もかなり大きいが、とりわけ都市部における相当数の自治体にとって、マンションの存在は重要なものとなっている。

(1) 従来の裁判例にみる自治体とマンション

　もっとも、これまでにも、自治体においてマンションをめぐって問題が生じていなかったわけではない。自治体が当事者となった裁判紛争も生じていた。例として、マンションの語が事件での通称として用いられるものとして著名な、いわゆる品川マンション事件（最三小判昭和60・7・16民集39巻5号989頁）をあげることができる。事件は、周辺住民によるマンション建設反対運動の存在を背景とした、自治体による行政指導と行政権限の不行使（マンションに関する事業者からの建築確認申請に対する確認の留保）の違法性が争われたものであったが、判決は、自治体が処理する事務の例が列記された地方自治法旧2条3項の第1号と第7号を参照して、「地方公共の秩序を維持し、住民の安全、健康及び福祉を保持すること並びに公害の防止その他の環境の整備保全に関する事項を処理することをその責務のひとつとしている」ことに言及しつつ、「付近住民に対し少なからぬ日照阻害、風害等の被害を及ぼし、良好な居住環境あるいは市街環境を損なうことになる」ことを考慮した説示を行っていた。このことに象徴的であるように、ここではマンションが、既存の周辺住民や市街の環境に悪影響を及ぼす存在として位置づけられ、自治体は住民や地域環境の擁護者としての地位に立つものと捉えられていた。

　また、宅地開発等指導要綱をめぐっての、マンション建設主に対する教育負担金の納付が求められたことが争われた、いわゆる武蔵野市マンション事件（最一小判平成5・2・18民集47巻2号574頁）についても、類似した紛争の図式を指摘することができよう。事件は分譲ではなく賃貸マンションをめぐ

---

[5] 参照、国土交通省・今後のマンション政策のあり方に関する検討会「とりまとめ参考資料集」（2023〔令和5〕年8月10日）5頁（https://www.mlit.go.jp/jutakukentiku/house/content/001630139.pdf）。

るものであったが、周辺住民の生活環境や、新たな入居者たる住民の急激な増加に伴う学校・保育所等の施設に係る財政負担の増大といった事態に対応するためにとられた市による対応の違法性が問われた。同市では、指導要綱に沿わないマンションに新たに入居する住民からの水道供給契約の申込みの受領を拒否するという対応もとっていた[6]のであるから、ここでの発想としては、直接的・第一次的にはマンション住人のことを念頭に置いていたというわけではなかった。

このように、自治体にとってマンションは、いわば従来の秩序にとっての「異」たる存在として捉えられてきた。

(2) コミュニティ政策とマンション

他方、これ自体がマンション問題というわけではないが、自治体、とりわけ特に都市部の市区にとって、コミュニティ・狭域自治との関連でマンションに意識が向けられることがある。いわゆる自治会・町内会といった存在については、都市部において加入率の低下傾向がみられる一方、都市内分権や狭域自治の動きが活発化していることも指摘されており、こうした動向を背景として、いくつかの自治体では自治会・町内会への加入促進や活動の活性化を目的とした条例が制定されている[7]。

ここにおいて、自治会・町内会の加入率の低下傾向は集合住宅の住民に強くみられたことから、「金沢市集合住宅におけるコミュニティ組織の形成に関する条例」といった条例制定のほか、マンション関連の条例において自治会・町内会に関連する規定が置かれる例が多くみられる[8]。

(3) 建築物と建築基準法による対応

こうしたマンションに居住する住民に向けた自治体の関心がある一方で、建築物としてのマンションもまた、現在においては自治体が対応すべき対象

---

6) 参照、最二小決平成1・11・8判時1328号16頁。
7) 参照、釼持麻衣「自治会加入促進条例の法的考察」都市とガバナンス26号（2016年）137-39頁。また、条例制定の大きな契機となったのは、東日本大震災によりコミュニティ形成・維持の重要性が再評価されたことによるものとも指摘される（同139-40頁）。
8) 参照、釼持・前掲注7）143頁。

である。マンションを含む建築物が建築基準法令等に違反する場合、その是正を図る権限を有するのは自治体の長たる特定行政庁である（建築基準法9条）。また、いわゆる既存不適格の建築物についても、特定行政庁は「損傷、腐食その他の劣化が進み、そのまま放置すれば著しく保安上危険となり、又は著しく衛生上有害となるおそれがあると認める場合」に「保安上又は衛生上必要な措置をとることを勧告することができ」（10条1項）、この勧告に係る措置をとらなかった場合には、特に必要があると認めるときは、当該措置をとることを命令できる（同2項）ほか、「おそれ」ではなく「著しく保安上危険であり、又は著しく衛生上有害であると認める場合」にも命令を行うことができる（同3項）。命令に係る措置を履行しない場合等には、行政代執行も可能なしくみとなっている（同条4項が準用する9条12項）。また、建築基準法の2018（平成30）年改正で創設された9条の4では、「損傷、腐食その他の劣化が生じ、そのまま放置すれば保安上危険となり、又は衛生上有害となるおそれがあると認める場合」という、より早い段階において「必要な指導及び助言をすることができる」ことも定められた。

　この10条による勧告の件数としては、2010（平成22）年以降、2015（平成27）年を除き1桁台である[9]。

2　マンション管理問題の従来問題との比較と特性

　ここまでごく簡単ながら、自治体にとってのマンションという存在の位置づけを、必ずしも分譲による区分所有マンションに限定することなくみてきた。それでは、マンションの「管理」の問題は、どのように特徴づけることができるだろうか。

　まず、従来の裁判紛争にも至った事例との比較では、マンションの管理不全に起因する「スラム」化と、これがもたらす周辺住民等への悪影響、それに対する対応の必要性という点では、いずれも自治体の直面する問題としては同質のものといいうる。もっとも、裁判例となった事件が生じた1980年代

---

[9] 参照、「建築基準法施行関係統計報告集計結果表」（令和4年度集計）11頁（https://www.mlit.go.jp/jutakukentiku/build/content/001748872.pdf）。

までと現在とでは、マンションという存在の有する社会的な位置づけはやや変容し、かつてのような「異」としての性格は、地域によるところがあるかもしれないが、相当程度薄らいでいるようにも思われる。もちろん、かつてと同種の紛争は現在でも多く生じているが、後にみる適正化法の1条が規定するように、「土地利用の高度の進展」をさせるマンションについて、その数も増加させた現在においては、その「重要性が増大」したものとして認知された状況となっている[10]。

また、裁判例においては（裁判例となった事例であるがゆえという面もあるが）、マンションの出現そのものが一種の既存住民秩序への侵入であり、それをもたらす事業者に問題の原因があるものという図式を設定することができたのに対し、マンションの管理不全による問題は、これを引き起こした主体として位置づけられるのは、直接的には、同じく住民たる（ことの多い）マンションの区分所有者（の団体）である。マンションに限らず空家も同様ではあるが、建築物の老朽化・物質的劣化は必然的に進行し、仮に何らの管理もなされないならば、いずれ野洲市の事案と同様の事態に至ることもまた必然的である。このことは抽象的な可能性と評価されるものではなかろう。この点で、全てのマンションは潜在的な問題発生源であり、同時に、自治体が対応すべき対象の数は極めて多いことも示している。

こうした従来の問題との違いを指摘しうる一方で、対応のあり方としての同種性を指摘することもできよう。近時のコミュニティ、自治会・町内会に係る自治体の政策との関連では、自治会等への加入の促進対象として注目が向けられたマンション住民は、仮に住民団体に加入したならば、そのメンバーは区分所有者の団体と一定程度の重なりを持つことになる。そして両者においては、その性格についてを異にしながらも[11]、役員のなり手不足[12]をはじめとした共通する課題が指摘されていることからすると、自治体の政策と

---

10) 2000（平成12）年の適正化法の制定に際して策定されていた国土交通大臣によるマンション管理適正化指針（平成13年8月1日国土交通省告示第1288号）の下で「マンションは、今や我が国における重要な居住形態となり、その適切な管理は、マンションの区分所有者等だけでなく、社会的にも要請されているところである」とされている。現在のマンション管理適正化指針（令和3年9月28日国土交通省告示第1286号）においても、この記載は変更されていない。

11) 参照、マンション管理標準規約コメント第27条関連。

しては慎重な対応が求められつつも[13]、同じ方向性にあることまでは指摘可能と思われる[14]。

　他方、建築物としてのマンションに対する建築基準法に基づく権限との関連でいうと、自治体はマンションの管理に対して介入するのではなく、近隣に対する悪影響を生じさせる状態となった建築物を対象とした建築基準法上の権限を用いた対応をすればいいという考え方もありうるところである。もっとも、この建築行政という領域における執行過程については、以前からその実効性の乏しさが指摘されていた[15]。「はじめに」で触れた野洲市の事案でも、2010（平成22）年には、特定行政庁が建築基準法10条3項に基づく勧告を行っていたが、その後に続く動きはとられておらず、こうした状況を受けて市による空家法に基づく代執行がなされたものであった。従来の指摘の通りの事案であったようにみえる。

　こうした建築基準法の執行状況の分析は引き続きなされる必要があるが、建築物に対する権限行使を通じた「ハード面」での対応が困難なのであれば、さらにその前段階たる管理作用をターゲットとした働きかけがなされる必要も認められよう。

3　マンション管理の3つの特徴的問題

　自治体によるマンションの管理に向けたアプローチでは、先に触れた通り、全てのマンションが潜在的な問題発生源となりうるため、対象の数は膨大な

---

12) 参照、国土交通省・今後のマンション政策のあり方に関する検討会「とりまとめ」（2023〔令和5〕年8月10日）24頁（https://www.mlit.go.jp/jutakukentiku/house/content/001624179.pdf）・以下「とりまとめ」として引用する。
13) 参照、釼持・前掲注7）143頁以下。
14) 鎌野邦樹「区分所有法の改正と今後のマンションの在り方」法律時報95巻9号（2023年）74頁では、区分所有法における区分所有者の団体による決定に際しての合意形成では、これが『「顔見知り」の団体』であることが必要であるとして、「コミュニティ」の存在を合意形成、適正なマンション管理の基礎的な条件だとしている。マンションとコミュニティの関係については、田中志敬「マンションにおけるコミュニティづくりと地域との関わり」自治体法務研究74号（2023年）26頁も参照。
15) 参照、宮崎良夫「行政法の実効性の確保」雄川一郎先生献呈論集『行政法の諸問題 上』（有斐閣、1990年）203頁、福井秀夫「行政代執行制度の課題」公法研究58号（1996年）206頁、北村喜宣「空家法の執行過程分析」同『空き家問題解決を進める政策法務』（第一法規、2022年）171-72頁〔初出2020年〕、等

ものとなる。このマンション管理の問題について、こうした数の要素に加えて以下の諸点を特徴として指摘できる。

　第一が、対象数が膨大であることに加えて、これが一定の地域的偏りとともに存在していることである。マンション管理に係る問題は、自らの区域内に分譲マンションが存在しない自治体にとっては、さしあたっては課題とはならない。このため国法による一律的な規律が必ずしも適切でない面もある。もっとも同時に、その流通は全国的でもあるため、各自治体によるアプローチの内容によっては、この流通に影響を与えることもあり得ないではない。

　第二には、マンションの管理作用は、区分所有法においてその区分所有者の団体によることとされているが、これら区分所有者らはマンション管理について「素人」であるということである。「たまたま満員電車や満席の航空機に乗り合わせた乗客にくじを引かせ、その当選者を運転士・パイロットに任命し、電車・航空機を運行させることと、大多数のマンションの管理の仕組みは同じである」[16]という例えの通りであるが、こうした素人が管理を行うことができるはず／行わねばならないという法制度に基本的にはなっており、したがって、管理不全も生じやすいことにもなる。

　さらに第三に、管理状況の評価が低いマンションにおける区分所有者の意識として、管理に対する関心のなさが観察されているという点である。「現状はたしかによくないしそのことは認識されているが、それにもかかわらず、改善しなければならないとまでは思われていない」ため、区分所有するマンションが、「一種のセルフ・ネグレクト」のような「投げやり」な状態となってしまっているという、マンション管理士へのヒアリング調査の整理に基づく指摘[17]がこれを示している。

　マンションは区分所有者にとって財産であり、その価値の維持は重大な関心事であろうとも考えられる。しかし、住み替えではなく永住を予定しているために、資産価値にも関心が低く、「住みつぶす」ようになると指摘され

---

16) 福井秀夫「マンションの負の資産化は防げるか」同『行政訴訟による憲法的価値の確保』（日本評論社、2022年）363頁・注10〔初出2020年〕。
17) 参照、北村喜宣「法の生理による『積極的合意の非形成』と行政の介入」金井利之編著『縮減社会の合意形成』（第一法規、2019年）77頁。

ている[18]。こうした状況の下では、区分所有者の財産的インセンティブに依拠するアプローチも、単純には機能しないとも考えられる。

III 自治体をめぐる法環境の変容

1 適正化法改正と自治体

　適正化法は、現下におけるマンションの位置づけに関してすでに若干触れた通り、「土地利用の高度化の進展その他国民の住生活を取り巻く環境の変化に伴い、多数の区分所有者が居住するマンションの重要性が増大していることにかんがみ」て（制定時の同法1条）、2000（平成12）年に制定された。「マンションの管理の適正化を推進するための措置を講ずることにより、マンションにおける良好な居住環境の確保を図……ることを目的とする」（制定時の同法1条）法律であった。もっとも、ここでの措置としては、マンション管理士の資格を定め（制定時の同法第2章）、マンション管理業者登録制度を実施する（制定時の同法第3章）等、であり、管理組合や区分所有者に対しては、それぞれ適正管理の努力義務と、管理組合の一員としての役割を果たす努力義務を課すのみであり（制定時の同法4条）、管理作用について具体的な規律をするものではなかった。

　自治体の位置づけについても、制定時の適正化法では、国と並んで「マンションの管理の適正化に資するため、管理組合又はマンションの区分所有者等の求めに応じ、必要な情報及び資料の提供その他の措置を講ずるよう努めなければならない」存在として位置づけられ（制定時の同法5条）、求めに応じて措置をとるという受動的な立場が与えられていた。「一種のセルフ・ネグレクト」状態にあるマンションからは「求め」が出されるはずもなく、必ずしも状況に適合した規定が用意されていたわけではない[19]。

　しかし2020（令和2）年の改正により適正化法では、自治体の役割として

---

18) 参照、北村・前掲注17) 77頁。
19) 参照、北村・前掲注17) 79頁。

従来のものを残しつつ（4条2項）、これに加えて、「国及び地方公共団体は、マンションの管理の適正化の推進を図るため、必要な施策を講ずるよう努めなければならない」（4条1項）ものともされた。国とともに、マンションからの求めに応じるだけではなく、積極的に施策を講じるべき存在として自治体が位置づけられることとなった。この改正前の時点においては、「適正化法5条の受動的対応規定は、それ以上の対応を自治体がすることを禁止する趣旨ではない」ものとして、「住民の安全や生活環境を守る責務を有するその役割を踏まえて、同法よりも踏み込んだ対応をすることは妨げられない」ことを指摘する[20]ものがみられた。改正前の規定の下においては、自治体がマンション管理に関する対応をとるために条例を策定しようとした場合、その国法適合性が適正化法との関係で問題として意識される可能性があったかもしれない。こうした懸念を払拭するという、自治体に向けたメッセージとしての意味合いが込められていたものとして上記の指摘は読みうるものでもあったが、この適正化法の改正により、自治体によるマンション管理の適正化に向けた取り組みの条例化には、憲法上の権利侵害の問題を除いては、国法上の制約がないことが明確化されたといえる。

　また2020年の適正化法改正では、従来から存在していたマンション管理士に関する諸規定は第4章にスライドすることになり、新たに第2章として「基本方針及びマンション管理適正化推進計画等」、第3章に「管理計画の認定等」が追加されることとなった。

　このうち第2章は、従来の総則として第1章に置かれていた規定が再構成されたものを含んでもいるが、新たに追加された2つの章の中に、自治体に関する諸権限に係る規定が置かれることとなった。第一が、自治体による「マンション管理適正化推進計画」（3条の2）に関する規定であり、第二が、自治体等が行う、助言・指導・勧告に関する規定（5条の2）である。また第三のものが、マンション管理組合による「管理計画」についての自治体による認定に関する第3章の諸規定（5条の3以下）である。

---

20) 北村喜宣「自治体の役割と条例のあり方」浅見泰司＝齊藤広子編著『マンションの終活を考える』（プログレス、2019年）185頁。

以下では、この３つの自治体に与えられた「武器」についてみてみることとする。

2　改正適正化法の下での自治体の権限とその実効性

(1)　マンション管理適正化推進計画

　改正前から規定が置かれていた、国（国土交通大臣）による「基本方針」の策定（３条）とともに、適正化法３条の２では、「マンション管理適正化推進計画」を自治体が作成することができることも規定された。この計画が、自治体に関する他の諸権限に係る規定にも連接する、ないしその前提となるものとして位置づけられている。

　この計画では、区域内のマンション管理の適正化に関する目標、マンションの管理状況の把握に向けた措置や適正化推進を図るための施策、啓発や知識の普及に関する事項、管理組合によるマンションの管理の適正化に関する指針（「マンション管理適正化指針」）等が定められるものとされているが（同２項）、作成は義務とはされていない。

　作成主体は「都道府県等」、すなわち自治体のうち原則として都道府県と市区である（同１項）。市区の区域に存在するマンションについては市区が作成する計画が、町村の区域に存在するマンションについては都道府県が作成する計画が扱うこととされている。

　「不適正管理状態にあるマンションに起因する外部性をより敏感に受け止めるのは市町村であ」り、「市町村が対応するのが適切」[21]といえようが、適正化法では、作成主体が都道府県等とされていて原則として町村が含まれていない。これは、マンションが都市部における市に存在する傾向が強いことによるものであろう。同時に、町村の規模と体制にも対応するものとなっているといえる。例えば、北海道においては4,573棟のマンションが、道内の24の市町村に存在しているが、このうち町村に立地しているのは３棟のみである（２町と１村）。

　また、市についても、道内の35の市のうちマンションが立地しているのは

21）北村、前掲注20) 185-86頁。

2であり、残る14の市にはマンションはない[22]。マンションが存在しなければ、基本的には計画を作成する意義も直ちには生じない。適正化法において管理適正化計画の作成が義務とはされていないことも、こうした立地状況によるものであろう。

　2023（令和5）年末の時点における、マンション管理適正化計画の作成に係る動向としては以下のような状況となっている[23]。

　まず町村の区域を対象とする都道府県の計画としては、26の都道府県がすでに作成済みであり、12の県が作成を予定している。合計で38の都道府県（80.9%）が計画作成に動いているが、他方で、9県では作成意向なしとされている。

　また、市区における計画の作成動向としては、次のような状況となっている。まず、政令市の状況としては、20の市の全てがすでに計画を作成している。また、特別区についても22の区が計画を作成しており、残る1区も2023年度中に作成の予定である（すでに2月に作成されている）。また、中核市においても1市を除く61の市で作成済みまたは作成予定とされており、98.4%の中核市において計画が策定される見込みとなっている。

　作成意向のある都道府県等がすべて計画を作成すれば、98.7%のマンションがカバーされることになる見込みとされているが、作成意向のない市の区域内に割合としてはごくわずかながらも一定数のマンションが存在することになる[24]。

(2) 助言、指導及び勧告の権限規定

　また改正後の適正化法では、自治体に対して、助言・指導について（5条の2第1項）と、勧告について（同2項）の規定も新たに置いている。ここでは、助言・指導について、「マンションの管理の適正化を図るために必要な助言及び指導をすることができる」とし、勧告については、「管理組合の運

---

22) 参照、「北海道マンション管理適正化推進計画」（2023年3月）（https://www.pref.hokkaido.lg.jp/kn/ksd/manshon.html から入手可能）3頁・表1）。
23) 参照、国土交通省「マンション管理適正化推進計画の作成動向（都道府県別）」（https://www.mlit.go.jp/jutakukentiku/house/content/001732612.pdf）。
24) 各市におけるマンションの立地状況についても、参照、国土交通省・前掲注23）。

営がマンション管理適正化指針に照らして著しく不適切であることを把握したときは、当該管理組合の管理者等に対し、マンション管理適正化指針に即したマンションの管理を行うよう勧告することができる」こととされている。

　これらの規定では、助言・指導についてはマンション管理適正化指針に「即し」て、また、勧告については、「マンション管理適正化指針に照らして」、「マンション管理適正化指針に即した」管理の勧告を行うこととされている。(1)にみたマンション管理適正化計画が都道府県により作成されている場合には、その中で定めることとされている都道府県マンション管理適正化指針もまた、国のマンション管理適正化指針とともに、助言・指導、勧告の基準とされることとなっており、都道府県等のマンション管理適正化計画を基軸とした自治体によるマンション管理への働きかけを適正化法としては念頭に置いている。

　「法律の留保」論に係る行政法学の通説によれば、適正化法の規定がなくとも、これら行政指導を行うこと自体は妨げられないことになろうが、マンション管理という私的領域の事項と伝統的に捉えられていた対象に向けた行政指導は、自治体にとって行いにくさがあったとも考えられる。この点で、適正化法において助言・指導や勧告に係る規定が創設されたことには意義があるものと思われる。

　なお、自治体がマンションを対象として行う助言・指導や勧告としては、すでに本章のⅡ1で触れている通り、特定行政庁が行う、建築基準法9条の4に基づく助言・指導や、10条1項に基づく勧告もある。適正化法の改正に際して策定された国土交通省のガイドラインによれば、この規定に基づく助言・指導及び勧告は、「マンションの管理・運営といったいわゆるソフト面に着目して行われるものであり、建物の設備及び構造の老朽化や朽廃といったいわゆるハード面の状況を理由とした助言・指導及び勧告は、本制度の射程外である」旨が強調されている[25]。これは、建替えの積極的な推奨等がこの規定に基づき行われることが適切でないことを述べる文脈でのものではあ

---

25) 参照、国土交通省「マンションの管理の適正化の推進に関する法律第5条の2に基づく助言・指導及び勧告に関するガイドライン」(2021年11月〔2023年4月改訂〕) (https://www.mlit.go.jp/jutakukentiku/house/content/001600145.pdf) 8頁。

るが、前提として、「ソフト面」については適正化法によって、「ハード面」に建築基準法（や円滑化法）によって対応するという切り分けがなされている。もっとも、両規定が対象とするマンションそれ自体は同じものであり、組織面においても、担当部局が完全に無関係かつ独立的に対応をとるべきといえるかには議論が求められよう。

また、特定行政庁が行う勧告については、引き続いて命令、さらには行政代執行の規定が用意をされているが、この適正化法による助言・指導や勧告には、こうした規定は存在していない。この点については、上記ガイドラインにおいても、「改正法に基づくこれ以上の措置は存在しないが、その実施状況については経過観察、現地調査、専門家の派遣を行う等の働きかけを継続的に行うことが望ましい」[26]との記載があるにとどまる。

(3) 管理計画認定制度

さらに、改正後の適正化法では第3章において、マンション管理組合による管理計画を自治体が認定する制度が創設された。

これは、マンション管理組合が自治体の長に認定を申請し（5条の4）、修繕等の管理方法が国土交通省令による基準に適合しているか、資金計画が適切であるか等の審査により認定がなされる（5条の4）というものである。認定を受けた管理計画は「認定管理計画」とされる（5条の8）が、その有効期間は5年であり、効果の継続には認定の更新が求められる（5条の6）。

この制度の下においては、管理計画の認定を受けたマンション（「管理計画認定マンション」）に対する、一定の公権力行使が規定されている。すなわち、管理認定マンションに対しては、管理の状況について報告を求めることができ、認定管理計画に沿った管理が行われていないと認められる場合には、改善命令を行うことが可能とされている（5条の9）。また、この命令に違反した場合には、認定を取り消すこともできると規定されている（5条の10）。

この認定を受けることにより、「市場で高く評価されるなどのメリットが期待される」ほか、認定を受けたマンションを取得等する場合において、住

---

[26] 国土交通省・前掲注25) 6頁。

宅支援機構による融資における金利の引き下げや、「マンションすまい・る債」の利率の上乗せが行われる[27]。これだけであれば、認定それ自体の法的な効果としてはやや不明確なところがあることは否めないが、管理認定マンションのうち政令で定めるものにより一定の工事が行われたマンションについては、固定資産税の減額措置（いわゆる「マンション長寿命化促進税制」）がなされることとなっている（地方税法附則15条の9の3）[28]。

もっとも、この認定の申請は、「マンション管理適正化推進計画を作成した都道府県等の長」（「計画作成都道府県知事等」）に対して行うものとされており（5条の3）、その審査も、マンション管理適正化計画で定められる適正化指針にも照らして行うこととされている。自治体が、(1)のマンション管理適正化計画を作成していることが前提となった制度である。そこでみた通り、全体における割合としてはごくわずかかもしれないが、計画を作成していない（作成の意向がない）都道府県等においても一定数のマンションは存在しており、今後それが増加することもいちおうはありうる。こうしたマンションについては、この規定上は、制度を適用することができないこととなる。

また、仮にこうした都道府県等に立地しているマンションが、この管理計画の認定を受けたいと希望した場合にも、この制度により認定を受け、更新をすることができるしくみにはなっていない。この場合、当該マンションにとって、何らかの制度利用の可能性に途を開く救済手段はあるだろうか。検討課題とされるようにも思われる[29]。

---

[27] 参照、国土交通省「マンション管理の適正化の推進に関する法律第5条の3に基づくマンションの管理計画認定に関する事務ガイドライン」（2021年11月〔2024年4月改訂〕）（https://www.mlit.go.jp/jutakukentiku/house/content/001739915.pdf）4頁。

[28] 行政上の認定に関する検討として、碓井光明『行政認定制度』（信山社、2020年）。特に法的性質と効果については、403頁以下を参照。

[29] 制度の前提となるマンション管理適正化計画の作成の不作為を取り上げて、国家賠償責任を問うことが理論上はありうるほか、この作成行為を仮に行政処分として構成すれば処分の義務づけ訴訟、また行政処分でないとした場合、マンションが置かれる地位に関する確認の訴えを提起することがさしあたりは考えられる。また、マンション長寿命化促進税制においては、適正化法5条の2による助言・指導を受けたマンションも、一定の工事を行うことで対象となりうることともされている。観念的なものとはなるが、助言・指導を自らに行うことを求めるしくみにも意識が向けられることになるだろうか。

(4) 各制度の検討

　以上の適正化法の改正によって用意された3つの制度について、ごく簡単にではあるが検討を加えよう。

　まず、(1)のマンション管理適正化計画についてであるが、適正化法ではこの作成主体が都道府県等とされ、原則としては町村は一律に除外されている（ただし104条の2を参照）。これはすでに述べたとおり、マンションの立地の傾向によるものであると考えられ、一般的な傾向との関連では一応の合理性は認めるといえるかもしれない。もっとも、マンションのうち、いわゆるリゾートマンションの存在に意識を向けるならば、これが相当の数で町村に立地していることも重要なこととなってくる。例えば、新潟県においては、政令市である新潟市と中核市である長岡市・上越市に加えて、湯沢町にマンションの立地が集中している。湯沢町のマンション戸数は県内のマンション戸数のうち3割超で、その数も新潟市に次ぐものであり、マンション化率（マンション戸数／世帯数）は360％を超えるという。新潟県の場合、すでに作成されている県のマンション管理適正化計画が対象とするマンションは、湯沢町に立地するもののみであるが、こうした特徴的な状況がありうることも念頭に置きつつ、県と町村の間での事務処理の体制や町村の対応能力、県と町村の連携体制のあり方について分析と検討を加えていくことが求められるように思われる。

　また、(2)の行政指導に関する権限については、その実効性確保措置が存在していない。このことはすでに、「今後のマンション政策のあり方に関する検討会」の「とりまとめ」においても「勧告より進んだ措置を講じることができず、管理組合が勧告に従わないことも想定される」ことから、「地方公共団体の管理不全等マンションに対する権限の強化に向けた検討を行う」ことも課題としてあげられるに至っている[30]。

　もっとも、この点に関しては、すでにみている、管理状況の評価が低いマンションにおける「一種のセルフ・ネグレクト」といった状況、資産価値にも関心が低い区分所有者の意識を念頭に置くと、難題とも考えられる。とい

---

30) 参照、「とりまとめ」・前掲注12) 22-23頁。

うのは、行政指導の内容の未実行に対して、法律・条例の規定を置くことにより、その事実を公表するという対応がとられることが幅広くみられるが、この手法が必ずしも有効には作用しないとも考えられるからである。上記のような意識にある区分所有者にとっては、公表されることによる社会・市場による評価についても関心が低いとも想定され、評価の低下を回避することに向けた態度をとることもさほど期待できない。むしろ、こうした公表がなされることにより、当該マンションが市場から切り離され、管理不全の進行が加速されることもあるかもしれない。仮に公表という手法を用いた場合、狙いとは逆の効果が生じることも懸念される[31]。

　他方、命令の創設についても、不適正管理・管理不全の社会的位置づけ・認識に照らして検討されることになろうが、現時点ではこれらも固まっているとはいい難いように思われる。

　これと重なって(3)についても、資産価値に関心が低く、住替えではなく「住みつぶす」ことを考えている区分所有者らのマンションについては、市場の高評価といったメリットも重要な要素とはならない可能性がある。もっとも、こうした意識にある区分所有者にとっても、固定資産税等の恒常的な税負担について無関心というわけではないから、税制と結びつけた対応には相当の効果も期待できるかもしれない。しかし、現時点で制度化されている低減措置は、大規模な工事の実施が要件とされていてハードルが高く、「住みつぶし」を考えている区分所有者らのマンションに対しては、その有効性は直ちには期待しがたい。

Ⅳ　自治体による条例による対応

1　自治体による条例の策定状況

　以上のような国の法制の動きに先だって、自治体の中には条例によるマン

---

31) 行政による公表については、天本哲史『行政による制裁的公表の法理論』（日本評論社、2019年）、土井翼「行政機関による公表に関する法的規律の批判的再検討」一橋法学19巻2号（2020年）575頁、等を参照。

ション管理の適正化に向けた取り組みをみせるところがあった[32]。最初の条例制定とされるのが、2009（平成21）年における中央区の「中央区マンションの適正な管理の推進に関する条例」である。同条例では、マンションの適正な管理について、管理組合や区分所有者等に対して、適正な管理に関する努力義務について定めた。さらに、2012（平成24）年に制定された「豊島区マンション管理推進条例」は、管理状況についての区長への届出を義務として定め、その届出内容を受けて、条例の規定に適合しないマンションに対して専門家の派遣等を通じた管理の適正化を図ることとしていた[33]。

地方自治研究機構の調査[34] によると、現在以下の（表）のようなマンション管理の適正化に向けた条例が制定されている。

いわゆる三大都市圏における市区と東京都が条例を制定し、このうち6つの条例は、適正化法の改正後に制定されている。改正により、マンション管理の適正化に向けて積極的に施策を講じるべき存在として自治体が位置づけられることとなったことによるものとも考えられる[35]。

2　マンション適正化諸条例の概要

(1)　条例の規定態様

これらの条例は中身に差異があることは当然ではあるが、大まかには次のような規定を置いている。

まず、関係機関・関係者の責務に関する規定が置かれ、それぞれの責務の明確化が図られている。自治体、管理組合・区分所有者等といった存在に加えて、マンション管理業者・マンション管理士（あるいは専門家）の責務についても規定が置かれていることが多い。また、宅地建物取引業者や分譲業者についての責務規定を置くものもある。

---

[32] この自治体による条例を通じたマンション管理の適正化に向けた取り組みについては、マンション学78号（2024年）における拙稿も参照されたい。
[33] 豊島区の条例については、北見宏介「豊島区マンション管理推進条例」自治実務セミナー633号（2015年）54頁で紹介をしたことがある。
[34] 「条例の動き・マンションの管理と立地規制に関する条例」（http://www.rilg.or.jp/htdocs/img/reiki/016_aprtmentmanagement.htm）。
[35] 所沢市街づくり計画部都市計画課「所沢市マンション管理適正化推進条例」自治体法務研究74号（2023年）45頁は、条例の制定を、適正化法の改正を受けたものであるとする。

（表）自治体によるマンション管理に関する条例の制定状況

自治体	条例	制定年
中央区	中央区マンションの適正な管理の推進に関する条例	2009年
豊島区	豊島区マンション管理推進条例	2012年
墨田区	墨田区分譲マンションの適正管理に関する条例	2016年
板橋区	東京都板橋区良質なマンションの管理等の推進に関する条例	2017年
東京都	東京におけるマンションの適正な管理の促進に関する条例	2019年
川口市	東京都板橋区良質なマンションの管理等の推進に関する条例	2020年
所沢市	所沢市マンション管理適正化推進条例	2021年
名古屋市	名古屋市マンションの管理の適正化の推進に関する条例	2022年
吹田市	吹田市マンションの管理の適正化の推進に関する条例	2023年
大府市	大府市マンションの管理の適正化の推進に関する条例	2024年
芦屋市	芦屋市マンションの管理の適正化の推進に関する条例	2024年

　また、中央区を除き、豊島区条例が創設していた管理状況の届出義務を規定し、これにより管理状況の把握が図られるつくりとなっている。この義務の不履行については、いずれも勧告によって対応するものとしている。命令や罰則が規定されている例はないが、勧告に従わない場合にその旨の公表をなしうる旨の規定を置いている条例が多い。

　条例に照らして不適正とされるマンション管理への対応についても、適正化法と同じく助言・指導や勧告によることとされていて、命令や罰則が規定されてはいない。もっとも、適正化法と異なり、正当な理由なく勧告に従わない場合に公表を行うことができる旨の規定が置かれているものも少なくない。また、助言・指導や勧告に関しての報告の求めや立入検査について規定が置かれているものもある（東京都、吹田市等）。

(2)　特徴的な規定

　とりわけ近年に制定された条例においては、マンションの分譲時のタイミングで分譲業者に対して一定の義務づけを行うものがみられる。例えば、名古屋市条例では、一定規模のマンションの分譲をしようとする業者に対して、名称や所在地等のほか、管理組合の運営方法の案、修繕計画等の案について届出を行うことを義務づけている（条例13条・同条例施行細則3条2項）。ここ

での管理組合の運営方法の案には、修繕積立金の額等が含まれる[36]。類似の規定は、所沢市条例（11条・同条例施行規則4条）、大府市条例（14条・同条例施行細則4条）にも置かれている。

　適正化法に比して広く関係者を設定しつつ、早いタイミングでの義務づけを行うことにより適正なマンション管理が展開されるための条件整備を図ろうというしくみとして捉えることができるものと思われる。

　また、条例の中には、努力義務がメインではあるがコミュニティ形成に関する規定を置くものが少なからずみられる。マンション管理の適正化自体とは別個の政策課題に対する統合的な対応として把握することも可能かもしれないが、すでに本章Ⅱ2でみた通り、コミュニティ関連政策とマンション管理の適正化とは方向性を同じくするところがある。その評価は別として、マンション内のコミュニティ形成を推進することを通じて、マンション管理の適正化の諸施策の機能条件を向上させようという狙いに基づくものと考えられる[37]。

3　条例に関する若干の検討

　各自治体の条例における規定のうち、管理状況の届出義務に関する規定は、自治体内に相当数存在するマンションに関する状況把握のための基礎的な仕組みと位置づけられる。すでに触れているように、もはやマンションの数は膨大なものとなっており、それらいずれも潜在的には管理不全の可能性を秘めているが、全てのマンションが直ちに対応が必要とされる状況にあるわけでない。自治体として対応が求められる状況のマンションはどこに存在しているか、いわば医療的対応の必要性の判断にとっての定期健康診断として位置づけられることができる。現在のマンション管理をめぐる問題の特性である、「数」の要素に対応する取り組みであるといえる。

　また、条例の中にみられる、分譲時のタイミングにおける業者を対象とした規定は、より早い時点で管理不全・不適正な管理を予防しようという試み

---

[36] 参照、松本直樹「名古屋市におけるマンション管理適正化に向けた取り組み」マンション学7?号（2024年）154頁。
[37] 鎌野・前掲注14）でなされていた指摘を参照。

といえる。マンションの管理不全・不適正管理のさかのぼっての原因が、そもそもの管理体制の欠如・不存在にあるとするならば、その原因の除去を分譲当初において事業者に義務づける予防策は興味深いものと思われる。非常に広い意味での、ある種の原因者負担としても位置づけられるかもしれない。もっとも、こうした予防策は各自治体によって対応すべき事項であるといえるのか、マンションに関する全国的な法制の問題として、区分所有法とセットで制度整備がなされるべき事項なのではないかとも考えられる。

　他方、すでにみたマンション管理をめぐる問題のうち、この管理作用が「素人」によって担われるものとされていることとの関係では、各条例がマンション管理士等の専門家についての責務規定を置き、その役割について重要視していることも注目される。条例自体において具体的な制度まで規定されているわけではなく、また条例を制定していない自治体を含めてであるが、各自治体の中には、専門家による相談体制の整備や、アドバイザーの派遣といった事業を行っているところが少なくない[38]。ちょうど、乗客の中からくじで選ばれた運転士・パイロット役の操縦席の横にベテランや指導員を配置しようという試みであり、問題に対応した取り組みとみることができよう。

　もっとも、上述の予防に向けた条例規定の整備に対して、いわば治療に重ね合わせるしくみについては、なおも十全なものとまでは評価しがたい。確かに、勧告に従わない場合の公表制度の用意は、適正化法においては存在しない規定を整備したものとみることができ、事業者を対象として義務規定や、資産価値の市場における評価への関心が高い区分所有者らによるマンションについては、一定の機能を果たすことが期待できよう。しかし、マンション管理の問題の特性として指摘されている、すでに「住みつぶす」モードに入ってしまっているマンションについては、公表の機能を期待しがたいことはすでにⅢ2(4)で述べたとおりである。病状が相当程度進行してしまった場合の有効な治療策が未だ見つけられない状況にあると評価できるのではなかろうか。

---

[38] いくつかの自治体による取り組みに関しては、2024年マンション学会における、「第7分科会 管理不全マンションにどう対処するのか」内の諸報告を所収する、マンション学77号（2024年）142頁以下等を参照。

V　おわりに

　本章の冒頭で示した40年以上前の指摘においては、マンション行政についての問題は、「私法法規で解決できる範囲を超えた、行政が自ら介入して解決していかなければならない問題」ということも述べられていた[39]。

　マンションの実際の存立地において問題に向き合う存在として、自治体は国の法制に内容的には先行する形で、条例を通じた対応等に動いてきた。また適正化法の動きにも対応しつつ、そこからさらに踏み込んだ取り組みにも動いているところである。

　そもそも、何らかの許可を受けたといったような法的地位ではなく、（区分）所有者という地位にあることに基づいて規律を行うこと、特に、何かをさせないのではなく何かをさせ続けるという規律を法を通じて行うことは、実のところ相当な難題として位置づけることができるように思われる。こうしたもともとの難題に、私法と行政法の交錯地点において自治体は直面しているといえる。

　とりわけ管理不全が一定程度進行してしまった場合の有効な対処法についてが存在せず、この点を現下の課題として指摘することができるが、その対応としては、上記の私法と行政法の双方によることが求められよう。ここでは、マンションに住むということ自体に係る社会的・法的認識の変容が、前提として必要になるかもしれず、少なくともこの点に係る基本的な知識が社会において広く存在することが望まれる。とはいえ、直ちには特効薬となるような妙案は見いだせず、楽観的にはおよそいられない状況といわねばならないだろう。

　しかし同時に、マンションに関する調査の中には、「V字回復」に向かいつつあるマンションに関する事例も存在しており、管理不全が一定程度進行してしまった場合における区分所有者らの意識も、その意味では強固というわけではないとの指摘もなされている[40]。区分所有者らの意識も、マンショ

---

[39] 田村・前掲注1）54頁。

ンをめぐる制度等に関する知識の不十分が背景となって形成されているのであれば、専門家がベテラン操縦士として配置されることによる状況の転換の可能性もある。また、マンションという資産の価値に関心が低くとも、だからといって日常の買い物における価格レベルにおいてまで経済的に無関心というわけではないだろう。現状の一定規模の工事を要件とする固定資産税の減額措置だけでなく、比較的小規模の、区分所有者らにとってのインセンティブも検討の余地があるかもしれない（もちろん考慮すべき要素は多い）。やはり楽観視まではできずとも、これらに期待を込めつつ、自治体による手法の検討や国の法制度の見直しが継続されることが必要である。

---

40) 参照、北村・前掲注17) 77-78頁。

【執筆者一覧】（執筆順）

篠原永明（しのはら のりあき）　　　甲南大学法学部教授
吉原知志（よしはら さとし）　　　　大阪公立大学大学院法学研究科准教授
堀澤明生（ほりさわ あきお）　　　　東北大学大学院法学研究科准教授
長谷川洋（はせがわ ひろし）　　　　国土交通省国土技術政策総合研究所建築研究部長
佐藤　元（さとう げん）　　　　　　弁護士・横浜市立大学大学院都市社会文化研究科
　　　　　　　　　　　　　　　　　客員准教授
北見宏介（きたみ こうすけ）　　　　名城大学法学部教授

編著者略歴

篠原永明（しのはら・のりあき）
所属：甲南大学法学部（教授）
主著：『秩序形成の基本権論』（成文堂、2021年）、「現代社会における財産権保障」毛利透編『講座 立憲主義と憲法学〔第3巻〕』（信山社、2022年）273頁以下、「公務員の団体交渉権と勤務条件決定システム」法学雑誌70巻3・4号（2024年）187頁以下。

吉原知志（よしはら・さとし）
所属：大阪公立大学大学院法学研究科（准教授）
主著：「区分所有法における権利行使主体としての『団体』——共同の利益の実現における実体法と訴訟法の交錯（1）〜（6・完）」法学論叢183巻1号43頁〜186巻2号58頁（2018〜2019年）、「建替え・解消決議を争う特別の訴訟制度の検討」山野目章夫ほか編『マンション区分所有法の課題と展開』（日本評論社、2023年）375頁以下。

マンション法制の現代的課題——公法私法の領域横断的研究

2024年9月30日　第1版第1刷発行

編著者	篠原永明・吉原知志
発行所	株式会社　日本評論社
	〒170-8474 東京都豊島区南大塚3-12-4
	電話　03-3987-8621（販売）　　-8592（編集）
	FAX　03-3987-8590（販売）　　-8596（編集）
	振替　00100-3-16　https://www.nippyo.co.jp/
印刷所	精文堂印刷株式会社
製本所	牧製本印刷株式会社
装　丁	神田程史

検印省略　©N. SHINOHARA, S. YOSHIHARA 2024
ISBN978-4-535-52829-1　　　　　　　　　　　　　　Printed in Japan

JCOPY〈(社)出版者著作権管理機構　委託出版物〉
本書の無断複写は著作権法上での例外を除き禁じられています。複写される場合は、そのつど事前に、(社)出版者著作権管理機構（電話03-5244-5088、FAX03-5244-5089、e-mail：info@jcopy.or.jp）の許諾を得てください。また、本書を代行業者等の第三者に依頼してスキャニング等の行為によりデジタル化することは、個人の家庭内の利用であっても、一切認められておりません。